国家宣言丛书

中国智慧

CHINA
WISDOM

吴宏政　著

辽宁人民出版社

© 吴宏政　2019

图书在版编目（CIP）数据

中国智慧 / 吴宏政著. —沈阳：辽宁人民出版社，2019.5（2021.10重印）

（国家宣言）

ISBN 978-7-205-09541-3

Ⅰ.①中…　Ⅱ.①吴…　Ⅲ.①中国特色社会主义—社会主义建设模式—研究　Ⅳ.①D616

中国版本图书馆CIP数据核字（2019）第037709号

出版发行：辽宁人民出版社
　　　　　地址：沈阳市和平区十一纬路25号　邮编：110003
　　　　　电话：024-23284321（邮　购）　024-23284324（发行部）
　　　　　传真：024-23284191（发行部）　024-23284304（办公室）
　　　　　http://www.lnpph.com.cn
印　　　刷：辽宁新华印务有限公司
幅面尺寸：170mm×240mm
印　　张：16.25
插　　页：2
字　　数：220千字
出版时间：2019年5月第1版
印刷时间：2021年10月第2次印刷
责任编辑：马　辉　娄　瓴
装帧设计：丁末末
责任校对：吴艳杰　刘再升
书　　号：ISBN 978-7-205-09541-3

定　　价：64.00元

吴宏政

1973年4月生，哲学博士。现任吉林大学马克思主义学院科研副院长，教授，博士生导师。教育部新世纪优秀人才，吉林省拔尖创新人才，全国高校马克思主义理论学科研究会副秘书长，中国马克思恩格斯研究会理事，吉林省哲学学会理事，中国伦理学学会会员，吉林大学中国特色社会主义理论体系研究中心副主任。长期从事马克思主义哲学、思想政治教育学研究。在《哲学研究》《中国社会科学文摘》《哲学动态》《自然辩证法研究》《红旗文稿》等刊物发表学术论文70余篇，出版《先验思辨逻辑》《历史生存论的观念》《幸福中国》专著三部。参加编写5部硕士研究生教材。承担教育部青年社科基金1项，承担国家社科基金重大项目子课题2项。

国家宣言丛书

— NATIONAL MANIFESTO SERIES —

编委会

总序 CHINA WISDOM

改革开放40周年之际，中国发展进入了新时代、提出了新思想、踏上了新征程。习近平总书记在党的十九大报告中明确提出："中国特色社会主义进入新时代，意味着近代以来久经磨难的中华民族迎来了从站起来、富起来到强起来的伟大飞跃，迎来了实现中华民族伟大复兴的光明前景；意味着科学社会主义在二十一世纪的中国焕发出强大生机活力，在世界上高高举起了中国特色社会主义伟大旗帜；意味着中国特色社会主义道路、理论、制度、文化不断发展，拓展了发展中国家走向现代化的途径，给世界上那些既希望加快发展又希望保持自身独立性的国家和民族提供了全新选择，为解决人类问题贡献了中国智慧和中国方案。"习近平新时代中国特色社会主义思想是当代中国化的马克思主义、是21世纪的马克思主义，是为中国人民谋幸福、为中华民族谋复兴的思想，更是为人类谋和平与发展的科学指引。

新时代承前启后、继往开来。新时代既是实现中华民族伟大复兴中国梦的时代，也是中国日益走近世界舞台中央、不断为人类作出更大贡献的时代。综观世界大势，国际环境波诡云谲，世界治理面临着各种挑战，世界经济复苏乏力、局部冲突和动荡频发、全球性问题加剧，这些问题的核心是发展问题，是人类"向何处去"的问题。针对如何走出发展迷局，如何解决发展难题的困惑，世界各国和国际组织越来越希望听到中国声音，越来越期盼看到中国方案，越来越渴求借鉴中国发展新文明。

中国与世界的互动和对世界的贡献，蕴含在中国从站起来到富起来，再到强起来的历史逻辑之中。中国的实践成就和文明成果是在"改革开放40年的伟大实践中得来的,是在中华人民共和国成立近70年的持续探索中得来的,是在我们党领导人民进行伟大社会革命97年的实践中得来的,是在近代以来中华民族由衰到盛170多年的历史进程中得来的,是对中华文明5000多年的传承发展中得来的,是党和人民历经千辛万苦、付出各种代价取得的宝贵成果"。进入新时代,"强起来"的中国,将为促进世界和平发展不断贡献中国智慧和中国力量。一个和平大国的"强起来"既是国家经济实力、科技实力、国防实力、综合国力的强,也是中国国际影响力和文化软实力的提升,更是要让人民的生活更加富裕美好。

文化兴,世界兴。新时代的世界意义核心在于中国的成功在思想文化和文明形态层面给世界更多贡献。这要求我们必须讲好中国故事,创建中国理论,传递中国声音,构建中国特色、中国风格、中国气派的哲学社会科学,这套"国家宣言"丛书正是在中国特色社会主义进入新时代这样的大背景下构思编写的。

丛书深入研究党的十九大精神,学习习近平新时代中国特色社会主义思想,立足党的十八大以来中国道路的成功经验,面向决胜全面建成小康社会、建设社会主义现代化强国的新征程,从"中国智慧""中国自信""中国理念""中国战略"和"中国方案"五个方面,向世界发出中国声音,以期能够为提升中国道路的世界影响力贡献绵薄之力。

《中国智慧》主要以中国优秀传统文化、中国共产党革命和建设的红色文化,尤其是改革开放以来的社会主义核心价值体系和核心价值观为考察对象,从深沉的中国价值的角度,思考中国道路在文化和价值观领域里的基本问题,该部分是丛书在思想高度和价值层面上的展示。

《中国自信》从中国近现代以来的发展历史的角度,从当代改革开放取得的实践成果出发,论证中国道路的正确性,提出中国道路自信的历史和现实依据,从马克思主义理论的科学性、中国改革开放思想的包容性、贯穿始终的人民性及面向世界的目标取向四个方面切入，突出中国道路自信、理论自信、制度自信和文化自信。

《中国理念》突出以新发展理念为主要内容的习近平新时代中国特色社会主义经济思想，思想是行动的先导，明确发展理念，才能制定出正确的发展战略，从而实现发展目标。进入新时代，中国共产党准确把握中国及世界发展格局的变化，提出创新、协调、绿色、开放、共享的发展理念，具有重要的理论、实践和世界意义。

《中国战略》聚焦习近平新时代中国特色社会主义思想，明确中国特色社会主义事业总体布局是"五位一体"，战略布局是"四个全面"，着重研究中国走向社会主义现代化强国的战略安排，明确"战略定位""战略方针""战略部署""战略对策""战略选择"等内容，论证中国战略的理论依据。

《中国方案》着眼于中国的国际担当和外交战略，审视西方发展道路的弊端，提供中国解决世界政治经济问题的方案，展示大国责任、贡献中国智慧，突出"一带一路"倡议的战略价值，推动构建人类命运共同体。

为了让更多的人了解"中国宣言"，本丛书遵循问题导向，坚持理论性与通俗性相结合，力图把基本原理、基本概念用更为接地气的语言表达出来，同时，力求用最简短的语言表达深刻的哲理问题。

韩喜平

2019年2月

目录 CHINA
WISDOM

第二章／

政治认同　社会主义核心价值观的深度探究

第三章／

美好生活　作为现代中国人生存理想的中国梦

第四章 /

传承血脉 中国特色社会主义的"文化硬实力"

第五章／

伟大斗争　抵御西方价值观渗透需要坚守马克思主义阵地

第一章

不忘初心

反思当代社会的政治信仰问题

人民有信仰是国家立足的根本，是建设中国特色社会主义的内在力量，是实现中华民族伟大复兴的精神支柱。我们所要坚持的信仰是不同于宗教信仰的马克思主义，面对市场经济，我们应该如何填补信仰的"真空地带"，用什么来拯救我们的"灵魂"，来重建我们的精神家园，这不仅仅是反思政治信仰的问题，更是关乎我们每一个人的精神命题。

一、共产主义信仰为什么不同于宗教信仰

"人民有信仰，国家有力量，民族有希望。"[①]信仰是人对生命意义的终极追求，是对精神世界的神圣向往，信仰作为一种人有意识的理性活动，使人和动物直接区分开来，是使人成为人的追求。

一提到信仰，人们似乎首先会联想到宗教，在人类理性尚未达到自觉的时候，信仰被等同于宗教，宗教拥有信仰的唯一解释权。所以，阐释共产主义信仰问题，不可避免地要与宗教发生关系，那么，我们面临的首要问题就是，共产主义信仰当然不是宗教信仰，那么它与宗教信仰的区别是什么？共产主义信仰当然是我们应该坚守的信仰，那么它是什么样的信仰？

（一）马克思主义是一种不同于宗教的信仰

约瑟夫·熊彼特在《资本主义、社会主义与民主》中关于马克思主义和宗教有过这样的论述："在一个重要意义上，马克思主义是一种宗教。首先，对它的信徒来说，他提出体现生活意义的一套最终目标，这些目标是判断事物和行动的绝对标准；其次，他提出达到这些目标的指导，那就是一个救世计划和指出人类或人类中经过挑选的那一部分人可以免除罪恶。我们可以进

---

① 习近平：《决胜全面建成小康社会 夺取新时代中国特色社会主义伟大胜利》，人民出版社2017年版，第42页。

一步详细说明：马克思主义的社会主义也属于允许在人世间建立天堂的宗派。"①现实社会中也有人如同约瑟夫·熊彼特说的那样将马克思主义等同于宗教教派，将马克思比作"上帝""神灵"，将共产党员比作虔诚的信徒，而共产主义则被比喻为宗教中的天国或极乐世界。显然，提出这样观点的人既不是坚定的马克思主义者，也不是任何一个宗教的虔诚信徒，这二者中的哪一个都不愿意将自己与另一方相提并论。

宗教的避世性与共产主义的现实性水火不容。宗教在根源上是对自然压迫和社会压迫的无知和无能为力，自它出生以来就带有一个必不可少的先天因素，那就是神秘主义，只有在神秘主义的基础之上，宗教才能使其信徒产生超世俗的，与神同在的快感，才能达到宗教统治人、愚昧人的目的。这也导致了宗教信仰只能是避世的信仰，因为它一旦走到现实中来，上帝及诸神的神秘光环必然消失，它的信仰也就不攻自破。所以，宗教的信仰需要的不是科学而是无知，对上帝的无知才构成了宗教信仰的基础，即使如笛卡儿、斯宾诺莎等哲学家试图在科学上对上帝进行合理化论证，使宗教成为理性逻辑和科学的论断，但是他们这样的理性分析和严密论证在虔诚的宗教信徒和他们所信仰的上帝那里是不被需要和认同的，是费力不讨好的。在宗教信仰中，要达到宗教所描述的天堂或者极乐世界，人是无能为力的，在现实社会也是不能够实现的，他所能依靠的只能是他从未见过的上帝，所能到达的也只是未知的天国。

（二）共产主义信仰是建立在现代实证科学和严密的逻辑推理基础之上的

马克思主义也从来没有研究过现实世界之外的东西，无论是历史唯物主义还是剩余价值理论，它们产生的依据都来自现实世界，所要着眼解决的也

---

① [美] 约瑟夫·熊彼特:《资本主义、社会主义与民主》，吴良健译，商务印书馆1999年版，第45页。

是现实世界的问题和矛盾，共产主义则是解决这些矛盾的方式和最终归宿。共产主义所要实现的不是宗教中的天堂，甚至都不是人间的天堂，它所要实现的是真实的人间，一个公正的人间。共产主义实现所依靠的力量绝不是隐藏在云层之上的上帝，而只能是无产阶级自己的奋斗，正像《国际歌》中写到的那样："从来没有什么救世主，也不靠神仙皇帝！要创造人类的幸福，全靠我们自己！"任何对神秘主义的打击，都会不可避免地对宗教构成打击，现代科学的进步在不断地揭穿着宗教信仰的虚伪外衣，而共产主义在任何方面都是反对神秘主义的，它对神秘主义的批判是最彻底的。马克思主义是最彻底的唯物论与辩证法的坚持者，它指出世界是物质的，物质是运动的，世界除了物质和运动别无他物，可以说，这一理论否定了一切神秘主义，毫不留情地揭穿了宗教的虚伪假面。

无论是最初的图腾崇拜还是到后来统治欧洲的基督教，其本质都是客观唯心主义，它们将上帝、佛祖等神灵看作世界的主宰和本原，现实的物质世界只是这些客观精神的外化和表现。马克思主义不仅是唯物主义，而且是最彻底的唯物主义，它不仅继承和发展了唯物主义，还将唯物主义引入社会历史领域，创造性地阐释了历史唯物主义观点。在社会历史领域，宗教属于社会意识的范畴，是由社会存在决定的，也是随着社会的发展变化而变化的。对宗教稍有了解，我们就能看到，不同历史时期、不同社会环境下，宗教的教义也是不同的。正像马克思主义经典著作中论述的那样，"宗教本身是没有内容的，它的根源不是在天上，而是在人间"[①]。"全部社会生活在本质上是实践的。凡是把理论引向神秘主义的神秘东西，都能在人的实践中以及对这种实践的理解中得到合理的解决。"[②]"正像达尔文发现有机界的发展规律一样，马克思发现了人类历史的发展规律，即历来为繁芜丛杂的意识形态所掩

---

① 《马克思恩格斯全集》（第二十七卷），人民出版社1995年版，第436页。
② 《马克思恩格斯选集》（第一卷），人民出版社2012年版，第136页。

盖着的一个简单事实：人们首先必须吃、喝、住、穿，然后才能从事政治、科学、艺术、宗教等等；所以，直接的物质的生活资料的生产，从而一个民族或一个时代的一定的经济发展阶段，便构成基础，人们的国家设施、法的观点、艺术以至宗教观念，就是从这个基础上发展起来的，因而，也必须由这个基础来解释，而不是像过去那样做得相反。"①宗教是社会存在的产物，是社会实践的结果，并不是宗教创造了物质世界，而是人，人的实践活动创造了宗教，宗教的产生、发展直至消亡也只能在现实世界和实践活动中得到解释。"马克思的历史唯物主义不仅仅是历史观和历史科学，它同时是马克思的新的世界观，通过历史唯物主义的创立，马克思完成了对从前旧哲学的革命性变革，即新世界观的确立。"②正是这一新世界观的确立，完成了对宗教最彻底的批判，彰显了共产主义信仰的科学性。

宗教信仰的功利特点和共产主义的超功利性有云泥之别。在生活中，我们有时候会遇到这样的人，他们习惯性地认为宗教信仰更容易被群众所接受，信仰宗教的人数比信仰共产主义的人数更多。姑且不说得出这样结论的依据是什么，这一结论是否经过了科学的调查和统计，但是这样的言论至少说明社会中"不信苍生信鬼神"的人从未绝迹。有人戏言，出现这种现象的原因大概是共产主义不能保佑人们发家致富，共产主义不能治病。虽是戏言，但也说明问题，那就是异化的宗教信仰的功利性特点，异化的、脱离现实社会的宗教总是许给人们美好的愿景，不论是当下困难的解决还是来世生命的超脱，从根本上来说都是功利性的。如果有利可图就信仰，无利可图就不信仰，就像鸟类和兽类开战之时蝙蝠的选择，谁给我好处我就是谁。这样的信仰绝不是真正的信仰，而是对信仰的玷污。阶级社会中，以功利性为主的宗教正是利用了人们的功利心，成为统治阶级愚弄人民的鸦片。

---

① 《马克思恩格斯选集》(第三卷)，人民出版社2012年版，第1002页。

② 吴宏政、由田：《历史唯物主义的"世界观"内涵》，载《学习与探索》，2015年第3期，第24页。

　　信仰不是带来利益的一种存在，恰恰相反，信仰是一种超越利益的存在。"共产主义是关于无产阶级解放的条件的学说"①。可以说，信仰共产主义是信仰一种世界观，这种世界观对人类社会发展趋势进行了终极判断，是"我从哪里来"这一问题之后对"我到哪里去"这一问题的终极解释，是贫穷、压迫、剥削必定被消灭的美好期许。对于功利主义者来说，共产主义在短期内是不可能实现的，他自身是不能从共产主义实现这件事情上得到好处的，所以，共产主义信仰显然不如直接许诺给他好处的宗教更有吸引力。但是真正的共产主义信仰者能够按照马克思主义理论指导实践，共产主义阐释的人，并不是单个的个人，而是整个人类，是人类命运共同体，人类社会的发展是螺旋式上升的，共产主义终将实现，共产主义信仰者有功成不必在我的胸襟，这是超越现实、超越个人的奉献精神和无悔情怀。马克思自己便是最生动鲜活的例子，他生前穷困潦倒，不图名利，但是却为共产主义事业奋斗终生。如果非要说信仰共产主义也会得到好处的话，那么马克思已经给出了我们答案："让统治阶级在共产主义革命面前发抖吧。无产者在这个革命中失去的只是锁链。他们获得的将是整个世界。"②

　　共产主义不是宗教，共产主义信仰也不是宗教信仰，而共产主义却是宗教最害怕、最喜欢污蔑和攻击的对象。将共产主义当作宗教的大概有两种人：一种是宗教信徒们将共产主义拉低到与宗教同一层次，这样便于对其进行攻击和责难。另一种是部分资本主义维护者试图给他们害怕的共产主义扣上迷信、专治的帽子。

　　（三）共产主义信仰在现实性上就是要实现中华民族伟大复兴

　　不同于宗教信仰的虚妄和荒诞，共产主义信仰是建立在历史唯物主义和

---

① 《马克思恩格斯选集》（第一卷），人民出版社2012年版，第295页。

② 《马克思恩格斯选集》（第一卷），人民出版社2012年版，第435页。

社会发展规律基础之上的科学性信仰，在现实性上就是要实现中华民族的伟大复兴，在理想性上就是要实现全人类的自由解放。

社会主义是共产主义的初级阶段，我们现在处于社会主义初级阶段，正在沿着中国特色社会主义道路，为实现中华民族伟大复兴的中国梦而努力奋斗。党的十九大报告明确指出："中国共产党一经成立，就把实现共产主义作为党的最高理想和最终目标，义无反顾肩负起实现中华民族伟大复兴的历史使命。"①实现中华民族伟大复兴，离不开马克思列宁主义科学理论的指导，离不开共产主义信仰的指引，实现中华民族伟大复兴是实现共产主义过程中的阶段性成果，实现共产主义是实现中华民族伟大复兴的最终目标。离开了共产主义的指引，脱离了共产主义信仰，我们的社会主义建设将会失去方向，中华民族伟大复兴的梦想也不可能实现，中国特色社会主义道路将不可避免地走上改旗易帜的邪路，中国特色社会主义理论将失去重要的理论支撑，中国特色社会主义制度将丧失根本保障。离开了社会主义建设，否定了中华民族伟大复兴的中国梦，共产主义将失去现实的根基，也只能成为不可实现的空中楼阁。

共产主义在理想性上是要实现全人类的自由解放。共产主义是关于无产阶级解放条件的学说，它所要实现的是全人类的自由和解放。马克思说："哲学家们只是用不同的方式解释世界，问题在于改变世界。"②共产主义信仰的解放无产阶级、解放全人类不同于宗教信仰中描述的个人解脱，宗教信仰不可能实现人的解放，不同的宗教只是通过不同的方式和手段对信徒进行安慰，使人们得到一时的温暖，宗教为人们提供的只是逃离现实社会的精神庇护所，人们在宗教中不可能得到解放，他们所得到的只能是精神上的鸦片。共产主义所要实现的全人类的解放，是人们所追求的现实的幸福，在共产主

---

① 习近平：《决胜全面建成小康社会　夺取新时代中国特色社会主义伟大胜利》，人民出版社2017年版，第13页。

② 《马克思恩格斯选集》（第一卷），人民出版社2012年版，第136页。

义社会，剥削和压迫已经被消灭，阶级不复存在，集体财富的一切源泉充分涌流，所有人各尽所能，按需分配。共产主义不仅在物质上带给人们极大满足，在精神上也实现极大满足，共产主义鼓励人们塑造完美的新人格，反对宗教中的自我安慰和自欺欺人，反对资本主义社会的自私自利和尔虞我诈，鼓励人们奋发向上，这样的精神境界植根于物质基础并为之服务。这样，在现实社会上，所有人实现物质和精神的自由全面发展，并且每个人的自由发展都是一切人的自由发展的条件。

心中有信仰，脚下有力量。真正的共产主义信仰绝非易事，它天然地包含着自我扬弃、自我超越。真正的共产主义信仰从不在迷信懵懂之中，而在"路曼曼其修远兮，吾将上下而求索"的进取之中；真正的共产主义信仰绝不在华丽的辞藻之中，而在"俯首甘为孺子牛"的行动之中；真正的共产主义信仰更不在嘹亮的口号之中，而在矢志不渝、不忘初心的奉献之中。

二、市场经济真的破坏人们的信仰了吗

"不信马列信鬼神，不信科学信风水"，社会整体道德滑坡，人们信仰缺失，似乎这样的话语和事件在近年来频繁见诸报端，人们也越来越重视精神亚健康的状态。越来越多的人对信仰缺失、信仰遭到破坏的原因进行探究，一部分人认为，这样不文明、不道德的行为是改革开放之后骤增的，是市场经济破坏了人们的信仰，导致了社会的整体道德滑坡。

（一）破除市场经济与共产主义信仰之间的虚假悖论

要探讨市场经济是不是真的破坏了人们的信仰问题，不可避免地要探讨为什么作为社会主义国家，我们要发展市场经济。人们常常提出这样的质疑：我国是社会主义国家，走的是社会主义道路，崇尚共产主义理想信念，追求的是全人类的彻底解放与共产主义社会的构建，那为什么还采用资本主

义市场经济那一套呢？这不是与马克思主义的基本原理相违背，与我国的共产主义理想信念相矛盾吗？不解决这一"悖论"势必会造成人们的理想信念模糊、道德体系混乱、前进道路迷茫。的确，从表面来看，这似乎是一个"悖论"，但是，从深层来讲，发展社会主义市场经济确是发展社会主义，实现共产主义的必经阶段，具有其内在的合理性与必然性。

发展社会主义市场经济是历史的必然。社会主义市场经济是中国共产党总结社会主义计划经济经验教训所作出的必然选择。1949年，中华人民共和国的成立，标志着中国共产党领导人民群众实现了新民主主义革命的胜利，步入社会主义革命建设阶段。按照马克思所预设和阐述的社会主义经济制度蓝图，社会主义计划经济应该具有以下特征：在经济结构方面实行纯粹单一的全社会所有制；商品经济将消亡，一切劳动产品将成为社会统一分配的对象；经济运行形式方面由一个社会中心用统一的国民经济计划来配置社会资源，组织整个社会的生产、分配和消费。同时，苏联作为世界上第一个社会主义国家，其经济体制采用了高度的全民所有制和高度集中的计划经济，长期优先发展重工业特别是国防工业，依靠高能耗、高原材料消耗、高人力投入、粗放型发展，在苏联建国初期取得了显著成效，并在二战中依靠军事工业取得了胜利。基于马克思主义理论的蓝图预设与苏联社会主义的实践探索，加之我国积贫积弱、百业待兴的基本国情，以及世界被冷战分裂为两大阵营，西方资本主义国家对中华人民共和国实行政治孤立，经济封锁，中国逐渐走上了社会主义计划经济体制的轨道，逐渐形成和完善了以高度集中为特征，以行政管理为主要机制，以公有制占绝对优势的计划经济体制，构成了中华人民共和国成立后直至1979年开始改革开放这30年间的主要经济体制。

社会主义计划经济的建立与实施，为中华人民共和国成立之初的社会主义革命与建设立下了汗马功劳。首先，使我国能够在国民经济实力非常弱的条件下，集中人力、物力、财力开展以156个重大项目为中心的工业建设，比较迅速地建立起社会主义工业化的初步基础，并在此基础上建立了独立的比较完整的工业体系和国民经济体系。其次，抑制了通货膨胀，增加了财政收入，使国民经济顺利地渡过经济困难时期。第一个五年计划期间，全国物价基本稳定，国家财政除1956年有赤字外，其余每年都做到了收支平衡，略有结余。第三，保证了人民群众的基本生活需要，提高了劳动人民的生活水平。第一个五年计划期间，全国居民平均消费水平1957年达到102元，比1952年的76元提高34.2%，其中职工平均消费水平由148元提高到205元，提高38.5%，农民由62元提高到79元，提高27.4%。

然而，随着社会主义计划经济的不断发展，其体制日益僵化，弊端不断显现：追求"一大、二公、三纯"，生产资料所有制结构过于单一，与生产力状况不相适应，阻碍生产力的发展；政企不分，政府对企业管得过死，阻碍社会资源的合理流动；忽视商品生产、价值规律和市场的作用，经济缺乏活力和效率；分配中平均主义严重，影响人们劳动的积极性主动性。对于社会主义计划经济，我们不能盲目地全篇批判否定，而需要依据马克思主义辩证观点，对其进行全面分析。社会主义计划经济的提出与实施，符合历史和逻辑的选择，具有其客观必然性，其所取得的成就与表现出来的弊端，充分体现了社会主义制度的优越性与计划经济的局限性。中国共产党在坚定社会主义道路的前提下，针对"四个现代化"的战略目标与计划经济的局限性，将目光投向市场经济，市场经济所崇尚的市场自由、价值规律、效率优先等价值观念与运行方式，正好弥补计划经济的不足，在社会主义制度的规范和引导下，其能够更好地彰显自身价值，由此，社会主义计划经济的失败，为市场经济与社会主义的融合提供了可能。

社会主义市场经济是人民的选择。社会主义计划经济时期，"大跃进"与"文化大革命"等运动，使国民经济发展遭受严重挫折，人民生活水平不断下降。"四人帮"曾大肆宣扬"宁要贫穷的社会主义，不要富裕的资本主义"，这样的发展，严重脱离了群众的实际需要，违背了人性的需要，必然失败。

1978年，党的十一届三中全会作出了把党和国家的工作重点转移到社会主义现代化建设上来和实行改革开放的战略决策，这是我们党在中华人民共和国成立以来历史上具有深远意义的伟大转折，将目光投向经济建设，着眼解放和发展生产力，追求国家富强与人民幸福。邓小平指出："现在说我们穷还不够，是太穷……经济长期处于停滞状态总不能叫社会主义。人民生活长期停止在很低的水平总不能叫社会主义。"[①] "社会主义是一个很好的名词，但是如果搞不好，不能正确理解，不能采取正确的政策，那就体现不出社会主义的本质。"[②] "讲社会主义，首先就要使生产力发展，这是主要的。只有这样，才能表明社会主义的优越性。"[③] 为此，邓小平把三个"是否有利于"作为人们评判一切工作是非得失的根本标准，即"判断的标准，应该主要看是否有利于发展社会主义社会的生产力，是否有利于增强社会主义国家的综合国力，是否有利于提高人民的生活水平"[④]。"三个有利于"标准把生产力标准、政治标准、人民利益标准结合起来成为统一的标准，而"提高人民生活水平"是生产力和综合国力发展的目的，这充分体现党和国家全心全意为人民服务，为人民谋幸福的根本宗旨。"三个有利于"的判断标准高度表现了物质第一性和人的本质属性是人的生存欲求性的思想。人们首先必须吃、喝、住、穿，然后才能从事政治、科学、艺术、宗教等。因此，首先应该是发展生产力和提高人民生活水平，而不是脱离这两者抽象地谈论社会主义、资本主义、阶级关系、社会制度等。由此，市场经济与社会主义、资本主义的关系问题也就提上台面。

---

① 《邓小平文选》(第二卷)，人民出版社1983年版，第312页。

② 《邓小平文选》(第二卷)，人民出版社1983年版，第313页。

③ 《邓小平文选》(第二卷)，人民出版社1983年版，第314页。

④ 《邓小平文选》(第三卷)，人民出版社1993年版，第372页。

（二）市场经济是中国特色社会主义初级阶段的必然选择

市场经济是与资本主义相伴随而产生的，其一经产生，便成为最具效率和活力的经济运行载体。迄今为止，全世界绝大多数国家纷纷走上了市场经济的道路。长期以来，不论是政治家还是学者，都把市场经济看成资本主义特有的经济形式，强调市场经济只能与私有财产制度相联系，认为市场经济与社会主义是根本对立的，从而否定市场经济在社会主义制度下存在与发展的可能性。早在 1979 年邓小平就指出："说市场经济只存在于资本主义社会，只有资本主义的市场经济，这肯定是不正确的。社会主义为什么不可以搞市场经济，这个不能说是资本主义。我们是计划经济为主，也结合市场经济，但这是社会主义的市场经济。"①

1992 年春，邓小平在南方谈话中进一步指出："计划多一点还是市场多一点，不是社会主义与资本主义的本质区别。计划经济不等于社会主义，资本主义也有计划；市场经济不等于资本主义，社会主义也有市场。计划和市场都是经济手段。"②1992 年，党的十四大，社会主义市场经济应运而生。社会主义市场经济是以公有制为主体，多种所有制经济共同发展，是以国家宏观调控和计划为指导，是以党的政治领导为保障，是以解放和发展生产力，达到全民的共同富裕为目标。经过多年的摸索和发展，社会主义市场经济已经成为当前我国成熟的经济体制，为中国特色社会主义现代化事业发展作出具体贡献，有力地缓解了人民日益增长的物质文化需要与落后生产力之间的矛盾，人民生活质量显著提高，人们的幸福感不断增强。党的十九大报告指出，我国社会主要矛盾已经转化为人民日益增长的美好生活需要与不均衡不充分的发展之间的矛盾，社会主义市场经济势必会进一步缓和与消解这一矛

---

① 《邓小平文选》（第二卷），人民出版社 1983 年版，第 236 页。

② 《邓小平文选》（第三卷），人民出版社 1993 年版，第 373 页。

盾，更加充分地满足人们对于美好生活的需求。可以说，社会主义市场经济，是中国共产党在了解民意、顺应民意、满足民意的基础上作出的选择，事实也已证明这个选择是正确的，是符合我国基本国情与民意的。

社会主义市场经济是现实的需求。社会主义市场经济是中国共产党把握国际发展趋势，融入世界发展格局的必然选择。市场经济已有几百年的历史，最初市场经济与资本主义相伴而生、相伴而长，如今西方国家已经普遍实行资本主义市场经济体制，其中，美国、德国、日本市场经济体制是迄今世界各国中比较成熟的市场经济模式。从目前来看，社会主义与资本主义相比，仍然处于劣势，资本主义国家在世界范围内仍然占据主导地位，市场经济是世界各国普遍采用的主流经济体制，世界经济秩序与规则也是围绕市场经济而制定和设计的。中国作为新兴的社会主义国家，是后起的发展中国家，在经历了社会主义计划经济困境的情况下，借鉴世界普遍采用的市场经济手段，推动自身社会主义事业发展是一条可以考虑的道路。正如邓小平所说："社会主义要赢得与资本主义相比较的优势，就必须大胆吸收和借鉴人类社会创造的一切文明成果，吸收和借鉴当今世界各国包括资本主义发达国家的一切反映现代社会化生产规律的先进经营方式、管理方法。"①中国选择社会主义市场经济，正是正视资本主义市场经济的相对优势，借鉴其市场经济有益于激发经济活力和动力的经验方法，推动自身的发展和完善。同时，二战以后的冷战格局已经打破，世界正朝着多极化方向发展，中国作为世界中的重要一极，必须武装自己，勇敢地走出去，在国际社会占有一席之地，增强自身的国际地位和话语权。这就需要中国尝试采用市场经济，使社会主义制度优越性与市场配置资源的有效性相结合，增强国际对话与交流，在相互比较中取长补短，在求同存异中共同发展。

20世纪末，苏东剧变，意味着以苏联为代表的高度集中的社会主义计划

---

① 《邓小平文选》（第三卷），人民出版社1993年版，第373页。

经济体制的破产。苏联由于实行违背经济规律、高度集中的、僵化的经济体制，导致了生产力受到束缚，经济发展迟滞，人民生活长期得不到改善。这是造成苏共倒台、苏联解体的重要原因，其惨痛深刻的教训，成为我们的前车之鉴。综合来说，中国走社会主义市场经济道路，是基于对国际形势的准确把握，以开放和包容的心态融入国际社会的必然选择，中国选择社会主义市场经济，不仅仅是在探索具有中国特色的新经济体制，推动中国社会主义事业发展，更是为世界经济发展与社会进步作出有益尝试，贡献力量。

采取市场经济的形式发展经济，是我们基于社会主义初级阶段的国情决定的，是历史发展的必然，是人民的选择，是基于现实生存发展的需求作出的正确决定。同时我们还要认识到，市场经济作为一种资源配置方式，是解放和发展生产力的手段和工具，不是资本主义所固有和独享的经济运行方式，它本身不带有资本主义或者社会主义的色彩，是一个中性词，就像计划经济一样，是手段而不是目标，是工具而不是性质。

（三）市场经济在建构信仰中的积极作用

我们国家所要发展的市场经济是社会主义的市场经济，是中国特色的社会主义市场经济，它同资本主义国家发展的市场经济具有本质区别。主要表现为其所附着的经济体制的本质不同。社会主义的本质是解放生产力，发展生产力，消灭剥削，消除两极分化，最终达到共同富裕。这一本质在经济上表现为公有制，现阶段我国的社会主义市场经济仍然采取的是公有制为主体，多种所有制经济共同发展。多种所有制经济并没有动摇公有制的主体地位。资本主义的本质是剥削，是对利益最大化的追求，其经济形式是私有制。根本目标不同，社会主义市场经济是与社会主义根本目标相一致的，即实现共同富裕为根本目标，而资本主义市场经济则是以获取剩余价值为生产目标。社会主义市场经济与资本主义市场经济具有本质差别，它是使市场在社会主义国家宏观调控下对资源配置起决定作用的经济体制，其本质和根本目标都体现了社会主义性质。所以说，我们发展的市场经济是社会主义的市场经济，是符合我们现阶段发展规律的具有中国特色的社会主义市场经济。

我国的社会主义市场经济其最根本的特征是社会主义属性，它所具有的社会主义属性，其实现共同富裕的目标，它所处的社会主义初级阶段的形势，都决定了它呼唤着共产主义信仰，然而它仍然不可避免地带有市场经济的弊端，也不可避免地对共产主义信仰造成了破坏。同时，市场经济的检验作用是对共产主义信仰的现实性否定环节，它对信仰起到的并不是单一的影响，而是双刃剑效应。

市场经济对信仰的双刃剑作用主要体现为市场经济既摧毁着信仰，也呼唤着信仰，又为信仰的真正实现提供着现实的可能性，是信仰的现实化的否定环节。一方面市场经济催生了拜金主义和工具理性的泛滥，另一方面市场经济作为功利性的存在检验着信仰的真实性和忠诚度，为信仰的重建提供了可能性。

资本主义所追求的是物质利益最大化，所要实现的是榨取工人最大化的剩余价值，资本主义私有制是建立在一些人对另一些人的剥削之上的，经济基础决定上层建筑，市场经济所要追求的是个人的私利，这样的生产方式和经济制度必然导致社会上对拜金主义的极端追求和对工具理性的疯狂痴迷。

提到市场经济对信仰的破坏作用，人们总会想到这样一句话，金钱是万恶之源。而在经济关系中，金钱发挥的是货币的职能，那么它仅仅是一种交换的工具和手段，工具不具有善或者恶的价值取向，而只有将金钱看成一种人生追求，看作衡量万事万物的尺度的时候它才真正具有了善与恶的色彩。拜金主义实际上是金钱至上的意识形态，是用金钱衡量一切标准的价值观。拜金主义的信奉者们对金钱痴迷至极，为了金钱不顾一切，将金钱作为衡量一切行为准则的标准。拜金主义者将金钱看作人生的全部，把追求金钱和物质生活放在首要位置，这样导致的后果必然是生命的价值、生活的权利、行为的善恶、交往中的公平正义等都变得可有可无、无关紧要了，反映在行动上就是为了追求金钱或者经济利益不顾道德法规，不择手段地达到占有更多物质财富的目的。拜金主义者认为金钱是衡量万物的标准，即使在我们认为无价的道德、亲情、爱情面前，金钱也成为衡量标准，而一旦经过金钱的衡量，这些无价的东西都被金钱拽下神坛。我们认为拜金主义影响和破坏了人们的信仰，是因为有些东西是不能被衡量的，比如道德、信仰，衡量道德和信仰的标准只能是善与恶。拜金主义导致的另一个严重后果是，在社会层面上，人们会认为有钱人更优秀更值得尊重，而贫穷者则一无所有，这种价值观对于社会发展危害极大，如果一个社会被尊重的标准不是真善美，而仅仅是金钱的多少，那么这个社会价值体系、信仰体系的溃散也近在眼前了。

市场经济所导致的工具理性的泛滥表现为理性被工具所统治，成为工具的工具。人的工具性成为人所具有的一切财富，人的价值被异化为获取物质财富的技巧和能力，人本来应该是控制工具的主体，现在反而成为工具的工具，成了工具功能的延伸，人对生命价值的超越性追求沦落为对有用性的追求。工具理性泛滥在另一个侧面反映了价值理性的衰落，工具理性泛滥破坏了价值理性，价值理性越是被破坏，工具理性越是甚嚣尘上，成为恶性循环。这样导致的直接后果是，人和他自己、人和人的关系、人和自然的关系完全被物化，整个世界成为被利用的对象，成为实现主体需要的工具而被贱化。这样的情形下，对信仰的破坏是不可避免的，引发了共产主义信仰的动摇和信心的丧失。

市场经济不仅破坏着人们对共产主义的信仰，同时也摧毁着中国传统信仰。但是社会不能没有信仰，这不符合人类的本性，也不符合社会发展的规律，更不利于社会的和谐稳定。正是在信仰被市场经济所破坏的情形下，我们更需要信仰，更呼唤建立共产主义信仰，更需要培育共产主义的忠实践行者。

同时，市场经济也为信仰的重建提供了可能性，共产主义信仰在市场经济的环境下做到了真实落地，共产主义信仰体系在物质利益的关系中被真实地建立起来。我们的信仰在未经现实和实践检验之前只是停留在我们头脑中的，没有经过世俗羁绊、利益诱惑的抽象的信仰，这样的抽象信仰就像在脱离世俗的深山老林中的习武之人，当他没有下山与其他人比试之前，谁也不能断定他武功的高下，包括他自己。所以，这样抽象的信仰在未经检验之前不能判断是高尚的信仰还是低俗的信仰，只有进入世俗的社会生活中，进入涉及自身的利益关系中，我们才真正地发现了人性的本质，才真正洞悉了善与恶的博弈，才实现了信仰的真实落地。市场经济将功利性带入人的世界，带入人与人之间的关系中，市场经济所带入的这种功利性成为信仰的对立面和检验体，在这样的利益关系中仍然能够坚守的才是真正的信仰，这样的信仰也才符合马克思主义的本质和要求，马克思主义所追求的信仰从来都不是乌托邦式的，它总是与社会生产相联系，它总是在社会生活中，在生产劳动中使人成为人，成为有信仰的人，成为能够坚守信仰的人。

三、用什么拯救我们的灵魂

当今中国社会主义事业的发展来之不易，曾经物质财富的匮乏让我们的国家饱受凌辱，那时，人民多么渴望丰衣足食，国家多么渴望发展强大，但我们不管多么艰难，都没有丢掉我们伟大的中华民族的千年传统——勤奋、朴实、善良，我们有信仰，信仰老祖宗的德训，信仰共产党的领导，信仰天道酬勤，正是这些信仰指导着我们打败了日本侵略者，正是这些信仰成就了我们的社会主义事业。我国经济处于飞速发展的新时期，但随着财富的急速增长，人们的物欲在不断膨胀，类似"挟尸要钱"事件、"小悦悦"事件、"毒奶粉"事件不断发生，《扶不扶》小品搬上了春晚的舞台，人们不禁发出疑问：这是经济快速发展的必然结果吗？拿什么拯救我们的灵魂？

（一）人们信仰多元导致灵魂迷失

在市场经济的社会转型期，各种社会思潮碰撞激荡，新旧思想、文化与价值观念冲突，价值观多元化现象凸显，甚至出现了思想上的困惑与行为上的偏差，导致价值观偏移、信仰迷茫、精神迷失、灵魂失守等问题。其原因是多方面的。

1. 市场经济对灵魂带来的冲击和挑战

市场经济是一种商品经济，在商品经济社会里，"活动和产品的普遍交换已成为每一单个人的生存条件，这种普遍交换，他们的相互联系，表现为对他们本身来说是异己的、独立的东西，表现为一种物"。①一个人对物质生活资料的满足程度及社会地位的高低与其能否占有一定的物及占有多少物有密切的联系。

人们以货币这种物的形式占有和使用社会权利，在商品交换中人们追求自己利益的最大化，因此，人们的人生观、价值观很容易受到商品拜物教及货币拜物教的影响，货币似乎具有一种神奇的魔力，人们慢慢被它统治，被它异化，人与物的主客体地位颠倒了过来，人成为商品和货币的奴隶，很多东西包括权利、尊严、自由等都被异化为金钱，"一切东西，不论是不是商品，都可以转化成货币。一切东西都可以买卖。流通成了巨大的社会蒸馏器，一切东西抛到里面去，再出来时都成为货币的结晶。连圣徒的遗骨也不能抗拒这种炼金术，更不用说那些人间交易范围之外的不那么粗陋的圣物了"。②人之所以为人的主体性特征被消解，人们以利益为中心来判断行为的善恶和行为的取舍，拜物教思想对人们思想的束缚越来越严重，在个性高于普遍性的伦理规范世界里，"现代人正在精神深层中经受着来自于价值秩序混

---

① 中央编译局：《马克思恩格斯全集》（第三十卷），人民出版社1995年版，第107页。

② 马克思：《资本论》（第一卷），人民出版社2004年版，第155页。

乱的道德困惑与道德不幸。"①人性开始沉沦，物性却得到张扬，在现代社会，人们的思维不可避免地出现了物化的风格，逐利的思想已经超出了经济领域，渗透到了人们生活的方方面面。

人们创造的各种物反过来成为奴役人的客观力量，人们慢慢失去了自我，迷失了自我。人生命存在的主要要素真、善、美都被商品化了，人的生活失去了崇高的意义，神圣和崇高在货币这一"最普遍的价值"面前黯然失色，货币却被神圣化、主体化、现实化，货币使一切价值形态变得虚无，造成了人的价值的消失或隐退，正如马歇尔·伯曼所认为的那样，虚无主义的全部含义就是：只要付钱，任何事情都可以且能够行得通，任何行为方式，只要符合经济理性规则，在道德上就是可允许的。有些人因为欲望的无限性与个人能力有限性之间的矛盾无法解决而陷入痛苦中，有些人因满足于现实的物质生活而放弃了对精神世界的追求。

2. 西方意识形态的传播成为民族灵魂的"漂白剂"

中华人民共和国成立以来，西方敌对势力对我国思想渗透的战略图谋从未改变，西方国家在推翻了封建思想的桎梏后，形成了以"自由、平等、人权、民主"为核心的西方价值观，他们认为，我们"有责任和义务，来维护和捍卫这种价值观，不惜用武力方式把这种价值观推向世界！"②而西方意识形态和"普世价值"的宣传和渗透已经在人们的社会生活中产生影响。

首先，冲击了中华传统文化的价值观体系。西方意识形态的宣传试图瓦解我们中华民族伦理道德思想，试图使我们的年轻人抛弃中华民族传统的集体主义、爱国主义和艰苦奋斗的精神，希望通过思想渗透使我们的年轻人怀疑中华文化的合理性，向往西方国家的生活方式，对西方文化产生亲近感、认同感，信仰西方自由主义价值观，动摇对自己民族的自尊心、自信心，破

---

① 金生鈜：《德性与教化》，湖南大学出版社2003年版，第2页。
② 张骥等：《马克思主义意识形态引领多样化社会思潮若干问题研究》，人民出版社2013年版，第158页。

坏中华民族的向心力和凝聚力。

其次，动摇了我们一直坚持的社会主义、共产主义、马克思主义的理想信念。西方国家常常以学术交流、文化交流的方式传播其价值观念，虽然没有贴上"资产阶级意识形态"的标签，但这种包装过的"普世价值"倡导"自由、平等、民主"思想的同时，鼓吹"三权分立"的资本主义政治制度的优越性，动摇我党执政的文化根基和群众基础，通过这种隐蔽性的洗脑方式，很多党员和群众开始怀疑社会主义制度的正确性和合理性，共产主义信仰的真理性和神圣性，造成广大民众理想信念混乱甚至虚无。

再次，改变了民众的思想和价值追求。在新媒体环境下，意识形态渗透的实质依然是价值观之争，他们利用自己的经济和科技优势大力宣传自己的新自由主义思潮，宣传"金钱至上、自私有理"等理念，就连涌入中国的商品都打上了西方文化和意识形态的烙印，正如西方学者伯努瓦指出："一件有利于理解文化全球化性质的新奇事物，即资本主义卖的不仅仅是商品和货物，它还卖标识、声音、图像和联系，不仅仅将房间塞满，而且还统治着想象领域，占据着想象空间。"①即通过商品打开意识形态的大门，使西方的消费主义在非西方国家传播和推崇起来。正如马来西亚总理巴达维所说："全球化通过全球媒体、娱乐业、旅游和贸易使人们接触到各种不同的文化！但它也导致西方文化中最肮脏、最无价值、最颓废的东西在非西方社会泛滥成灾！使本土文化岌岌可危。一些国家的本土文化很可能消亡或者被西方文化取而代之。"②

最后，破坏了民族的凝聚力。中华民族伟大复兴的中国梦的实现需要凝聚民族之魂，民族之魂需要所有中国人凝心聚力、齐心协力、同心同德，共同为中国梦的实现而努力奋斗，而西方国家各种反马克思主义、反社会主义

① 王列、杨雪冬：《全球化与世界》，中央编译出版社1998年版，第10页。
② [马来西亚]巴达维：《全球化：风险与前景——在吉隆坡第14届亚太圆桌会议上的演说》，载《新海峡时报》，2000年6月7日。

的思潮从未停止，他们在自由、民主、宗教、民族等问题上与我们展开心理战，分裂我们的民族，改变我们的思想，破坏传统价值观，动摇我们的理想信念，造成人心涣散，使我们的国家不再团结和统一，民族失去凝聚力。

（二）个人和民族都需要高尚的灵魂

一个人的灵魂决定着影响着一个人的生存、发展状态，一个民族的灵魂决定着该民族的强弱与发展，个人和民族的发展都需要高尚的灵魂做指引。

1. 人生需要高尚的灵魂做指引

高尚的灵魂是人们进行理性认知的载体，是人们感知认识事物的途径，是人们形成良好道德品质的基础，"灵魂是他正常的醒着时的智力和道德性格的所在地"[①]。高尚的灵魂是使人生有理性、有价值、有意义的基础。

按照亚里士多德的说法，一切生命物都有灵魂。灵魂是生命体的本质，躯体仅仅是潜在的生命，拥有躯体并不等于拥有现实的生命。以一把斧子为例，斧子的灵魂就是"劈砍"这种能力，如果失去了劈砍的能力，它就不再是一把斧子，"劈砍"就类似于斧子的灵魂。图画中的斧子，道具的斧子都是斧子，但因为失去了劈砍的能力，它就失去了"生命"，失去了"灵魂"，亚里士多德这样来说明生命的灵魂："灵魂犹如'劈砍'之于斧子，'看'之于眼睛，'觉醒'之于种子，斧子在'劈砍'之时才获得它的'是'，眼睛在'观看'之时才'是'眼睛，种子在'觉醒'之时才生长，才'是'种子。"[②]灵魂是生命的目的、原因和本源，人作为生命的一种形式，人的灵魂是使人成为人的原因，失去了灵魂的身体只是人的形式而失去了人的本质，我们需要灵魂的指引正如我们需要生命一样。

在物欲横流的当代社会，人们努力去摆脱身体的欲望，去实现真、善、

---

① [英] 泰勒：《苏格拉底传》，商务印书馆1999年版，第83页。

② [古希腊] 亚里士多德：《论灵魂》，载《亚里士多德全集》（第3卷），苗力田主编，中国人民大学出版社1992年版，第412页。

美的终极理想，人们努力让自己树立正确的观念去实现自己的解放，人们承受各种压力努力地实现自己的人生价值，但并不是所有人都具有认知真、善、美的能力，所以人生才有"光辉的一生"与"惨淡的一生"的差别。柏拉图说灵魂的运动就是理性灵魂的认识活动，灵魂是人们认识真理的主体，只有灵魂才具有这种理性认识的能力。灵魂或心灵是人的理性思维所在地，人之所以是高级动物就高级在人具有理性特质，人是理性的存在物。人的理性使我们有超越肉体有限性而追求无限达到永恒的渴望，追寻生命的价值意义、寻找灵魂的归宿是人类的本能。因此，高尚的灵魂，是净化人们的心灵、拯救人们逐渐堕落的道德和灵魂的关键，是对人的心灵的关怀。

2. 民族发展需要民族之魂凝心聚力

几千年来，各个民族为了振兴和发展自己的民族，都在积极地探寻和凝聚自己的民族之魂。民族之魂是一个民族赖以生存和发展的精神支撑，离开了民族之魂，民族文化就成了无源之水、无本之木。一个民族如果没有民族之魂，没有坚定的民族志向，不可能凝聚力量，成就伟业，实现梦想。

首先，民族之魂传承民族精神和民族文化。

几千年来，中华民族生生不息、发展壮大，创造了光辉灿烂的中华文化，支撑这个民族历经磨难而保持旺盛生命力的强大动力就是中华民族的精神。中华民族精神铸就民族之魂，民族之魂就是民族的守护神，民族之魂包括民族的共同理想、共同价值观、共同思维方式和共同的品格，对社会成员的个体具有吸引力和向心力的作用，这种精神的传承体现了历史性和时代性的统一，体现了继承性和创新性的统一，凝聚了中华民族的智慧和力量，民族之魂携带着中华优秀文化的基因，传递并形成团结意识、爱国意识、自强意识，鼓舞着一代又一代中华儿女坚强勇敢、艰苦奋斗、自强不息地创造中国一个又一个辉煌。

其次，民族之魂是实现"两个十五年"伟大目标的强大精神动力。

党的十九大报告指出，通过"两个十五年"的奋斗和发展，我们的目标是把中国建成富强、民主、文明、和谐、美丽的社会主义现代化强国。目标是宏伟的，前景是灿烂的，需要全中国人民共同努力，"撸起袖子加油干"，但在中国特色社会主义发展的新时代，新的矛盾和新的冲突不断涌现，在建设社会主义的前进道路上难免遇到各种困难和问题，恐怖主义、金融风险、腐败现象正是中国当代主要矛盾和主要问题，为了完成我们的伟大事业，我们要建设伟大工程，进行伟大斗争。而在进行伟大斗争的过程中，民族之魂就是一种精神力量，在这种亲和力和凝聚力的指引下，民族之魂将不同的思想观念和价值观念进行整合，充分发挥每一个社会成员的主观能动性和创造精神，动员和凝聚全民族的力量和智慧，众志成城、万众一心地应对中国发展过程中的各种问题和挑战，才能实现"两个十五年"的伟大目标，实现中华民族伟大复兴的中国梦。

再次，民族之魂是构筑防范敌对势力渗透思想颠覆的"堤坝"。

全球化时代的到来，为西方国家宣传西方的意识形态提供了便利，他们通过新闻、广播、网络等多种途径宣传自己国家的"普世价值"思想，冷战时期的美国中央情报局局长杜勒斯说："人的脑子，人的意识，是会变的。只要把脑子弄乱，我们就能不知不觉改变人们的价值观念，并迫使他们相信一种经过偷换的价值观念。"①同时，他们利用民族和宗教等幌子企图破坏中华民族的统一和发展。可见，西方意识形态的渗透从未停止，为了抵制西方敌对势力的"西化""分化"图谋，我们必须用民族之魂凝聚民族力量，培育和弘扬中华民族精神，提高民族的自尊心和自信心，坚持道路自信、文化自信、理论自信、制度自信，用民族之魂唤起人们心中对国家的归属感、认同感、责任感，树立正确而崇高的价值目标，建设社会主义、共产主义的理想信念，才能抵御境外的渗透，顶住世界霸权主义的各种压力，有效防止西方腐朽价值观的渗透和影响。

---

① 〔俄〕雷日科夫：《大国悲剧：苏联解体的前因后果》，徐昌翰译，新华出版社2010年版，第1页。

（三）思想政治教育是铸魂育人的精神工程

按照对思想政治教育的一般性理解，思想政治教育是"社会或社会群体用一定的思想观念、政治观点、道德规范对其成员施加有目的、有计划、有组织的影响，使他们形成符合一定社会、一定阶级所需要的思想品德的社会实践活动"①。而这一教育活动就是通过思想的碰撞和引领，让人们树立正确的价值观，丰富人们的精神世界，引领、净化、塑造人的灵魂。

1. 思想政治教育可以构建具有"普遍性"的生命

人应当成为实体性存在，但受自然性干扰，人不能直接地成为实体性存在。我们的身体都是肉身，是自然生命体，他作为生命体本能的东西，牵制着你成为普遍性，给人的本质设下一个障碍，人的肉体"具有双重的罪恶：它既是一种歪曲的媒介，使我们好像是通过一层镜子那样地看得模糊不清；同时它又是人欲的根源，扰得我们不能追求知识并看不到真理"②。因此，人的身体和实体性、普遍性是有矛盾的。我们就是要协调他的身体和灵魂，这个协调不是使心服从身体，而是使身体服从心灵，两者要相互和谐，但和谐的基础是客观真理性心灵。人要想实现他的普遍性是需要经过训练和教育的，思想政治教育是通过教育环境的影响和相关的教育活动的开展，让人拥有理性心灵，修正灵魂，使身体服从灵魂，使受自然支配的个体在教育中超拔出来，成为有理性的精神的普遍存在者，回归人的普遍性，使人在价值观及其践行上回归人的类本质。

2. 思想政治教育净化人的灵魂

根据柏拉图的"心灵转向说"，灵魂的转向不是一蹴而就的，并不是所有人的灵魂都具有转向真实存在的能力。为了使城邦中每一个人都能达到对真

---

① 陈万柏、张耀灿：《思想政治教育学原理》，高等教育出版社2007年版，第4页。

② [英] 罗素：《西方哲学史（上卷）》，何兆武、李约瑟译，商务印书馆2009年版，第174页。

理和善理念的认识，过上正义与和谐的生活，柏拉图在《理想国》中提出通过"教育"实现灵魂的净化。通过这些教育能够培养人们爱智慧的素养和纯洁的灵魂，引导人们求真至善。而在所有课程中，辩证法是最高等级的教育训练，其实质就是哲学，它是完全摆脱一切感性事物并只与理念等真实存在相关的课程，是探索真理、构建理念体系的方法。"当灵魂的眼睛陷入无知的泥沼时，辩证法能把它拉出来，引导它向上，并且通过其他数理学科的帮助完成灵魂的转变过程。"[①]显然，柏拉图认为只有将最高等的辩证法与其他学科结合起来，才能真正将真、善、美的知识植入人的灵魂。而思想政治教育正是辩证法的教育，通过思想政治教育使人们获得最高等级的认知状态即"理性"，运用灵魂的理性来进行推理性逻辑论证，从理念出发来分析论证各理念间的逻辑关系，最终上升到对善理念的认识，达到对可知世界的正确认识。

3. 思想政治教育塑造人的灵魂

人是有精神生命的，人是理性的存在物，他总是想超越他的自然生命，在精神层面的意义上，作为它的类本质的规定，精神生命是永远处在趋向于无限的永生的途中，这就是精神要求人总是追求形而上的、美好的、绝对的那些东西，包括对于真、善、美这些东西的追求，通过精神的努力，去构建一个充实的精神家园，这就是使人成为人的一项永恒的事业。而要完成这个伟大事业，需要我们通过修养，通过思想政治教育活动，使人通向价值的彼岸，如果我们不预设一个彼岸价值目标，不通过思想政治教育架设一座通往彼岸的桥梁，那么我们的灵魂仍然没有指引，不知何为高尚，灵魂仍然无处安放。就像金生鈜教授所说："教育及教化就是引出人的理性，使人的灵魂内在的目光观赏善与真理，是灵魂不断上升的过程，不断引出理性的过程，不断使理性与善的世界交往的过程，这是一个生活的过程，是不断引出知识和

---

① 黄颂杰、章雪富：《古希腊哲学》，人民出版社 2009 年版，第 129 页。

德性的过程。"①因此，我们需要思想政治教育给灵魂以高贵的形式和秩序，让自己与自己和睦，引领我们的灵魂前行。

4. 思想政治教育培养人正确的价值观

当人们灵魂失守，迷茫失措时，往往都是错误的价值观占领了头脑。怎样才能树立正确的人生观、价值观呢？苏格拉底给了我们答案，苏格拉底有一次将其弟子带到杂草丛生的田地里上课，问他的弟子们，要除掉这一地的杂草，最好的办法是什么？一个说，是拿石灰把草烧死；另一个说，拿镰刀割去；还有的说用火烧光……苏格拉底笑笑，什么都不说，只让他的弟子们按自己认为的方式去除草，并相约一年以后再来寻求最好的答案。一年过去了，他们再次来到这块田地，那些被刀割、火烧、石灰掩埋过的地面依然是杂草蓬勃，而已经长满了苗壮的庄稼的地面，杂草都遁迹了。苏格拉底说，要除掉旷野的杂草，最好的办法是种上庄稼；要让灵魂没有纷扰，最好的办法就是用美德去占据它！思想政治教育就是在人们的心灵种上美德，是通过对具有真理性的价值观的描述摧毁前价值观中不具有真理性的部分，所以说思想政治教育者就是人类灵魂的工程师，通过思想政治教育，受教育者更新观念，完善自己，形成正确的价值观，从而构建自己的精神世界。

（四）铸魂育人的价值观选择

1. 用中华优秀传统文化铸魂育人

个体的灵魂是从人类灵魂中化育而来的，而人类灵魂集中地体现于人类文化的源远流长之中，习近平同志在中央党校建校80周年庆祝大会上曾明确指出："中国传统文化博大精深，学习和掌握其中的各种思想精华，对树立正确的世界观、人生观、价值观很有益处。……学史可以看成败、鉴得失、知兴替；学诗可以情飞扬、志高昂、人灵秀；学伦理可以知廉耻、懂荣辱、辨

---

① 金生鈜：《德性与教化》，湖南大学出版社2003年版，第64—65页。

是非。"中华文化源远流长，具有着中华民族特有的精神标识，代表着中华民族最深层的精神追求，它滋养着我们的灵魂，为一代又一代中国人战胜困难、改革创新提供精神动力，在这种精神的指引下，中国取得了举世瞩目的成就，正如习近平总书记指出："抛弃传统、丢掉根本，就等于割断了自己的精神命脉。博大精深的中华优秀传统文化是我们在世界文化激荡中站稳脚跟的根基。"[①] "中华优秀传统文化已经成为中华民族的基因，植根在中国人内心，潜移默化影响着中国人的思想方式和行为方式。"[②]因此，我们应该继承和弘扬中华优秀传统文化，用蕴含其中的丰富思想道德资源和深层精神力量铸魂育人。

2. 用马克思主义思想铸魂育人

习近平总书记在全国宣传思想工作会议讲话中强调：我们党从诞生之日起就把马克思主义写在自己的旗帜上，把实现共产主义确立为最高理想。马克思主义、共产主义信仰是共产党人的命脉和灵魂。实践是检验真理的唯一标准，马克思主义已经被实践证明是科学的真理，正是在马克思主义的指导下，才形成了毛泽东思想、邓小平理论、习近平新时代中国特色社会主义思想，不仅指导中国革命取得胜利，还指导中国的社会主义建设取得巨大成就。所以毛泽东说："不论是知识分子，还是青年学生，都应该努力学习，除了学习专业外，在思想上要有所进步，政治上也要有所进步，这就需要学习马克思主义，学习时事政治，没有正确的政治观点，就等于没有灵魂。"[③]马克思主义、共产主义理想信念是广大党员和普通群众凝心聚力、万众一心建设美丽中国的精神力量。正如习近平总书记所说："把我国56个民族、13亿多人紧紧凝聚在一起的，是我们共同经历的非凡奋斗，是我们共同创造的美好家园，是我们共同培育的民族精神，而贯穿其中的、更重要的是我们共同

---

① 《习近平谈治国理政》（第一卷），外文出版社2014年版，第164页。

② 《习近平谈治国理政》（第一卷），外文出版社2014年版，第170页。

③ 《毛泽东文集》（第七卷），人民出版社1999年版，第226页。

坚守的理想信念。"我们用马克思主义的理想信念铸魂育人，才能让人民有信仰、民族有希望、国家有力量。

3. 用社会主义核心价值观铸魂育人

核心价值观是个体灵魂生成的逻辑中介，人的精神世界是生成的，其总是努力将来自外部的东西整合为内在世界的一部分，精神世界的能动性使其无时无刻不在进行形塑灵魂的活动，形塑灵魂的精神滋养是社会共有精神。核心价值观是社会共识凝聚的思想基础，几乎在所有时代，个体对社会总是依附于内在的精神联系，相对一致的价值观是精神联系的重要表现，价值观从表面上看具有个体属性，但事实上，都显然是沿着作为一个整体的群体或时代特征的各种轨迹前行，个体价值观总要受社会核心价值观影响。社会主义核心价值观凝聚着中国人民共同的价值追求和价值认同，它作为最大公约数，体现了最高目标的道德基础和价值尺度。用社会主义核心价值观铸魂育人就是让人们对价值作出一致性的判断，为人们形成价值共识筑牢基础，当发生利益波动、思想意识冲突和观念争鸣时，这种价值共识就能起到调节的作用，将社会价值尺度和个人的价值选择结合起来，为社会共同理想的实现指明价值目标，为铸魂育人奠定价值基础。

个人灵魂塑造是为了实现个人梦，民族魂的塑造是为了实现民族梦，国家魂的塑造是为了实现国家梦，在中华民族伟大复兴的道路上，铸魂育人、凝聚共识、引领社会思潮，凝聚民族精神之魂，是中华民族存在和发展、振兴与繁荣的强大精神动力和精神支柱，是实现伟大复兴中国梦的精神支撑。

（五）坚守马克思主义信仰

习近平总书记在十八届中共中央政治局第一次集体学习时指出："坚定理想信念，坚守共产党人精神追求，始终是共产党人安身立命的根本。对马克思主义的信仰，对社会主义和共产主义的信念，是共产党人的政治灵魂，是共产党人经受住任何考验的精神支柱。形象地说，理想信念就是共产党人精神上的'钙'，没有理想信念，理想信念不坚定，精神上就会'缺钙'，就会得'软骨病'。现实生活中，一些党员、干部出这样那样的问题，说到底是信仰迷茫、精神迷失。"包括共产主义远大理想和中国特色社会主义共同理想在内的马克思主义信仰的精神实质包括以下四个方面：

1. 理论联系实际的唯物主义信仰

从历史上看，空想社会主义者并不是唯物主义者，他们的信仰不是建立在科学社会主义的基础上，而是建立在唯心主义基础上。马克思主义的产生，科学共产主义学说的创立，使原来就隐约零星地存在着的空想社会主义信仰找到了科学的基础，成为一种辩证唯物主义和历史唯物主义基础上的科学信仰。辩证唯物主义和历史唯物主义认为，我们人类生存于其中的世界图景是物质的世界，不存在什么鬼神等超自然的神秘存在和神秘力量。物质本身具有运动的属性，在物质的运动中包含着发展，即从低级向高级的运动变化。人类社会是物质世界运动发展的最高级的形态。物质的运动和发展是有规律的，人类可以认识物质世界的规律，并按客观规律办事，不断地改造客观世界与自身主观世界。马克思指出："社会生活在本质上是实践的。"实践观是马克思主义理论首要和基本的观点。实践是主体借助一定的物质手段有目的、有意识地对客体的能动的改造活动。实践具有客观实在性、自觉能动性和社会历史性的特点，是在一定的意识和理论指导下进行的；同时，任何实践活动又受到客观实际和社会历史条件的制约。要达到改造世界的目的必须理论联系实际，这样才能使主观与客观相统一、认识与实践相一致。

2. 一切为了人民群众的现实性信仰

为什么人的问题，是检验一个政党、一个政权性质的试金石。正像神灵是教徒的精神力量源泉一样，人民群众是共产党人的力量源泉。"人民是历史的创造者，是决定党和国家前途命运的根本力量。"①全心全意为人民服务的根本宗旨体现的是一种人民至上的思想认同和精神导向。它首先是一种理想信念上的要求，是一种信仰上的要求，其次才分别地表现为政治上、道德上等方面的要求。不论是作为政治要求还是道德要求，都包含着信仰的内涵。作为党的根本宗旨，它是政治性的，是一种政治信念和政治本色，而作为对共产党员个人的要求，它是道德性的，是一种道德信念和信念伦理。马克思和恩格斯认为共产党人就是要在无产者的斗争中，强调和坚持整个无产阶级的不分民族的共同利益，在无产阶级和资产阶级的斗争所经历的各个发展阶段上始终代表整个运动的利益，共产党人只有解放全人类才能最终解放自己，实现全人类的政治解放、经济解放、社会解放、精神解放。"共产党人为工人阶级的最近的目的和利益而斗争，但是他们在当前的运动中同时代表运动的未来。"②一个不讲道德的人，一个欺压群众的人，一个不真心实意为人民服务的人，即使他怎样坚定地相信世界的物质性、相信共产主义理想实现的必然性，也不能算是真正的共产党人，更不能算是一个马克思主义者。从这个意义上说，一个人是否坚定地相信并践行为人民服务，是他有无马克思主义信仰的最好的试金石。

3. 实现共产主义社会的理想性信仰

马克思和恩格斯认为，实现共产主义社会需要通过无产阶级开展共产主义革命运动以推翻资产阶级的生产关系来实现，共产主义革命"推翻了一切旧的生产关系和交往关系的基础，并且破天荒第一次自觉地把一切自发产生的前提看作先前世世代代的创造，消除这些前提的自发性，使它们受联合起来的个人的支配。因此，建立共产主义实质上具有经济的性质，这就是为这种联合创造各种物质条件，把现存的条件变成联合的条件。共产主义所建立

---

① 习近平：《决胜全面建成小康社会　夺取新时代中国特色社会主义伟大胜利》，人民出版社2017年版，第21页。

② 《马克思恩格斯选集》（第一卷），人民出版社2012年版，第284页。

的制度，正是这样的一种现实基础，它排除一切不依赖于个人而存在的东西，因为现存制度只不过是个人之间迄今所存在的交往的产物。这样，共产主义者实际上把过去的生产和交往所产生的条件看作无机的条件"①。共产主义社会具有以下特征：第一，社会生产力高度发展，物质财富极大丰富，社会产品极大丰富。第二，社会成员共同占有全部生产资料，劳动者本身既是劳动者，又是生产资料的共同占有者。第三，实行各尽所能，按需分配的原则，社会成员将尽自己的能力，最大限度地参与社会劳动和工作，社会将根据每个成员的实际生活需要，分配个人消费品。第四，彻底消灭了阶级差别和重大社会差别，城乡之间、工农之间、脑力劳动与体力劳动之间的差别也将消失。第五，全体社会成员具有高度的共产主义觉悟和道德质量，劳动者都具有高度的科学知识、广泛的专业知识和高尚的道德质量，在体力、智力等方面得到自由而全面的发展，成为共产主义新人。第六，作为阶级统治工具的国家完全消亡，管理公共事务的机构虽然存在，但它的社会职能已经失去其阶级性质。

4. 实现人的自由而全面发展的超越性信仰

马克思和恩格斯探讨了怎样才能使人类获得自由和发展的问题，"只有在集体中，个人才能获得全面发展其才能的手段，也就是说，只有在集体中才可能有个人自由。在过去的种种冒充的集体中，个人自由只是对那些在统治阶级范围内发展的个人来说是存在的，他们之所以有个人自由，只是因为他们是这一阶级的个人。从前各个个人所结成的那种虚构的集体，总是作为某种独立的东西而使自己与各个个人对立起来，由于这种集体是一个阶级反对另一个阶级的联合，因此对于被支配的阶级说来，它不仅是完全虚幻的集体，而且是新的桎梏。在真实的集体的条件下，各个个人在自己的联合中并

---

① 《马克思恩格斯选集》（第一卷），人民出版社2012年版，第77、78页。

通过这种联合获得自由"①。人的自由而全面发展的主旨体现在以下方面：第一，提倡人的全面发展，反对片面畸形发展。资本主义社会私有制和分工造成人的本质的异化和片面畸形发展，而"在共产主义社会里，任何人都没有特殊的活动范围，而是都可以在任何部门内发展，社会调节着整个生产，因而使我有可能随自己的兴趣今天干这事，明天干那事，上午打猎，下午捕鱼，傍晚从事畜牧，晚饭后从事批判，这样就不会使我老是一个猎人、渔夫、牧人或批判者"②。在未来社会，人的全面发展意味着人的身与心全面发展，人的需要全面满足，人的劳动能力全面发展，人的社会关系和谐统一，人的个性全面发展，人的才能、志趣和道德质量多方面发展。第二，提倡人的行动自觉自愿自主从而自由，反对物统治人和客体支配主体。马克思把人的自身发展划分为三个阶段："人的依赖关系（起初完全是自然发生的），是最初的社会形态，在这种形态下，人的生产能力只是在狭窄的范围内和孤立的地点上发展着。以物的依赖性为基础的人的独立性，是第二大形态，在这种形态下，才形成普遍的社会物质交换，全面的关系，多方面的需求以及全面的能力的体系。建立在个人全面发展和他们共同的社会生产能力成为他们的社会财富这一基础上的自由个性，是第三个阶段。第二个阶段为第三个阶段创造条件。"③在未来社会，人的自由发展意味着，人"自由"地发展成为"自由"地实现自由的人。第三，提倡人与自身、人与人、人与社会以及人与自然和谐统一，反对分裂、对立。马克思和恩格斯认为，人与自身的和谐应该包括双重含义，第一重含义是劳动者与自己劳动产品的统一和同一，第二重含义是指人的政治属性与经济属性的分裂。人与人的和谐应该是"每个人的自由发展是一切人的自由发展的条件"。人与人的和谐是人与社会的和谐的最基本的构成要素，人与社会的和谐是人与人的和谐的保证，人的发展必须

---

① 《马克思恩格斯选集》（第一卷），人民出版社1972年版，第82页。

②③ 《马克思恩格斯文集》（第八卷），人民出版社2009年版，第52页。

与社会发展相协调，社会是每个人全面而自由发展的社会前提。人与自然的和谐应该是人类要尊重自然。恩格斯警告说："我们不要过分陶醉于我们对自然界的胜利。对于每一次这样的胜利，自然界都报复了我们。每一次胜利，在第一步都确实取得了我们预期的结果，但是在第二步和第三步却有了完全不同的、出乎意料的影响，常常把第一个结果又取消了。"①第四，提倡人的创造性能力的充分发展。人的创造性能力的充分发展体现为以下方面：一是创造是人的类本质，也是人与动物的根本区别。二是人的创造性能力的充分发展既是马克思的崇高价值理想，也是未来共产主义社会的原则、基础和重要特点。三是物质财富是人的创造性能力或天赋的外化或体现，资本主义社会发展起巨大的财富，这是其历史功绩。但是资本主义社会的财富具有异化的形式。四是扬弃异化实现人的能力特别是创造性能力自由而全面发展是无产阶级伟大历史使命，也是历史发展的必然。五是人的能力发展的关键是把剩余劳动时间转化为可自由支配时间，可自由支配时间成为人的创造性能力充分发展的时间②。

四、什么是我们的"精神家园"

（一）人类对于意义世界的追寻

人是一种以意义为生存本体的高级动物，人对意义的追寻狂热可以追溯至人对超越自身的有限性、不完满性生存状况的欲求，人对实现无限性、完满性价值理想的渴望。人最不能忍受的是一种虚无的、无意义的生活，人总是通过"回应"不断展开意义世界而成为无限可能性的存在者，人对生命的

---

① 《马克思恩格斯选集》（第三卷），人民出版社2012年版，第517页。

② 陈刚：《马克思人的自由全面发展观及其当代意义》，载《江苏社会科学》，2005年6期。

意义、人生的意义和存在的意义"是什么"和"意味着什么"的追寻构成了人的终极关怀，这种终极关怀超越现实生活世界，又从超验价值上给现实生活世界以观照，给人的一切世俗活动以价值、意义和目的归宿。赫舍尔指出，"人的存在从来就不是纯粹的存在，他总是牵涉到意义。……人甚至在尚未意识到意义之前就同意义有牵连。他可能创造意义，也可能破坏意义，但他不能脱离意义而生存。人的存在要么获得意义，要么粉碎意义。对意义的关注，即全部创造活动的目的，不是自我输入的；它是人的存在的必然性"[1]。哲学中的意义是指能够支撑人在现实世界中安身立命、生活实践的价值理念，或者说是能够为人在世俗生活世界中得以安身立命和处理各种价值关系提供支撑的价值理念[2]。意义世界则是指由这种价值理念构成的世界或者系统世界或系统，意义是这个世界或系统的第一要素。罗伯特·诺齐克指出："意义可以通过与某种有价值的事物发生联系来获得……与价值的联系越大，越密切，越有力，越强烈，越广泛，获得的意义就越大。"[3]从价值的维度探讨意义世界的生成与嬗变。首先，意义世界在人类的认识过程和价值观念的产生过程中逐步产生。价值观念的产生是以人的存在为前提条件的，人在初始的获得自然需求和展示生物能力的生命活动中必然与周围环境、自然万物发生交互作用，并根据自己本性的需要来安排世界，产生价值观念与意义世界。自然万物之所以能够成为人的对象物并产生意义，在于这些对象物的性质与相应的人的本质力量的性质相适应。马克思曾以音乐为例来说明对象物对作为主体的人的意义，"对于没有音乐感的耳朵来说，最美的音乐毫无意义"[4]。其次，随着人类认识水平和认识能力的发展，人类对意义世界的认识

① 洪谦：《现代西方哲学论著选辑》（上册），商务印书馆1993年版，第46页。

② 徐贵权：《论意义世界》，载《南京师大学报（社会科学版）》，2004年5期。

③ ［美］罗伯特·诺齐克：《经过省察的人生：哲学沉思录》，严忠志等译，商务印书馆2007年版，第151页。

④ ［德］马克思：《1844年经济学哲学手稿》，人民出版社2000年版，第87页。

从仅仅与自然万物有关逐渐深化为与人自身有关。单凭人的感官观察和低水平的理论思维能力，不可能认识到自然万物的起始与本原，不可能进一步澄明人的意义世界，人类对意义世界的认识逐步从自发的状态走上了自觉的状态，人所创设的意义世界的广度和深度最终还是要取决于人的现实实践活动所达到的广度和深度。最后，人类对意义世界的认识从认识论逐渐转向价值论。人类对意义世界的价值理性是现实性和超越性的统一体，它既蕴含着浓郁的现实关切，又蕴含着超越现实的终极关怀。价值的本质是一种关系现象，一个对象物有没有价值，或者有多大的价值，归根结底是指该对象物到底对人有没有价值或者对人有多大的价值。从价值理性的维度诠释意义世界的内涵就是作为人的对象物的自然物、人造物以及人自身对人的意义或价值。①

一是自然物对人的意义或价值。自然物对人的价值取决于两个方面：自然物自身的自然属性，以及人对自然物的认知程度使自然物作为人的对象物产生的价值的广度和深度。自然物仅仅只是一个事实世界而已，自然物作为人的对象物的意义，完全是由人的意识决定的。自然物只有以其价值或功能进入人的视野，才具有可能的价值或意义，通过按照人的方式与人发生关系，并使物的效用成为人的效用时，自然物对人的价值或意义才得以真正产生，才具有意义世界。马克思对此有过一段精妙的论述："当物按人的方式同人发生关系时，物才能在实践上按人的方式同物发生关系。因此，需要和享受失去了自己的利己主义性质，而自然界失去了自己的纯粹的有用性，因为效用成了人的效用。"②

二是人造物对人的意义或价值。人类通过劳动时间创造的人造物在一开始就对人具有某种价值或者意义，人将"异己的力量"变成"为我的力量"，将自在的"异己之物"变成"为我之物"，将"无价值"之物变成"有价值"

---

① 汪晓阳：《价值哲学视域下的意义世界》，载《求索》，2013年第3期。

② ［德］马克思：《1844年经济学哲学手稿》，人民出版社2000年版，第86页。

之物，将有价值之物变成更有价值之物的过程，通过人创造物集中体现出来，人造物就成为了人主体对象化过程和从自在向自为升华转变过程中的集中体现。在人类的历史实践中，每一种人造物都作为一种意义的载体而出现在人的面前。

三是人自身对人的意义或价值。人不仅要改造以自然物和人造物为对象的存在物，还要改造以自身的存在为对象的他自己。区别于自然物、人造物等非生物的纯粹的存在和其他一切生物的单纯的生存存在，人的存在方式是一种生活存在。马克思指出："作为主体性存在物，在对象化活动过程中人则把自己生活活动本身变成自己的意志和意识的对象。"①人不仅需要物质本身，更重要的是事物的意义。人自身作为对象物的意义或价值的核心部分应该是人所特有的文化活动与文化认知，这种文化活动或文化认知构成人的心灵秩序，人便是通过这种心灵秩序观察生活世界，并在这种秩序的指引下演绎生活世界的角色和人生轨迹。人探寻意义世界的过程，就是在生活世界中，不断激发自身潜能，寻求自身需求增强自身能力的过程；人在创造意义世界的过程，就是不断提升自身能力和主体性，创造人的世界的过程。换言之，人的价值就是人对自身的意义世界的一种解觉。

（二）精神家园的"无家可归"的现状

精神家园是一种与物质家园相对应的，是由文化认同所引发的精神上的归属感、思想上的一致性和思维上的一贯性，是人们自我创造、自我建构起来的一种意义世界和理想境界。中华民族共有精神家园是指中华民族在长期的生存实践中自觉形成的，为全体中华儿女坚信不疑、共同传承的，被认为是人生存之根本、生命意义之所向的，以信仰、理想、信念、精神、道德、价值为内核的精神文化体系。中华民族共有精神家园建设的文化内涵就是重

---

① ［德］马克思：《1844年经济学哲学手稿》，人民出版社2000年版，第50页。

铸马克思主义精神信仰，坚定中国特色社会主义共同理想，构建以爱国主义为核心的民族精神和以改革创新为核心的时代精神，夯实中华民族道德基础，归根结底就是重建实现中华民族伟大复兴中国梦的灵魂世界。当今时代总体上依然处于"以物的依赖性为基础的人的独立性"阶段，"物化时代"不可避免地带来精神家园的失落。具体表现在以下三个方面：

1. 精神家园的漂泊感困境

物化时代生产力的发展和科学技术的进步使得精神生活舍弃了纯粹理性的抽象性和神圣性而趋附于感性世俗的物欲化生活，文化样态放弃了人的理性与觉悟而直接诉诸人的感官和直觉。精神生活被降格为直接的感性刺激和片面的精神享受，被理解为即时的占有与当下感觉的满足。"本质的人性降格为通常的人性，降格为作为功能化的肉体存在的生命力，降格为凡庸琐屑的享乐。劳动与快乐的分离使生活丧失了其可能的严肃性；公共生活变成了单纯的娱乐；私人生活则成为刺激与厌倦之间的交替，以及对新奇事物不断的渴求，而新奇事物是层出不穷的，但又迅速被遗忘。没有前后连续的持久性，有的只是消遣。"[①]人们不想沉思意义，而只愿意接受感性刺激；不想回到内心，而只想关注身外之物；没有心灵的宁静和审美的体验，而只有占有的冲动和没有占有到的焦虑[②]。人们生活在几何级增长的信息海洋，却很少将其反思升华为思想，思想日趋式微，"如果当今我们的思想似乎变小了，不是因为我们比前任愚钝，而是因为我们不像他们那么在乎思想。令人深思的大思想，如果不能很快转化为金钱，其内在价值就微不足道，结果造成产生这样思想的人和传播这样思想的出口越来越少"[③]。

2. 精神家园的虚无感困境

现代人的焦虑是精神的焦虑，是一种没有具体根由、无以名状的焦虑。

---

① [德]雅斯贝尔斯：《时代的精神状况》，王德峰译，上海译文出版社1997年版，第40、41页。

② 庞立生、王艳华：《精神生活的物化与精神家园的当代建构》，载《现代哲学》，2009年3期。

③ [美]尼尔·加布勒：《当今世界为何难觅"大思想"》，载《参考消息》，2011年8月29日，第10版。

现代人在交往中往往只关注个人利益的得失，人与人之间功利色彩在增强，情感色彩在减弱，不信任、冷漠在增多，精神交流在减少。我们越在人群的喧嚣之中，就越能感受到内心的孤独；我们越是彼此熟悉，就越发感到心灵的陌生；我们越是实现对存在的占有，就越发地感到内心的空虚。为了排解空虚，现代人寻求感性刺激和物欲刺激，看似我们在消费自己创造、制造的东西，但其实我们总是被这些东西所消费，导致一切都是相对的，一切都是中心，也就意味着没有中心。我们丧失了真善美的绝对标准和尺度，一切走向虚无化，意识形态所倡导的核心价值观丧失价值。

3. 精神家园的疏离感困境

物化时代每个人都拼命地积累那种能够满足个人独立性欲望的资本，拼命地学习那些能够独立面对整个世界的能力，人创造出的物质世界越繁荣，越受制于所造物而身为物役，身心分离，陷入对生存价值、生存意义的否定，身份感的迷失，归属感的贫乏。"自我在寻找自身和寻求充满友爱的社会性的过程中，很容易迷失在自身的丛林里。"①物化境遇下的独立的个体并没有生成和转化为真正"有个性的个人"，仅仅体现为"偶然的个人""原子化的个人"，他们面对不断变化的社会条件带来的不可预测性、非连续性与空虚，深陷于危机与恐惧之中，丧失了想象力与行动力。人们常常不知道人生的目标是什么，不确定生存的价值是什么，在精神上与人本身、共同体和公共生活逐渐疏离，导致越来越严峻的社会核心价值体系认同危机。

在世界多极化、经济全球化、社会信息化、文化多样化等不可逆转的世界发展趋势的影响下，中华民族共有精神家园遭遇前所未有的冲击和挑战，主要表现为传统精神家园的衰败和当代精神家园的离散。近代以来，外敌的屡次打击与国家内乱的频仍使得传统精神家园中领导世界的自信心逐渐丧

---

① [德] 乌尔里希·贝克，伊丽莎白·贝克·格恩斯海姆：《个体化》，李荣山、范譞、张惠强译，北京大学出版社2011年版，第27、40页。

失，化成天下的自觉性逐渐迷失，忠义、诚信、礼让等传统品格和德行不断消减，而腐败与骄狂、奸猾与虚伪、鄙俗与势利却愈发盛行。同时社会转型期带来空虚与混乱，社会精英严重失职，功利主义、消费主义、利己主义和后现代主义泛滥，传统人文精神某种程度上缺失现代民主精神、科学精神和自由精神的合理内容，并与之冲突，在精神上表现为对崇高的拒绝，对权威的失望，对信仰的嘲弄，对人性的藐视，在生活上表现为要么是一潭死水，要么像一盘散沙，易趋极端，很难井然有序、生机勃勃[①]。

（三）构筑以中国梦为灵魂的精神家园

习近平总书记指出："全党同志一定要坚守共产党人精神家园，把改造客观世界和改造主观世界结合起来，切实解决好世界观、人生观、价值观问题，练就共产党人的钢筋铁骨，铸牢坚守信仰的铜墙铁壁，矢志不渝为中国特色社会主义共同理想而奋斗。"[②]中国梦是全国各族人民的共同理想，具体体现为以下方面：

1. 中国梦是共同事业基础上的共同理想

中国梦是历史铸就的以中华民族伟大复兴为共同事业的共同理想。习近平总书记指出，实现中华民族伟大复兴就是近代以来中华民族最伟大的梦想。"中国共产党一经成立，就把实现共产主义作为党的最高理想和最终目标，义无反顾肩负起实现中华民族伟大复兴的历史使命，团结带领人民进行了艰苦卓绝的斗争，谱写了气吞山河的壮丽史诗。……我们党团结带领人民找到了一条以农村包围城市、武装夺取政权的正确革命道路，进行了二十八年浴血奋战，完成了新民主主义革命，一九四九年建立了中华人民共和国，实现了中国从几千年封建专制政治向人民民主的伟大飞跃。……我们党团结

---

① 胡海波：《中华民族精神家园的生命精神研究》，人民出版社2015年版，第51—55页。

② 习近平：《在纪念陈云同志诞辰110周年座谈会上的讲话》，http://news.xinhuanet.com/politics/2015-06/12/c_1115603689.htm。

带领人民完成社会主义革命，确立社会主义基本制度，推进社会主义建设，完成了中华民族有史以来最为广泛而深刻的社会变革，为当代中国一切发展进步奠定了根本政治前提和制度基础，实现了中华民族由近代不断衰落到根本扭转命运、持续走向繁荣富强的伟大飞跃。……我们党团结带领人民进行改革开放新的伟大革命，破除阻碍国家和民族发展的一切思想和体制障碍，开辟了中国特色社会主义道路，使中国大踏步赶上时代。"[①]今天，我们比历史上任何时期都更接近、更有信心和能力实现中华民族伟大复兴的目标。中华民族伟大复兴，绝不是轻轻松松、敲锣打鼓就能实现的。越是接近中华民族伟大复兴的目标，我们越不能懈怠，越要准备付出更为艰巨、更为艰苦的努力。实现中华民族伟大复兴不是封建制度、资本主义制度下的复兴，也不是单纯的政治、经济、文化、社会某一方面的复兴，而是在中国特色社会主义制度下的全面的地位复兴。首先，它以中华人民共和国发展史、中华民族发展史作为参照系，是一种"传承"。中国特色社会主义进入新时代，意味着近代以来久经磨难的中华民族迎来了从站起来、富起来到强起来的伟大飞跃，迎来了实现中华民族伟大复兴的光明前景。其次，它以世界社会主义发展史作为参照系，是一种"创新"。中国特色社会主义进入新时代，意味着科学社会主义在21世纪的中国焕发出强大生机活力，在世界上高高举起了中国特色社会主义伟大旗帜。新时代中国特色社会主义思想系统回答了新时代坚持和发展什么样的中国特色社会主义、怎样坚持和发展中国特色社会主义。最后，它以人类社会发展史作为参照系，是一种"崛起"。中国特色社会主义进入新时代意味着中国特色社会主义道路、理论、制度、文化不断发展，拓展了发展中国家走向现代化的途径，给世界上那些既希望加快发展又希望保持自身独立性的国家和民族提供了全新选择，为解决人类问题贡献了中国智

[①] 习近平：《决胜全面建成小康社会 夺取新时代中国特色社会主义伟大胜利》，人民出版社2017年版，第13—15页。

慧和中国方案。①

2. 中国梦是共同目标基础上的共同理想

中国梦是现实铸就的以"两个一百年"的"两个建成"为共同目标的共同理想。中国梦体现着愿景长远性与阶段性的统一。中国共产党人的最高理想是共产主义远大目标，而在现阶段，共同理想是"为决胜全面建成小康社会、夺取新时代中国特色社会主义伟大胜利、实现中华民族伟大复兴的中国梦、实现人民对美好生活的向往继续奋斗"。②习近平总书记指出，到建党一百年时建成经济更加发展、民主更加健全、科教更加进步、文化更加繁荣、社会更加和谐、人民生活更加殷实的小康社会，然后再奋斗三十年，到新中国成立一百年时，基本实现现代化，把我国建成富强民主文明和谐美丽的社会主义现代化强国。从现在到2020年，是全面建成小康社会决胜期。要按照十六大、十七大、十八大提出的全面建成小康社会各项要求，紧扣我国社会主要矛盾变化，统筹推进经济建设、政治建设、文化建设、社会建设、生态文明建设，坚定实施科教兴国战略、人才强国战略、创新驱动发展战略、乡村振兴战略、区域协调发展战略、可持续发展战略、军民融合发展战略，突出抓重点、补短板、强弱项，特别是要坚决打好防范化解重大风险、精准脱贫、污染防治的攻坚战，使全面建成小康社会得到人民认可、经得起历史检验。从2020年到本世纪中叶可以分两个阶段来安排："第一个阶段，从二〇二〇年到二〇三五年，在全面建成小康社会的基础上，再奋斗十五年，基本实现社会主义现代化。到那时，我国经济实力、科技实力将大幅跃升，跻身创新型国家前列；人民平等参与、平等发展权利得到充分保障，法治国家、法治政府、法治社会基本建成，各方面制度更加完善，国家治理体系和治理

---

① 习近平：《决胜全面建成小康社会　夺取新时代中国特色社会主义伟大胜利》，人民出版社2017年版，第10—18页。

② 习近平：《决胜全面建成小康社会　夺取新时代中国特色社会主义伟大胜利》，人民出版社2017年版，第71页。

能力现代化基本实现；社会文明程度达到新的高度，国家文化软实力显著增强，中华文化影响更加广泛深入；人民生活更为宽裕，中等收入群体比例明显提高，城乡区域发展差距和居民生活水平差距显著缩小，基本公共服务均等化基本实现，全体人民共同富裕迈出坚实步伐；现代社会治理格局基本形成，社会充满活力又和谐有序；生态环境根本好转，美丽中国目标基本实现。第二个阶段，从二〇三五年到本世纪中叶，在基本实现现代化的基础上，再奋斗十五年，把我国建成富强民主文明和谐美丽的社会主义现代化强国。到那时，我国物质文明、政治文明、精神文明、社会文明、生态文明将全面提升，实现国家治理体系和治理能力现代化，成为综合国力和国际影响力领先的国家，全体人民共同富裕基本实现，我国人民将享有更加幸福安康的生活，中华民族将以更加昂扬的姿态屹立于世界民族之林。"①

3. 中国梦是共同利益基础上的共同理想

中国梦是实践铸就的以国家富强、民族振兴、人民幸福为共同利益的共同理想。中国梦要求实现国家富强、民族振兴、人民幸福，集中反映了我国工人、农民、知识分子以及其他劳动者和爱国者的共同愿望，凝聚着广泛社会共识和共同期盼，具有广泛性、包容性和感召力、亲和力。实现中华民族伟大复兴的中国梦的基本内涵就是要实现国家富强、民族振兴、人民幸福。国家富强是实现中国梦的根本保证。国家富强是指国家综合实力处于世界前列地位，国家财富充裕、军事力量强大与科技创新能力等物质层面的国家硬实力在国际上处在领先地位，中华民族精神、民族凝聚力、核心价值观、国民素质现代化水平、社会文明程度等精神层面的文化"硬"实力在国际上具有较大的影响力。民族振兴是实现中国梦的不竭动力。民族振兴是指国家核心价值观的振兴、经济振兴、文化振兴、教育振兴、军事振兴以及国家、民

---

① 习近平：《决胜全面建成小康社会　夺取新时代中国特色社会主义伟大胜利》，人民出版社2017年版，第27—29页。

族与每个人共同振兴等全方位的振兴。[1]民族振兴的实质是中华文化、中华文明的振兴，中国特色社会主义给世界上那些既希望加快发展又希望保持自身独立性的国家和民族提供了全新选择，为解决人类问题贡献了中国智慧和中国方案。人民幸福是实现中国梦的终极目标。人民幸福是指"生活在我们伟大祖国和伟大时代的中国人民，共同享有人生出彩的机会，共同享有梦想成真的机会，共同享有同祖国和时代一起成长与进步的机会"，不断满足人民日益增长的美好生活需要，实现人民对更公平的教育、更稳定的工作、更满意的收入、更可靠的社会保障、更高水平的医疗卫生服务、更安全的公共生活、更舒适的居住条件、更优美的生态环境的期盼，对孩子们能成长得更好、工作得更好、生活得更好的期盼，实现"幼有所育、学有所教、劳有所得、病有所医、老有所养、住有所居、弱有所扶"[2]。

4. 中国梦是共同追求基础上的共同理想

中国梦是世界铸就的以和平与发展为共同追求的共同理想。中国梦与中国人民追求美好生活的梦想是相连的。中国梦归根结底是人民的梦，必须紧紧依靠人民来实现，必须不断为人民造福。[3]中国梦是每个中国人个人梦互相交错产生的"合力"，每个中国人个人梦都对中国梦有所作用，中国梦是国家的、民族的，也是每一个中国人的[4]；中国梦作为整体又对每个个人梦"不自觉地和不自主地起着作用"[5]，没有中国梦的实现所打下的坚实基础、提供的充要条件、营造的有利环境氛围，个人梦的实现就会失去依托，我们每一个

---

① 《百位专家谈习近平民族复兴思想摘录》，载《人民论坛》，2017年24期。

② 习近平：《决胜全面建成小康社会 夺取新时代中国特色社会主义伟大胜利》，人民出版社2017年版，第23页。

③ 习近平在十二届全国人大一次会议闭幕会上发表的重要讲话，http://cpc.people.com.cn/n/2013/0317/c64094-20816352.html。

④ 习近平：在同各界优秀青年代表座谈时的讲话，http://news.xinhuanet.com/politics/2013-05/04/c_115639203.htm。

⑤ 《马克思恩格斯选集》（第四卷），人民出版社2012年版，第605页。

人的个人的前途命运，都是和这个国家的前途命运，都是和这个民族的前途命运密切关联。"国家好，民族好，大家才会好。"①中国梦与世界各国人民追求和平与发展的美好梦想是相通的。中国梦是具有全球视野和国际胸怀的，中国梦是和平、发展、合作、共赢的梦。实现中国梦，除了坚持中国特色社会主义道路、弘扬中国精神、凝聚中国力量，还必须坚持和平发展。中国的发展离不开世界，世界的发展也需要中国。中国梦坚持和平发展道路，推动构建人类命运共同体，建设持久和平、普遍安全、共同繁荣、开放包容、清洁美丽的世界。中国坚定奉行独立自主的和平外交政策，尊重各国人民自主选择发展道路的权利，维护国际公平正义，反对把自己的意志强加于人，反对干涉别国内政，反对以强凌弱。中国决不会以牺牲别国利益为代价来发展自己，也决不放弃自己的正当权益，任何人不要幻想让中国吞下损害自身利益的苦果。中国奉行防御性的国防政策。中国发展不对任何国家构成威胁。中国无论发展到什么程度，永远不称霸，永远不搞扩张。中国积极发展全球伙伴关系，扩大同各国的利益交汇点，推进大国协调和合作，构建总体稳定、均衡发展的大国关系框架，按照亲诚惠容理念和与邻为善、以邻为伴周边外交方针深化同周边国家关系，秉持正确义利观和真实亲诚理念加强同发展中国家团结合作，加强同各国政党和政治组织的交流合作，推进人大、政协、军队、地方、人民团体等的对外交往。中国坚持对外开放的基本国策，坚持打开国门搞建设，积极促进"一带一路"国际合作，努力实现政策沟通、设施联通、贸易畅通、资金融通、民心相通，打造国际合作新平台，增添共同发展新动力。加大对发展中国家特别是最不发达国家援助力度，促进缩小南北发展差距。中国支持多边贸易体制，促进自由贸易区建设，推动建设开放型世界经济。中国秉持共商共建共享的全球治理观，倡导国际关系民

---

① 习近平：《承前启后　继往开来　继续朝着中华民族伟大复兴目标奋勇前进》，http：//news.xinhuanet.com/politics/2012-11/29/c_113852724.htm。

主化，坚持国家不分大小、强弱、贫富，一律平等，支持联合国发挥积极作用，支持扩大发展中国家在国际事务中的代表性和发言权。中国将继续发挥负责任大国作用，积极参与全球治理体系改革和建设，不断贡献中国智慧和力量。[①]

五、"英雄主义时代"隐退了吗

（一）重思英雄史观

1. 英雄创造历史的英雄史观

说英雄主义，谁是英雄？捷克作家伏契克曾经这样说过："英雄——就是这样一个人，他在决定性关头做了为人类社会的利益所需要做的事。"然而在马克思主义思想出现以前，人们对英雄历史地位的理解，大多是英雄创造历史的英雄史观。英雄史观否认人民群众在创造历史上的作用，否认非杰出人物对创造历史的重要意义，把极个别的英雄、杰出人物，看成是历史的创造者。主观唯心主义者认为，少数英雄人物和帝王将相的意志、品格、行为决定历史的发展走向。他们认为广大的人民群众，不过是英雄人物的盲目追随者，是无条件服从的、消极的、被动的"惰性物质"。正如中国近代资产阶级思想家梁启超先生所说："历史者，英雄之舞台也，舍英雄几无历史。"历史即是英雄的舞台，由之大展英采，可由之兴，由之灭，但若没有英雄人物，便也没有了历史。在他看来，英雄人物"心理之动进稍易其轨，而全部历史可以改观"，帝王将相的一个抉择，可以在旦夕间改变一个人、一个家，抑或一个国。不只是在中国，英国哲学家托马斯·卡莱尔认为：我们已知的世界

---

① 习近平：《决胜全面建成小康社会　夺取新时代中国特色社会主义伟大胜利》，人民出版社 2017 年版，第 57—61 页。

上的全部历史，"归根结底是世界上耕耘过的伟人的历史"，"这些伟人的历史真正构成了全部世界历史的灵魂"。①由此可见，他主张伟人的思想，可以由行为直接转化为外在结果，这种结果就变成历史，伟人的思想、行动是历史的灵魂，而人民群众只是顺从伟人思想、指挥的构成历史的躯壳。除此之外，英雄史观在德国哲学中也有所体现，如19世纪德国的青年黑格尔派，他们把具有"批判的头脑"的个人看作历史的创造者。类似的，他们认为只要少数杰出人物转变了想法或者提出了更高的思想，历史马上就会随之改变。较为有趣的是，在垄断资本主义阶段的德国，产生了尼采的超人哲学。他一面宣称人们心中的"神"——上帝已经死了，并以此对传统道德文化进行评估；一面用新的价值观重树一个"超人"形象，成为人们新的道德标杆和偶像，"超人"是有旺盛生命意志的、富于创新勇气的、敢于突破自我的，具有决定一切的力量，更是主宰平庸之辈的。"超人"是在逆境中强大起来的，他能克服一切黑暗、痛苦，是人类进化的最终目的。尼采认为"超人"主宰着像奴隶和牲畜一样的广大人民群众，认为"超人"就是历史的主宰者，没有"超人"就没有历史，卑微、低贱的人民群众"是一堆任人使用的无定形的材料，是一块需要雕刻家加工的石头"，"是一根系在动物与超人之间的绳索"②，只是"超人"用以实现其意志的工具。这种哲学思想后来成了法西斯主义独裁政治的思想武器。黑格尔作为客观唯心主义的代表人物之一，他的历史观也带有英雄史观的色彩。黑格尔虽然看出了没有人民群众，就没有了社会生活，历史就不能被创造，也认为历史不是个人随心所欲的结果，而是由某种客观精神决定的。但他同时又认为伟大人物是"世界精神"的代理人。"骑着马，驰骋全世界，主宰全世界"，这是黑格尔曾对拿破仑的描述，他把拿破仑称为骑在马背上的世界精神。世界精神自我体现

---

① [英] 托马斯·卡莱尔：《英雄和英雄崇拜——卡莱尔演讲稿集》，张峰译，上海三联书店1988年版，第1页。

② [德] 尼采：《查拉图斯特拉如是说》，孙周兴译，上海人民出版社2009年版，第9页。

的过程也就是自由意识发展进步的过程。这种意识的发展和进步，就要靠伟人——世界精神的代理人——来完成，进而创造历史，推动社会发展进程。所以相比于能代理世界精神的伟人而言，群众只是一群无定性的东西，他们的行动完全是本能的、野蛮的、毫无理性可言的，而伟大人物存在的意义就是做群众的指挥者、统治者。伟大人物代表了绝对意志，他们利用其优势将所有的群众都集合在他的旗帜下，使他们发觉自身内在"异己的东西"，也就是他们的内在本质①。英雄史观之所以产生，主要是因为人们看待历史的思想仅停留于历史发展与历史人物之间关系的表面层次，没有更深层次地挖掘社会发展的必然规律，仅仅把活跃在历史舞台的少数英雄人物的意识作用加以夸大并绝对化，看作推动历史发展的唯一因素，而忽视了广大人民群众不可或缺的作用。英雄史观又之所以得以长期存在的重要原因是阶级的存在，从阶级根源看，剥削和统治阶级的思想家、统治者为了维护本阶级的利益，拒不承认广大人民群众的历史作用，英雄史观就成为了他们维护阶级利益、统治人民的工具。

2. 人民群众创造历史

直到马克思主义思想出现，才把广大人民群众与创造历史联系起来。英雄史观是靠夸大个人的主观能动性，把人类的历史看作个别杰出的人物创造的，而否认了广大人民群众的地位。不可否认，历史上的英雄人物对历史发展的具体事件、在某个时间节点上起着一定的作用，甚至对历史事件的进程和结局产生决定性的影响，但可以肯定的是，英雄人物和特定的历史事件并不能决定历史发展的总体趋势。马克思主义认为广大人民群众才是历史的创造者，这也是马克思主义与神创造历史、英雄创造历史、观念创造历史等唯心史观的根本区别。唯物主义史观并不是单纯地否认英雄创造历史，阐述"人"创造历史，而是更深入地探讨群体与历史、个体与历史的关系，进而确

---

① [德] 黑格尔：《精神现象学（下卷）》，贺麟、王玖兴译，商务印书馆1979年版，第7页。

立创造历史中的决定力量与非决定力量、主导力量与非主导力量。"人民群众是历史的创造者"思想为无产阶级历史使命提供了理论前提,马克思主义把人民群众看作一个历史范畴,人民群众是一切对社会历史起着推动作用的人的总和。在阶级社会中,它包括一切对历史发展起着促进作用的阶级、团体。但不论在任何情况下和任何历史时期,从事物质资料生产的劳动群众和劳动知识分子,都是构成人民群众的主体。所以人民群众是社会历史发展的主要动力,也就可以说人民群众是历史的创造者。马克思和恩格斯指出:"历史活动是群众的事业。"①在解决社会基本矛盾的过程中,人民群众是顺应生产力发展方向的社会力量,是具有对旧的生产关系除旧革新愿望的社会力量,是得以对旧的社会制度和思想观念进行变革的社会力量。人民群众的总体思想意愿和行动方向,就代表了历史发展的方向,人民群众的社会实践最终决定了历史发展的结局。马克思、恩格斯所谓的"并非英雄创造历史,而是历史创造英雄"指的是产生英雄人物,让英雄人物实现重大历史功绩的制度条件、社会环境,不是英雄人物所能创造和改变的,而是社会生产生活方式、占主导地位的经济社会关系及广大人民群众的意志所带来的。"我们首先应当确定一切人类生存的第一个前提,也就是一切历史的第一个前提,这个前提是:人们为了能够'创造历史',必须能够生活。但是为了生活,首先就需要吃喝住穿以及其他一些东西。因此第一个历史活动就是生产满足这些需要的资料,即生产物质生活本身,而且,这是人们从几千年前直到今天单是为了维持生活就必须每日每时从事的历史活动,是一切历史的基本条件。"②

---

① [德]马克思、恩格斯:《神圣家族(节选)》,《马克思恩格斯文集》(第一卷),人民出版社2009年版,第287页。

② [德]马克思、恩格斯:《德意志意识形态(节选)》,《马克思恩格斯选集》(第一卷),人民出版社2012年版,第158页。

（二）英雄的当代价值

1. 英雄是人民的一员

英雄人物，在一定程度上来讲，也属于人民群众的一员，正因如此，在不改变现有体制的情况下，英雄人物是一个时代的楷模，是人民群众在生产生活中的模范，是各种先进、积极力量总的向心力。英雄和人民的关系，可以说是个体与整体的关系。例如从春秋时期的文学作品中，我们可以发现，君主及其弟兄子侄，皆以习武为乐，以统领将士出征为荣，正所谓"出则将，入则相"，早期的贵族子弟，从小就接受文武两方面的训练，一旦有战争，不仅首相、大臣能随时上战场，连君主王侯也不例外，由此看出，他们也是当时历史条件下整体中的个体。"伟大人物之所以伟大，并不是因为他的个人特点使伟大的历史事件具有个别的外貌，而是因为他所具备的特点，使得他最能为当时在一般原因和特殊原因影响下产生的伟大社会需要服务"①。英雄作为整体中的个体，使之突出的原因，就是他们具备某些特点，更加符合时代趋势，而使他们成为先行者。

2. 英雄精神代表着价值观和榜样

"每个（特殊的）环节都以其所获得的具体形式和独有的形态在普遍个体里呈现出来。"②黑格尔认为，每个特殊个体转化为普遍个体的过程，即是每个个体成长的过程。在这个成长过程中，英雄作为德行的标杆，影响着个体的发展，英雄所代表的价值观"引导一个个使之从它未受教养的状态变为有知识"，"并且应该就个体的发展形成来考察普遍的个体，有自我意识的精神"③。英雄不会创造历史，但他们的事迹会激励更多平凡的人，影响他们价值观的形成。在我们接受爱国主义教育时，英雄的事迹就是最好的教材，其

---

① ［俄］普列汉诺夫：《论个人在历史上的作用问题》，王荫庭译，商务印书馆2010年版，第55页。
② ［德］黑格尔：《精神现象学（上卷）》，贺麟、王玖兴译，商务印书馆1979年版，第18页。
③ ［德］黑格尔：《精神现象学（上卷）》，贺麟、王玖兴译，商务印书馆1979年版，第19页。

中不乏很多经典的影视作品，如《小兵张嘎》《闪闪的红星》《地道战》《开国大典》等。值得一提的是近年的一部影片《战狼2》，这是一部初期没有被大家注意到的影片，却一举成为国产片票房黑马之作。作为一部军事题材的影片，导演吴京以一个退役特种兵的视角，看到原本一个安居乐业、闻歌起舞的小城，被战乱毁于一旦，瘟疫横行，民不聊生。吸引观影者眼球的，不是战场特效，不是明星大腕，而是影片中无时无刻不体现出的英雄主义情怀。导演没有像美国大片那样，体现个人英雄主义，而是多角度地用小人物所体现出的英雄情怀去感染观众。爱好和平有担当、能逆着别国军舰进港撤侨的祖国，是英雄的化身；在瘟疫横行的村庄，在绝境中坚强乐观地活着的百姓，是英雄的化身；工厂工人为了异国工友们，放弃坐直升机逃离的机会，他们也是英雄的化身。影片就是用这一个个英雄形象，体现出的人道主义与反战主义的英雄情怀，是中国人"大不攻小也，强不侮弱也，众不贼寡也，诈不欺愚也，贵不傲贱也，富不骄贫也，壮不夺老也。是以天下庶国，莫以水火毒药兵刃以相害也"（《墨子·非攻》）的精神在新时期的具体表现。影片中作为精神内核的那句话，"犯强汉者，虽远必诛"，出自汉匈之战中汉元帝的大将陈汤之口，可见英雄形象所体现出的价值观，随时间的推移也是同样会被认同的。如今，我们的生活中，没有了炮火和硝烟，但英雄的身影没有就此消失，英雄观反而出现了史无前例的变革，"人民群众才是真正的英雄"，那些为我国科技进步作出重大贡献的人，都是我们心中的英雄，王进喜、焦裕禄都承载起一个红色时代人们心中的记忆。我不禁又想到了2017年6月参加的"全国'时代楷模'黄大年同志先进事迹报告会"。"黄大年同志秉持科技报国理想，把为祖国富强、民族振兴、人民幸福贡献力量作为毕生追求，为我国教育科研事业作出了突出贡献。"这是习近平总书记对黄大年同志的突出贡献和崇高精神的高度评价。黄大年同志不仅仅把爱国精神当作一种情感，也当作自己学习、工作、生活不可缺少的一部分，是责任，也是行动。黄大年同志58年的生命历程始终都澎湃着"只要祖国需要，我必全力以赴"的报国信念，践行着"振兴中华，乃我辈之责"的报国之志，把国家和民族的事业作为个人的理想追求，是个人梦想与中国梦的高度统一。在黄大年同志事迹报告会上，每个不论是之前对大年老师熟悉的还是陌生的人，都捏着拳头，酸了鼻子，红了眼睛。这便是当代英雄楷模所能带给我们的感动。他们的事迹感染着我们，激励着我们，更为我们指引前行的方向，英雄精神向我们源源不断地传递紧跟时代精神的价值观。

英雄在特定社会发展条件下，是那一代人的楷模，是看得见的真理，是社会的价值标杆。尊重英雄、敬仰英雄理应成为全社会最起码的情感认同和价值认同。认同英雄，就意味着是在认同正确的价值观。无论时代怎样变化，英雄始终是我们内心的坚守、追随的真理、前进的指南。然而最近有一些声音，打着重寻历史真相的旗号，栽赃抹黑我国的英雄形象，他们这种颠倒是非的丑化、恶搞、亵渎，显然是别有用心的。这种行为不但使英雄亲人、战友气愤，还严重污染社会风气，破坏道德底线。他们的险恶用心、丑恶行径、卑鄙伎俩，令每一个爱国者愤恨不齿。英雄者，国之魂，是否对英雄心存敬畏、虔诚，体现着整个社会的价值导向。不管是谁，你可以做苟且偷生、没有理想和信念的人，但绝对没有质疑崇高的理由。作为一个有着五千年文明史的泱泱大国，更应该对我们的英雄深情缅怀、无限崇敬。捍卫英雄，就是守住我们的根与魂。

（三）领袖的英雄主义情怀

我们的伟大领袖毛泽东，不仅是一位伟大的革命家、政治家，也是独树一帜、自成一派的大诗人。两重气质的相互重叠，使毛泽东身上既具备政治家的谋略，又有诗人的浪漫洒脱。毛泽东的诗作豪迈气派，充满自信、乐观的英雄主义豪气，字里行间都具有强大的感染力。"漫江碧透，百舸争流。鹰击长空，鱼翔浅底"（《沁园春·长沙》），青年时代的毛泽东，投身党的革命伟业才是刚刚起步的阶段，因此他这个时期的作品，洋溢着理想主义的情怀。水中的船乘风破浪，雄鹰在天空肆意翱翔，鱼儿在清澈的水底潜游，万物充满生机，正如毛泽东对中国的未来充满美好的期许。即使在最恶劣的政治、军事条件下，乐观的心态和英雄主义基调，也从未动摇，正如毛泽东对于建立新中国的决心从未动摇。这种从未动摇也体现在面对"敌军围困万千重"的险恶局面，他有着"我自岿然不动"的从容镇定；体现在红军长征历尽艰难险阻，终于突破敌人的封锁后，他看到的是"更喜岷山千里雪，三军过后尽开颜"。同样是这位执着乐观的革命家，他还有着心系百姓的悲悯情怀、对战友的牵挂思念，"天高云淡，望断南飞雁"，看大雁消失在天边，仿佛南飞的大雁能向远方的战友们遥寄自己的情思。从"五岭逶迤腾细浪，乌蒙磅礴走泥丸"，到"惜秦皇汉武，略输文采；唐宗宋祖，稍逊风骚。一代天骄，成吉思汗，只识弯弓射大雕"，豪迈大气的英雄气概体现得淋漓尽致。这些坚毅、乐观、细腻、豪迈都是一个英雄、一位伟人应有的气度。

习近平总书记把中国梦种到了每个人的心中，使人民心中有信仰、有希望，每个人都在为"从二〇二〇年到二〇三五年，在全面建成小康社会的基础上，再奋斗十五年，基本实现社会主义现代化"，"二〇三五年到本世纪中叶，在基本实现现代化的基础上，再奋斗十五年，把我国建成富强民主文明和谐美丽的社会主义现代化强国"①的目标而努力着。党的十八大以来，中共不断加大反腐力度，这一举措深得民心，净化了社会、政治、经济环境，所取得的反腐成果亦是令世界惊叹。在习近平同志代表第十八届中央委员会向党的十九大所作的报告中对反腐形势作出判断："当前，反腐败斗争形势依然严峻复杂，巩固压倒性态势、夺取压倒性胜利的决心必须坚如磐石。"②这种敢于改革的勇气和改革意识，体现出习近平总书记的英雄气魄和一心为国家

---

① 习近平：《决胜全面建成小康社会 夺取新时代中国特色社会主义伟大胜利》，人民出版社2017年版，第28、29页。

② 习近平：《决胜全面建成小康社会 夺取新时代中国特色社会主义伟大胜利》，人民出版社2017年版，第67页。

做事的担当，因为只有拥有英雄主义情怀和强烈担当精神的改革者才能推动改革，否则改革就会畏难不前。习近平总书记在颁发"中国人民抗日战争胜利70周年"纪念章仪式上的讲话中说道："天地英雄气，千秋尚凛然。一个有希望的民族不能没有英雄，一个有前途的国家不能没有先锋。"①军队就是一个国家的先锋，新时代，新使命，新目标。党的十九大报告指出，党在新时代的强军目标是建设一支听党指挥、能打胜仗、作风优良的人民军队，把人民军队建设成为世界一流军队，并对此作出一系列的要求和重大部署，为国防和军队建设擘画了壮阔蓝图。习近平总书记的英雄情怀更体现在他心系全人类，树立了人类命运共同体意识，坚持走和平发展道路，强调"偏见和歧视、仇恨和战争，只会带来灾难和痛苦。相互尊重、平等相处、和平发展、共同繁荣，才是人间正道"。呼吁世界各国应该共同维护国际秩序和国际体系，积极构建以合作共赢为核心的新型国际关系。带领中国始终坚持走和平发展道路。"中华民族历来爱好和平。无论发展到哪一步，中国都永远不称霸，永远不搞扩张，永远不会把自身曾经经历过的悲惨遭遇强加给其他民族。中国人民将坚持同世界各国人民友好相处，坚决捍卫中国人民抗日战争和世界反法西斯战争胜利成果，努力为人类作出新的更大的贡献。"②具有英雄主义情怀的领袖，会用正确的理想信念影响一代又一代人。铭记历史、缅怀先烈、珍爱和平、开创未来，让我们在民族英雄精神光辉的指引下，不忘初心，继续前行。

英雄主义时代，永不消亡！

① 习近平：《在颁发"中国人民抗日战争胜利70周年"纪念章仪式上的讲话》，2015年9月2日。
②《习近平在纪念中国人民抗日战争暨世界反法西斯战争胜利70周年大会上的讲话》，新华网，2015-09-03。

中国智慧 CHINA WISDOM

/ 第二章 /

政治认同

社会主义核心价值观的深度探究

一、我们为什么需要一个价值观的"核心"

关于价值观的含义，学术界有不同的解说与理解。"从宏观角度谈，价值观是社会文化体系的灵魂，代表着社会反对什么、倡导什么的价值性判断；从微观角度论，价值观则是人内心深处的信念系统，在人们的价值活动或社会行为中发挥着评价标准、情感激发与行为导向的作用。"①

随着改革开放的进行及与现代化的接轨，中国已慢慢融入整个世界，在与世界的相互交流中，从开始经济的转型，跨度到文化的转型，使人们的价值观念发生了巨大的变化：价值主体意识由单一走向多元，价值取向也从单一化向多样化逐步转变。价值是事物对于人的意义，指的是一种"客观的现实关系"，具有客观性；在大多数以人为研究主体的成果中都表明价值的根本属性是人的主体性，不能根据偏好随便改变其主体，因为每个价值都具有其特定的主体，这是对价值本质的要求。人不可能脱离社会而存在，因为人是一种生存于社会的生物群体，人与人之间必然会因为某种联系而结成相应的集体，在这一集体中，个人会因为某些方面的共同利益形成相应的共同主体，从而形成群体的价值观，这是基于人们的共同利益的，它并不要求每个人的价值观完全一致，相反，"人们相互之间应当是平等的，无人享有比他人更多的权利，他们在自然法的范围之内，按照他们认为合适的方式来决定他们的行动，无须取得任何人的准许或依赖于任何人的意志，他们并不存在从属或制约的关系，除非他们所有人之主宰竟然以任何明确的声明表示他的意志，使一人凌驾于另一人之上，并以明显的、清晰的任命来授予其确定无疑的统治权和主权"②。如同生活在自然状态中，人们具有同样的权利来享受相

---

① 韩震：《社会主义核心价值观五讲》，人民出版社2012年版，第9、10页。

② [英]约翰·洛克：《政府论》，顾肃译，译林出版社2016年版，第3页。

同的自由、平等，生命和财产，人们遵循自然法规进行生活；但在自然状态下，人们并不具备被大家公认的法律条例抑或是衡量标准来解决和评判人们之间产生的冲突，同样也不存在裁决一切纷争的仲裁人，这也是致使人们冲突无法公平合理解决的原因。于是，人们发现需要找到一种通用的办法来解决此事，这就促使了政府的产生。人们将部分权力交给政府，由政府来保护他们的财产和权利，这样就产生了政府或者说国家，也就是我们所谈到的"核心"。国家产生之后的社会，需要一种广泛的社会共识，能够与经济基础及政治制度相适应，并且以价值最核心的地位予以表征，作为文化深层次发展的要素，规定着一个国家文化的根本发展方向，定义文化的根本性质，享有国家赋予其的特有的权威性话语权，而我国这种广泛的社会共识即为社会主义核心价值观。党的十八大提出了社会主义核心价值观是具有极大涵容性的价值观，是能将国家、社会、公民三个不同等级层次的价值需求予以充分考虑和照顾的，并且能够深入回答我们要建设什么样的国家、构建什么样的社会、培育什么样的公民的重大问题。党的十九大报告又一次明确提出："必须坚持马克思主义，牢固树立共产主义远大理想和中国特色社会主义共同理想，培育和践行社会主义核心价值观，不断增强意识形态领域主导权和话语权……为人民提供精神指引。"[1]为了达到社会主义核心价值观顺应时势的新要求和新任务，必须在研究中以及社会秩序中体现对其研究的可塑性和重要性，使得它的理论意义和现实意义得到最大程度的彰显。社会主义核心价值观是由我国深厚的历史优秀文化孕育而生，彰显着深沉而又蓬勃的生命力，这也将带领我国建设更有特色和魅力的中国特色社会主义文化，为其增加浓墨重彩的一笔。

在整体价值体系中，不同价值观分属的价值层次是不尽相同的。在价值

---

① 习近平：《决胜全面建成小康社会　夺取新时代中国特色社会主义伟大胜利》，人民出版社2017年版，第23页。

观领域中，位于核心地位的即为核心价值观，它对其他处于从属地位的价值观有着统筹作用，这是在社会制度中，人们长期普遍遵循的基本价值原则。社会主义核心价值观并不是单一的，其包容性体现在将真理性与价值性进行有效结合，使得两者之间形成相互依存、相互牵制的关系。在实践中，如果仅仅强调或过度强调其真理性，而忽视了价值性，必然会脱离现实生活，成为纸上谈兵的抽象口号；同理可证，如若过分地对价值性进行渲染而疏忽了真理性，那么，社会主义核心价值观与一般价值观之间将缺少差异性，其自身价值观的固有优越性将得不到充分体现，进而不能脱颖而出于泛泛的价值观类别。

（一）从中国主体价值观维度进行分析

社会主义核心价值观作为中国的主流意识形态，依据中国的根本政治制度引领着文化发展的总的脉络方向，用其自身潜在的生命力予以支撑。只有对社会主义核心价值观进行由"深度挖掘到深刻理解再到准确把握"这一实践过程的有效落实，才能充分汲取社会主义核心价值观固有的优秀价值内涵及实现对它的根本价值诉求。盲目无章法地对社会上存在的其他类别的价值观予以否定，并非中国共产党提出社会主义核心价值观作为最高价值观的根本初衷和表现方式，其目的是为了达成一种相对的且广泛的社会共识。为了健康蓬勃地发展，中国需要一个能够发挥统领作用的主导价值观，使社会上多元化的价值观具有相对一致性。

社会主义核心价值观一直倡导公正，是无产阶级所提倡的公正理念，其中最重要的本质则是以人为本，国家和社会的最终目的是以最广大人民的自由全面发展为基础，保障人民利益的最大化。首先，需要保障人民的根本利益一致，涉及社会的各个方面，才能有助于其他价值观的有效实施。人的基本需求只有在一个民主公正的社会中才能得以满足，为实现人的自由和全面发展提供保障；公平正义的社会环境也必须以"以人为本"为理念；努力提升人民的幸福感。我国在制度建设和社会实践中，以核心价值观推动社会进步，树立先进理念与中国模式相结合的成功范例，使社会主义核心价值观能够充分被大家所接受和认可，从自身自觉性出发对其予以认同和遵守。

（二）从人类共同价值的角度来分析

在任何社会形态下产生的核心价值观都与全人类共同价值紧密相连，和谐共生。习近平总书记在哲学社会科学工作座谈会上也明确提出："要坚定中国特色社会主义道路自信、理论自信、制度自信，说到底是要坚定文化自信。文化自信是更基本、更深沉、更持久的力量。"①具备这样的自信，我们才敢于在世界的舞台上发表自己的看法，享有一席之地，在引领或开创新潮流中处于领先地位。教育部高等学校社会科学发展研究中心主任王炳林教授认为："人类命运共同体与共同价值是一个很新的概念，也是一个颇具冲击力的思想观点。它直接影响着当前我国的社会主义核心价值观教育、中国特色社会主义共同理想教育、共产主义理想信念教育。"②

1."共同价值"思想促进提升中国文化软实力

共同价值从社会主义核心价值观中孕育而生，是国际社会具有的共同性理论、规则和价值导向，其作为一种价值尺度被广泛应用于国际社会处理事务之中，是一种有效的评判标准。对于调整世界各国间的互动关系、协调不同民族间的民族问题以及以自身发展对不同国家和地区以及民族问题进行帮助和改善。我国将文化软实力与中国特色社会主义核心价值观有效结合，应用在社会主义先进文化和中国特色社会主义的建设之中，实现建设富强、民主、文明、和谐的国家；形成自由、平等、公正、法治的社会；营造爱国、敬业、诚信、友善的民风，促进中华民族形成广泛价值共识，使我国的文化

---

① 习近平：《在哲学社会科学工作座谈会上的讲话》，新华社，2016年5月18日。

② 杨峻岭：《人类命运共同体与共同价值》，载《社会主义核心价值观研究》，2017年第4期。

软实力得到全面的巩固和发展，人民的精神世界也得到极大的丰富，形成坚持中国道路、弘扬中国精神、凝聚中国力量的风气，从而成为整个社会文化发展的思想基石和行动纲领。

2. "共同价值"思想促进打造人类命运共同体

当今社会，由于各种利益驱使，各国、各民族的各种问题也日益凸显，幸运的是，国际社会已经认识到了这一点，因此，组建了众多的针对解决各类问题的国际组织和联盟。部分国际组织以自身的存在意义解决着一些国际间的重要问题，将自身优越性充分展现，但由于其固有的地区间的局限性或存在意义层面的单一性因素，在很多复杂的综合性国际问题上依然束手无策。联合国在处理很多国际事务中也并未表现得很出色，一方面是因为作为一个联盟性质的国际组织，其自身力量很薄弱，它不具有强制或限制某些欧美等国家行为的权力；另外，价值观也成为阻碍国家间问题和平解决的一个重要方面，各成员国之间所崇尚的价值观不尽相同，部分资本主义国家以其自身文化的缺陷对其他国家的差异文化予以偏激性的诋毁，更以牺牲他国利益以寻求对自己国家需求的满足，对他国文化与自身文化差异性的排斥，具有显著的西方中心主义色彩。在当今的全球，只有当所有国家以共同的价值取向为导向并付诸行动，才会形成共同的价值判断且符合人民利益，各国携手共进，合作共赢，才能解决日益突出的人类矛盾和问题。当今中国，以全面建成小康社会为目标，力争为"共同价值"而努力，不断推进国家治理体系和治理能力的现代化，这必将增强人民群众积极为改革开放和社会主义现代化建设事业作出贡献的信念，也必将为实现中华民族的伟大复兴而努力奋斗。

人类共同价值在历史进程中不断浓缩、提炼和升华，从而形成人类价值共识，而这种共识则充分体现在社会主义核心价值观中。从中国自身来看，为使公民有效行使各项权利，中国共产党毫不动摇地将社会主义核心价值体系作为我国的核心价值体系，并以社会主义核心价值观践行的成效作为评判公民权利有效性的根本依据，使公民生活幸福，社会自由平等，国家和谐繁荣。在国际范围内去看，中国以无私奉献中华优秀的价值文明成果作为互助合作的初始化钥匙，积极推进民主化的国际关系，以便达成广泛的人类共识，打造更完善、更平等、更繁荣的人类命运共同体。

如何建立以及将社会主义核心价值观付诸实践，是一项复杂而伟大的事业，也是"中国智慧"的具体诠释。习近平总书记在党的十九大报告中着重强调："社会主义核心价值观是当代中国精神的集中体现，凝结着全体人民共同的价值追求。""把社会主义核心价值观融入社会发展各方面，转化为人们的情感认同和行为习惯。""强化教育引导、实践养成、制度保障，发挥社会主义核心价值观对国民教育、精神文明创建、精神文化产品创作生产传播的引领作用。""坚持全民行动、干部带头，从家庭做起，从娃娃抓起。"①由此可见，核心价值观的培育既是国家对社会成员实施的一种主动的思想价值观念引领的教育活动，也是社会建设的一项基本需求。在马克思主义系统性观点和方法的指导下，使社会各要素功能间相互调剂，使社会主义核心价值观得以落实。

（三）将社会主义核心价值观融入教育全过程

从理论上来说，无物质形态的融合就是理论上的融入，精神层级的汲取和接受更多地源于对人的范畴上的理解。应该把社会主义核心价值观潜移默化地渗透于教育的整个过程之中，并在不断反复和系统的强化过程中予以理论深入和细化，使人在不知不觉间融入内心并为之身体力行。社会主义核心价值观与学校教育相融合，就是要利用学校教育强制性、规范性等特点，设计创新型课堂及活动，在趣味中使学生更深层次地感受社会主义核心价值观所赋予的精神内涵。家庭教育是孩子成长教育中的重要环节，有效发挥家庭

---

① 习近平：《决胜全面建成小康社会　夺取新时代中国特色社会主义伟大胜利》，人民出版社2017年版，第42页。

教育潜移默化的作用，对社会主义核心价值观予以结合和发散，为孩子创造一个认识和理解社会主义核心价值观的自然和谐氛围。

学校教育是社会主义核心价值观培育和践行的有效载体。学校教育不仅向个体传授职业技能及文化知识，也为个体提供社会行为规范和价值标准，具有很强的社会引导与规范作用。习近平总书记在第三十个教师节走进北师大看望师生并发表重要讲话时强调："好老师要做到'四有'，即第一，要有理想信念；第二，要有道德情操；第三，要有扎实学识；第四，要有仁爱之心。"①因此，要自觉加强教师的师德修养，用自身的品行影响学生、教育学生，从而充分发挥教师作为社会主义核心价值观传播者、践行者的作用。另外，教师要基于学生的价值理解力和接受能力，施之有针对性的教育方式及内容，解疑释惑要恰如其分，价值引导要有理有节。事实上，教育方式和内容在实际的教育活动中，不是抽象的，而是具体的，与学生的价值需求及其接受能力的匹配程度，直接关系到社会主义核心价值观培育的成效。

家庭教育是社会主义核心价值观培育和践行的初始层级。家庭教育是一切教育的基础，也是引导孩子价值观形成的主要途径，因为父母的言行举止、行为习惯、处世态度以及道德品质都会对子女产生影响。被誉为"新加坡国父"的李光耀先生指出："家庭教育对一个人童年的成长过程具有潜移默化的影响。在你成长的过程中，这些日以继夜灌输进你脑海中的价值观就会慢慢萌芽。"②因此，家长要转变教育观念，增强社会责任感。一方面要重视对孩子的思想教育、品德教育、人格教育、心理教育，积极引导他们树立正确的世界观、人生观和价值观。另一方面家长也要为子女做好榜样，从自身做起，事无巨细，以自身良好的品行修养为子女做出表率。

---

① 习近平与北师大师生座谈"四有"好教师标准，人民网，2014.09.10。
② 吕元礼：《新加坡"家庭为根"的共同价值观分析》，载《东南亚纵横》，2002年第6期。

（四）构建良好的社会环境

社会主义主流价值如何让社会成员信任和执行，不仅涉及理论教育问题，更是涉及是否能够营造良好的社会环境。理论的魅力不仅源于自身，也来自实践。社会主义核心价值观教育的理论说服力和信服力，都需要通过实践来获得彰显。

1. 加强马克思主义理论宣传引导

马克思曾经说过："理论一经掌握群众，也会变成物质力量。理论只要说服人，就能掌握群众；而理论只要彻底，就能说服人。所谓彻底，就是抓住事物的根本。"[①]社会主义核心价值观中所蕴含的大量内容，若想在群众中普及，还要不断加强传播媒体的建设，要积极建立良好的社会舆论环境；发挥新老媒体的整合力，形成共同的宣传教育内容及导向；充分利用广播、电视等手段，话剧、电影等形式引导文化发展有一个正确的方向，用大量优秀的作品向大众传递正能量。当今时代，互联网已经成为一种大众传播手段，它具有实时、快捷、交互、开放等特点，要加强对网络内容的引导、监督和管理，积极在网络上传播和互动，发挥网络的内在传播作用。社会主义核心价值观是思想凝练的精华，普通民众几乎不会自我学习与体会，所以需要通过教育，才能将此理念传播。那么就迫切需要组建一支分布广泛、素质较高的专家人才队伍，鼓励他们深入基层、深入实际，及时了解普通大众的思想现状及现实生活中人们关心的热点难点问题，在和群众的密切接触中，潜移默化地影响他们的思想，使他们自觉践行社会主义核心价值观。

2. 完善社会秩序及社会制度

制度是社会系统中的重要组成部分，是影响人们思想和行为的一种社会规范，是对人们的思想和品行具有重大影响的关键因素。"一方面，因为制度

---

① 《马克思恩格斯选集》（第一卷），人民出版社 1995 年版，第 9、10 页。

不是干瘪的规则要求，而是有价值灵魂的，它们本身就在向人们传递某种正确的价值观念，以至于各种规章制度对人们思想的形成及转化都具有直接的作用。另一方面，合理制度的目的性所蕴含的一定的社会价值取向，会使人们在大量制度化的实践活动中，感受和内化这些社会价值观念，从而促进制度预期的行为类型及其良好品行的形成。"①正是由于制度是一定思想价值原则具体化的硬规，是影响价值观教育成效的重要变量因素，因此践行社会主义核心价值观教育是否得到具体实施的成效表征，直接受中国整体的社会环境所影响，也是评判其是否按照社会主义基本制度进行行为活动的标准。

社会实践决定社会意识，而制度则作为一项关键因素直接影响核心价值观培育的成效。制度不仅要有明确的规范要求，而且还必须合乎社会的正义精神和道德原则。邓小平曾指出："制度好可以使坏人无法任意横行，制度不好可以使好人无法充分做好事，甚至会走向反面。"②一言以蔽之，制度的好坏直接影响人的思想、行为和品德。一旦制度与社会公正原则出现冲突，偏向社会上的少数人，导致权利和义务的不对等，制度就会成为制造社会恶行的孵化器。在此情形之下，核心价值观教育就会陷入理论与实践自相矛盾的境地而缺乏说服力与感召力。社会主义制度是具有先进性的，它是为广大人民群众谋利益的，注重维护社会的公平正义，能够保持合理的社会利益格局。因此，想要提高社会主义核心价值观培育成效，必须以坚持社会主义制度为前提。

总之，在经济、文化全球化发展的今天，建设社会主义核心价值体系，将中华文化的特殊性与人类文化的一般性进行匹配结合，还要将民族性与全球性进行统筹归一。与此同时，应该把握时事发生发展的基本态势，依据时局动态制定合理的价值目标，及时跟进其趋向性价值，将继承经典、借鉴外

---

① 王淑芹：《思想政治教育成效的制度分析》，载《思想教育研究》，2006年第12期。

② 《邓小平文选》（第二卷），人民出版社1994年版，第333页。

来、创新传统和发展革新四个阶段进行循序渐进的有效整合，以吸收人类固有的文明成果为手段，以对异国异族价值观的尊重为前提，并对人类多样化价值体系予以完善和发展。

二、什么是价值观的"最大公约数"

从理论层面来看，价值观的"最大公约数"有存在的客观性。承认价值观的多元性是价值观的"最大公约数"的逻辑前提。按照马克思历史唯物主义原理，公有制的经济基础是产生价值观的"最大公约数"的物质基础。根据"最大多数"原则，价值观的"最大公约数"在政治上是有学理依据的。从经验层面上看，价值观的"最大公约数"有存在的现实性。分析社会主义核心价值观面临市场逐利性的挑战，呼唤重建社会主义核心价值观作为价值观的"最大公约数"；分析社会主义核心价值观凝结着全体人民共同的价值追求，助力实现中国梦和中华民族的伟大复兴；分析社会主义核心价值观的根本问题是解决人民利益问题，坚定社会主义核心价值观作为价值观的"最大公约数"的意识形态性；分析价值观的"最大公约数"是构成共同体的基础，确定社会主义核心价值观是个人上升为国家公民的价值路径。

（一）挖掘价值观的"最大公约数"的理论依据

1. 分析价值观的"最大公约数"的逻辑前提是价值观的多元性

价值观的"最大公约数"是一个比喻的说法，形象生动且具有深刻道理。首先，"最大公约数"是一个数学概念，它指的是几个数所共有的约数中最大的一个，即可以整除这几个数的最大的数。可见，最大公约数的前提是必须有几个不同的数，但是，这几个不同的数之间存在共同的部分，而这个共同部分的最大范围就是最大公约数的值。

因此，我们可以推出价值观的"最大公约数"的逻辑前提是必须承认价值观是多元的、杂多的。就个体而言，价值观是人在社会化的过程中逐步形成的。其中，家庭、学校、同辈群体、社会舆论等都会对个人的价值观的形成产生重要影响。就民族和国家而言，不同的民族和国家有不同的价值观念。价值观的"最大公约数"指的是在价值上能最大程度地包含每个人的价值观，因此，也就证明每个人的价值观里包含着"最大公约数"，而且里面不只是"最大公约数"，可能还有别的价值观。这就是允许个体的价值观有差异，但是在个体性差异的情况下，我们要追求统一性的问题。但是在多元的价值观中，有些价值观是有真理性的价值，有些价值观是没有真理性的价值，那么，有真理性的价值观才是价值观的"最大公约数"。这里，我们需要对真理性的价值观进行分析。

价值观是人们关于价值本质的认识，因此，必须弄清什么是价值。我们在这里强调的价值不是以物为依托的"使用性价值"，而是满足人的精神需要的具有超功利性的"精神性价值"，"精神性价值"的根据是以"观念"的方式存在的，因而称为"价值观"。"精神性价值"最根本的问题是善的问题，不是对人的有用性问题。

价值观的概念上升到哲学高度，就是价值观的真理性分析。价值和真理的关系，在通行的教科书里认为，"价值和真理在实践中的辩证统一"。也就是说，价值是制约实践的主观尺度，真理是制约实践的客观尺度，二者是从主客体出发的互不干扰的两个范畴。但是，我们所说的价值观是精神性价值在观念上的体现，它虽然有主体性，但是最重要的是有真理性。所谓真理，就是人们对于客观事物及其规律的正确认识。例如，所有国家都会认为不偷盗是善的，是符合真理要求的价值观。如果价值观不符合客观真理性，只从主体出发，这种价值观不具有真理性，也就不能成为正确的价值观。例如，每个人都从个人幸福自私自利出发的价值观，是不符合人的社会交往需要的，不具有客观真理性。

综上所述，价值观的真理性分析，即价值观是真理在行为中的显现，叫善。符合真理性的价值观是善，符合善的行为就叫作道德或者是正义、公正，这就是价值观的"最大公约数"。因此，必须先承认价值观是多元的，即有的价值观是符合真理的，有的价值观是不符合真理的，价值观的多元性是构成真理性价值观的"最大公约数"的逻辑前提。

2. 价值观的"最大公约数"的哲学基础是马克思历史唯物主义

价值观的"最大公约数"是共同体价值问题，但从根本上说是和利益相关联的，是共同体利益问题。根据马克思历史唯物主义，首先，社会存在决定社会意识的原理，可以得出公有制的经济基础是价值观的"最大公约数"的经济基础；其次，按照社会意识对社会存在具有反作用的原理，可以得出，强调价值观的"最大公约数"是在意识形态层面保护和捍卫我国的经济基础。

社会存在决定社会意识。社会存在是社会意识内容的现实基础，正如马克思所说，"而发展着自己的物质生产和物质交往的人们，在改变自己的这个现实的同时也改变着自己的思维和思维的产物。不是意识决定生活，而是生活决定意识"[①]。价值观的"最大公约数"是社会历史经济基础的产物，当前，中国实行社会主义市场经济的基本经济制度，之所以是社会主义性质，就是因为我们坚持公有制经济主体地位不动摇。马克思主义认为，所有制是社会经济制度的核心和基础，决定着社会经济制度的性质[②]。公有制就决定了我国是社会主义性质的，从根本上区别于西方私有制的资本主义性质。公有制是劳动人民当家作主的经济制度，因此，公有制的主体地位就使我们在利益关系上具有普遍性，由此决定了我们的意识形态作为价值观，就需要有最大公约数。从这个意义上来说，社会存在决定社会意识，共同利益决定共同价值，公有制的经济基础决定价值观的"最大公约数"。

社会意识对社会存在具有反作用。任何社会意识都是根源于当时的经济

---

① 《马克思恩格斯选集》（第一卷），人民出版社1995年版，第73页。

② 《毛泽东思想和中国特色社会主义理论体系概论》，高等教育出版社2015年版，第171页。

基础，是适应社会物质生产要求而产生的，反过来社会意识也对社会存在具有能动的反作用，表现在在一定条件下社会意识可以转化为物质力量作用于社会存在，促进社会存在的发展。当然，先进的社会意识是能反映社会存在的发展规律，对社会发展起促进作用，落后的社会意识不能反映社会发展规律，对社会发展起阻碍作用。价值观是意识形态，是上层建筑，上层建筑是对经济基础的保护和捍卫，因此，从这个意义上来说，社会意识对社会存在具有反作用，价值观的"最大公约数"是对公有制经济的保护和捍卫。

综上所述，按照马克思历史唯物主义原理，社会存在决定社会意识，社会意识对社会存在具有反作用，可以推出，我国的社会主义公有制经济决定了价值观的"最大公约数"，且价值观也必须上升到"最大公约数"来保护捍卫我国的社会主义公有制经济。

3. 价值观"最大公约数"的政治学理论依据是"最大多数"原则

价值观的"最大公约数"是在价值观范围内最大程度地谋求共同体价值和共同体利益。

"最大程度地"体现了价值观必须通过"最大多数"人的同意，才能上升为"最大公约数"，因此，"最大多数"原则是价值观的"最大公约数"核心概念，为价值观的"最大公约数"提供了政治学上的理论依据。

首先，"最大多数"原则是形成西方公民社会的重要途径。从西方公民社会的内容来看，"公民社会"的主体是公民，因此，形成国家政权的前提必须以最大多数人民的利益为核心，这样的国家政权才具有客观真理性。《政府论》中，洛克的终极目的是反对君主制，系统地阐述公民社会的起源和发展。在公民社会形成的过程中，洛克也强调"最大多数"原则，在"大多数同意原则"的基础上建立契约，形成公民社会。洛克认为在自然状态下，人们并不是像霍布斯所说的那样相互残杀，相反人是天生具有理性的、具有共同正义的。因为洛克强调的自然状态是在自然法权的状态下，生存权、人格权、财产权都是与生俱来的自然权利，因此，人们可以自发地尊重这个秩序。但是，在这个理性的自然状态下，还是缺少一个最终的裁判者按照共同价值来行使权力，在这个意义上，就出现了裁判者。这个裁判者就是第三方共同体，就是国家政权。当然，裁判者并不是自上而下地强行统治人们，相反，是人们把自己的权力交给裁判者，让裁判者替自己行使权力，替每个人保护所有人。在这个过程中，裁判者必须是"大多数人同意的"，如此这个裁判者才能代表大多数人的利益，才具有公共的理性，才能形成公民社会。反之，如果这个裁判者不是大多数人同意的结果，就不能代表大多数人民的利益而只是代表少数人或个人的利益，就一定不能形成公民社会。

民主集中制是保障我国"最大多数"人民利益的政治原则。民主集中制原则是民主基础上的集中和集中指导下的民主相结合的制度，是党的根本组织制度和领导制度。民主集中制的一项基本原则是少数服从多数原则，少数服从多数的原则是民主决策的主要原则，充分体现了尊重"最大多数"人民的利益。首先，民主基础上的集中。广大人民的共同意志通过少数服从多数的民主形式集中起来，并通过法定程序上升为国家意志，这就是意识形态，价值观的"最大公约数"在这个意义上已经被确立起来。其次，集中指导下的民主。价值观的"最大公约数"是通过最广大人民的共同意志上升为国家意识形态的，所以价值观的"最大公约数"的目的也必将是维护和服务最广大人民的根本利益。我国是人民当家作主的社会主义国家，中国共产党的性质和宗旨决定了核心价值观就是和人民的利益相联系的，代表最广大人民的利益的价值观就具有客观真理性，才能成为最大公约数。

（二）把握价值观"最大公约数"的现实依据

把握价值观的"最大公约数"的现实依据就是在共性里面把握特性，在普遍性中把握特殊性，因此，我们还必须把理论落到现实中，立足于本国的国情，寻找价值观的"最大公约数"在中国的具体形态。习近平总书记指出："我国是一个有着13亿多人口、56个民族的大国，确立反映全国各族人民共同认同的价值观'最大公约数',使全体人民同心同德、团结奋进,关乎国家前途命运,关乎人民幸福安康。"①这是习近平总书记第一次明确把社会主义核心价值观确立为价值观的"最大公约数"。因此,我们必须立足中国国情,把握现实依据,从而把社会主义核心价值观提升到价值观的"最大公约数"的哲学高度。

1. 市场经济的逐利性呼唤价值观的"最大公约数"

国无德不兴,人无德不立。在党的十九大会议报告中,习近平总书记强调用新时代中国特色社会主义思想武装全党,必须解决好世界观、人生观、价值观这个"总开关"问题,价值观是人生的总开关,引导着人的行为,所以价值观问题对每个人和每个国家至关重要。社会主义核心价值观是人民的信仰,人民有信仰,民族有希望,国家才有力量。因此,我们必须把社会主义核心价值观作为价值观的"最大公约数"引领社会向前发展。但是,随着我国市场经济的发展,受西方资本主义不良思潮的影响,中国也在一定程度上出现了道德滑坡、信仰迷失、金钱化、物质化、功利主义、享乐主义等问题。正如《共产党宣言》中对资本主义所批判的那样:"资产阶级在它已经取得了统治的地方把一切封建的、宗法的和田园诗般的关系都破坏了……它使人和人之间除了赤裸裸的利害关系,除了冷酷无情的'现金交易',就再也没有任何别的联系了。"②马克思也批判了资本主义把一切东西都还原到一切物质,把人与人之间的关系变成赤裸裸的金钱关系了,这是因为,市场本身就是个人交换,是追求利益的,然而道德价值观是精神理想的东西,它是超功利的,人的精神理想都是对功利的超越,因此,市场是摧毁人的信仰尺度、道德理想的,从这个方面来说,二者是根本对立的。

但是,与此同时市场经济的逐利性也呼唤社会主义核心价值观。按照马

---

① 习近平:《确立价值观"最大公约数"关乎国家命运》,载《人民日报》,2014年5月5日。

② [德]《马克思恩格斯选集》(第一卷),中共中央编译局译,人民出版社2012年版,第402—403页。

克思唯物主义辩证法，矛盾事物的两方面既是对立的也是统一的，市场经济和道德价值观的统一性，表现在市场经济为价值观的进一步落实提供可能。也就是说，我们倡导的社会主义价值观之所以是有意义的，就是因为我们的社会中有不符合社会主义核心价值观的其他价值观的存在，所以社会主义核心价值观才有存在的意义。就是一物在它的对立面中才能找到自身存在的意义，当人没有进入市场关系的时候，在自然伦理关系中讲道德是很正常的，在没有利益冲击的时候，人很容易道德，但是当人涉及利益本身的时候，就容易不道德，这时就需要社会主义核心价值观的引领。也就是说，在没有市场经济利益关系中的道德是抽象的，没有存在的意义，相反，市场经济的逐利性恰恰是为社会主义核心价值观的进一步落实提供可能。因此，随着市场经济在发展中起着日益决定性的作用，社会主义核心价值观的地位也日渐突出，必须把社会主义核心价值观作为价值观的"最大公约数"。

2. 社会主义核心价值观凝结共同价值，助力实现中国梦和中华民族伟大复兴

2014年5月30日，习近平总书记在北京市海淀区民族小学主持召开座谈会时指出，"我们倡导的富强、民主、文明、和谐，自由、平等、公正、法治，爱国、敬业、诚信、友善的社会主义核心价值观，体现了古圣先贤的思想，体现了仁人志士的夙愿，体现了革命先烈的理想，也寄托着各族人民对美好生活的向往"。这充分体现了我们所倡导的社会主义核心价值观凝结着全体人民共同的价值追求，富强的时代期待，民主的治国箴言，文明的积淀追求，和谐的中国特色，这是国家层面的社会主义核心价值观；自由的东方特色，平等的人民主权，公正的核心价值，法治的治国理念，这是社会层面的社会主义核心价值观；爱国的核心精神，敬业的职业道德，诚信的人格魅力，友善的传统美德，这是个人层面的社会主义核心价值观。社会主义核心价值观从国家、社会和个人三个方面系统地诠释了中国全体人民共同的价值理念，因此，社会主义核心价值观就是价值观的"最大公约数"在中国的具

体实现形式。

社会主义核心价值观凝聚价值共识，助力实现中国梦和中华民族的伟大复兴。"社会主义核心价值观是当代中国精神的集中体现，凝结着全体人民共同的价值追求"，是价值观的"最大公约数"在中国的具体实现形式。社会主义核心价值观是在社会主义核心价值体系的基础上提出来的，是社会主义核心价值体系的凝练表达。党的十九大会议上，习近平总书记重提社会主义核心价值体系，"必须坚持马克思主义，牢固树立共产主义远大理想和中国特色社会主义共同理想，培育和践行社会主义核心价值观，不断增强意识形态领域主导权和话语权……更好构筑中国精神、中国价值、中国力量，为人民提供精神指引"①。因此，我们所制定和倡导的社会主义核心价值观是科学性、民族性、时代性的统一，为中国人民提供精神上的引领，为实现中国梦和中华民族的伟大复兴提供源源不断的精神动力。因此，作为价值观的"最大公约数"，社会主义核心价值观就能够指导中国社会向前发展，使全体中国人民心往一处想、劲往一处使，"理论一经掌握群众，就会变成物质力量"②，一定能实现中国梦和中华民族的伟大复兴。

3. 社会主义核心价值观的根本目的是解决人民共同富裕问题

首先，社会主义核心价值观代表人与人之间的普遍利益。因为受具体环境的影响，人与人之间存在着差异，导致价值观的多元化，这是毋庸置疑的，但是普遍利益是每个人都能接受的，所以人与人之间的价值观应该存在着统一。因此，价值观的"最大公约数"指的是在各种人之间的关系，让每个人都享受改革的红利，充分共享。我们所倡导的社会主义核心价值观就是最大程度地惠及人民的措施，因为人们是在最大程度上认可这些价值观，人们的遵守和践行社会主义核心价值观也可以使人们自身在很大程度上受益。

---

① 习近平：《决胜全面建成小康社会　夺取新时代中国特色社会主义伟大胜利》，人民出版社2017年版，第23页。

②《马克思恩格斯选集》（第一卷），人民出版社1995年版，第9页。

党的十九大报告明确提出："带领人民创造美好生活，是我们党始终不渝的奋斗目标。必须始终把人民利益摆在至高无上的地位，让改革发展成果更多更公平惠及全体人民，朝着实现全体人民共同富裕不断迈进。"①可以看出，我们党的指导思想是把人民的利益放在首位的，因此，从个人与个人的关系上说，社会主义核心价值观代表着中国人民普遍的利益诉求，社会主义核心价值观就是价值观的"最大公约数"的集中体现。

其次，社会主义核心价值观的根本目的是解决人民共同富裕问题。社会主义核心价值观是实现自我价值和社会价值的统一，但是，社会主义核心价值观的最核心的问题是解决个人利益和集体利益的关系问题，就是人民共同富裕问题。凡是伦理观念都来自经济关系，经济关系取决于经济所有制关系，"经济基础决定上层建筑，上层建筑对经济基础具有反作用"。因此，可以反推出，我国的经济制度是以公有制为主体，多种所有制经济共同发展。公有制经济是社会主义生产关系区别于资本主义生产关系的根本特征，是为人民服务的。我国以公有制为主体地位的经济制度决定了我们的社会主义核心价值观也是集体主义价值观的，核心是人民为本。这就说明了社会主义核心价值观是以人民为核心的，把个人利益和社会利益相结合，最大程度地寻求利益共同点，实现人民共同富裕。党的十九大报告里，提出了新的两步走问题——新征程，第一步到2020年全面建成小康社会，习近平总书记讲全面脱贫，精准扶贫，少一个都不是共同富裕，都不是全面建成小康社会。因此，社会主义核心价值观是在价值层面的共同体，根本目的是解决人民共同富裕问题。

4. 社会主义核心价值观是个人上升为国家公民的价值路径

价值观的"最大公约数"是从个体成为共同体的基础。共同体之所以是

---

① 习近平：《决胜全面建成小康社会　夺取新时代中国特色社会主义伟大胜利》，人民出版社2017年版，第45页。

共同体，不仅仅是因为它们有共同的利益，而在于它们有共同的价值，而价值观的"公约数"就是构成共同体的基础。比如说，一伙人是自私自利的，另一伙人是为共同利益而牺牲的，这就是价值观的不同，不同的价值观构成不同的价值共同体。当然，如果你们的价值观是不一样的，但是能够求同存异，寻找价值观的统一性，为共同体建立基础，这也有构成共同体的可能性。因此，要想成为一个共同体，必须求同存异，寻找价值的"最大公约数"，才能满足共同体的精神和价值的统一性需求。根据上文分析，社会主义核心价值观凝结着全体人民共同的价值观，因此，这个价值观的"最大公约数"就是我们所倡导和弘扬的社会主义核心价值观，只有坚持社会主义核心价值观，才能从个人变成共同体中的一员。

社会主义核心价值观是个人上升为国家公民的价值路径。根据上文分析可知，价值观的"最大公约数"是构成国家共同体的基础，因此，可知从个人上升为国家公民，必须有社会主义核心价值观作为价值支撑，否则，没有价值观的"最大公约数"就成不了共同体，也就成不了共同体的公民。也就是说，从社会主义国家公民这个角度来看，个人如何上升为国家共同体的普遍的人，只有价值观的"最大公约数"，也就是一种价值观可以在每个个体里都有，个体才会超出个体的差异走向共同体。个体的价值观也只有符合国家意志，即国家制定和认可的社会主义核心价值观，个体才会上升为公民。否则，只有中国国籍而违背社会主义核心价值观的要求，就成不了中国公民。这就是社会主义国家的公民，在他的个体差异的基础上如何追求统一性的问题。

因此，从价值观的"最大公约数"的现实依据来看，首先，社会主义核心价值观面临市场逐利性的挑战，构成价值观"最大公约数"的前提条件；其次，社会主义核心价值观凝结着全体人民的共同价值追求，构成价值观"最大公约数"的深层基础；再次，社会主义核心价值观解决人民利益问题，构成价值观"最大公约数"的核心问题；最后，社会主义核心价值观是个人上升为公民的价值路径，构成价值观"最大公约数"的政治目的。因此，从价值观的"最大公约数"的现实性方面来说，必须把社会主义核心价值观作为价值观的"最大公约数"高度重视。

综上所述，从价值观的"最大公约数"的理论基础和现实依据两个方面着手，论证了社会主义核心价值观是价值观的"最大公约数"在中国的具体形态。党的十九大会议报告中，习近平总书记强调，"培育和践行社会主义核心价值观。社会主义核心价值观是当代中国精神的集中体现，凝结着全体人民共同的价值追求"。①因此，必须把社会主义核心价值观作为价值观的"最大公约数"凝聚社会共识，进而落实到个人信仰、社会理想和国家力量，如此，全国人民才能奋力夺取新时代中国特色社会主义伟大胜利。

三、传统价值观在当代中国有没有"市场"

中华文明是在承前启后、继往开来中延续至今的。中华优秀传统文化是中华民族五千年灿烂文明的智慧结晶，它蕴含着处理人、社会、自然三者之间关系的无穷智慧和独特的价值理念，为我们今天进行社会主义现代化建设提供了宝贵资源。

2014年9月24日，习近平总书记在纪念孔子诞辰2565周年国际学术研讨会暨国际儒学联合会第五届会员大会开幕会上讲道："中国优秀传统文化的丰富哲学思想、人文精神、教化思想、道德理念等，可以为人们认识和改造世界提供有益启迪，可以为治国理政提供有益启示，也可以为道德建设提供有益启发。"并先后在不同场合指出，要"把跨越时空、超越国度、富有永恒魅力、具有当代价值的文化精神弘扬起来"。"深入挖掘和阐发中华优秀传统文

---

① 习近平：《决胜全面建成小康社会　夺取新时代中国特色社会主义伟大胜利》，人民出版社2017年版，第42页。

化讲仁爱、重民本、守诚信、崇正义、尚和合、求大同的时代价值，使中华优秀传统文化成为涵养社会主义核心价值观的重要源泉"。此外，在习近平总书记关于文化发展繁荣的系列重要讲话①（以下简称"讲话"）中，弘扬中华优秀传统文化是一个重要主题。习近平总书记的讲话在国内外引人注目、广受好评，产生了巨大反响，为我们在新形势下弘扬中华优秀传统文化提供了根本指引。

关于中华民族与中华优秀传统文化的关系，习近平总书记指出，中华民族创造了源远流长、博大精深的中华文化，中华文化是中华民族创造的精神财富，反映了中华民族强大的文化创造力。全面阐述中华文化对于中华民族发展、壮大、复兴的意义，是讲话最核心的部分。讲话深刻阐明了中华民族历史发展与中华文化传承弘扬的辩证关系：中华民族创造了中华文化，中华文化为中华民族提供了丰厚滋养；中华文化既记载了中华民族的历史，又孕育了中华民族的品格；中华文化既代表着中华民族的精神特性，又培育了中华民族的价值追求。这就从根本上确定了中华文化与中华民族的内在关系，指明了中华文化的根本性质。

在肯定中华文化的历史功能方面，讲话既从中华民族整体发展历程的角度指出，中华文化为中华民族生生不息提供了强大支撑；又从政治、文化、民族、社会等方面，肯定了中华文化的历史作用。讲话指出，中华民族从来不是一帆风顺的，经历了无数艰难困苦，但我们都挺过来了，其中一个很重要的原因就是世世代代的中华儿女培育和发展了独具特色的中华文化，为中华民族克服困难、生生不息提供了强大精神支撑。中华文化使中华民族保持了坚定的民族自信和强大的修复能力。这不仅指出了中华文化为几千年来中华民族克服艰难险阻提供了精神支撑，而且意味着中华文化将为中华民族伟大复兴提供内在动力和民族精神。讲话还指出，包括儒家思想在内的中国传

①《习近平总书记系列重要讲话读本》，学习出版社、人民出版社2014年版，第186—206页。

统思想文化的优秀成分，对中华文明的形成并延续发展几千年而从未中断，对形成和维护中国统一的政治局面，对形成、巩固中国多民族和合一体的大家庭，对形成和丰富中华民族精神，对激励中华儿女维护民族独立、反抗外来侵略，对推动中国社会进步、促进中国社会利益和社会关系平衡，都发挥了十分重要的作用。这就从文明延续、社会平衡、政治统一、民族和合、反抗外侮等方面全面肯定了中华文化所发挥的积极历史作用。

讲话不仅从历史的高度全面论述了中华文化的性质和意义，而且从政治、文化、改革开放、世界格局等多方面揭示了中华文化的当代价值和意义，指出中华优秀传统文化是中华民族的突出优势，是我们最深厚的文化软实力，今天依然是我们推进改革开放和社会主义现代化建设的强大精神力量，是我们在世界文化激荡中站稳脚跟的根基。中华民族的伟大复兴要以中华文化的发展繁荣为条件，这彰显了以习近平同志为核心的党中央对中华文化的深刻认识，值得认真学习领会。

不难看出，习近平总书记的系列重要讲话自始至终贯穿着一条红线——在思想文化上，我们要大力弘扬中华优秀传统文化和传统美德。中华优秀传统文化是我国传统价值观的重要体现，继承和发展优秀传统价值观，对今天的中国来说是非常重要的。

20世纪初，在作为中国人认为是先进时期的五四时期，"传统"二字其实是被唾弃与背离的。无论陈独秀还是文化革命的旗手鲁迅，他们统统把自己放到了传统的对立面。现代化必须要抛弃所有传统，一切的"新"必须摒弃所有的"旧"，不论好坏，一律连根拔除，这似乎成为了文化革命的唯一信条。然而随着时间的流逝，中国人开始意识到我们没有办法也不应该抹去自己身上所有传统的印记，它并不会阻碍发展前行的脚步也不会成为中华民族前进的阻碍。一味地把"传统"视为"坏"与"恶"，到头来伤害的却是自己民族的血与肉，没有灵魂的民族如何撑得起自己的身躯。

中华人民共和国成立至今，许多研究中国传统文学的学者，都呼吁、提倡学习中国传统文化，不要忘本。于是这些学者就进而以不同方式进行了不同影响的宣传，激起了中国人民对重学中华传统文化的热情。"国学热"现象由此产生。国学是指以儒学为主体的中华传统文化与学术。国学热即为中国传统文化学习的热潮。如今，国学、传统文化的复兴"热"突然如雨后春笋般扑面而来，且正未有穷期。

（一）我们应该怎样客观地看待国学热

1. 中国的发展推动了国学热

一方面，国内的社会环境、舆论环境、文化环境越来越宽松；另一方面，中国经济发展、地位提升，使得西方世界对中国刮目相看，他们想了解，而要了解就必须解读其文化。从文化的角度，对西方人来说，他们需要面对一个未被充分发现的思想世界；对中国人来说，则是有一个重新发现的思想世界。这场国学热兴起的原因，最主要的还是中国社会的飞速发展。国外学习汉语的热潮，主要还是中国热，而不是国学热，当然它助推了国学热。这次的国学热，不再是五四时期以对抗西方显现出来的国学，这是我们寻找自己、重新定位的一次旅程。具体可以从政治、经济、生活三个方面来剖析。马列主义是我们的立国之本和指导思想，如今要加重其中的国学分量，以展示中国的特色，即本民族特色。目标不在于改变指导思想，而在于使指导思想更加中国化。此外，我国的经济发展也有了很大飞跃，但已经发达了的商家，却因缺少民族文化的支撑，显得底气不足，在进一步发展的动力根源和文化心理依托上显得很苍白。国学热既可以给中国的经济发展的方向和方式做一些矫正，又可以给中国的商家提供强大的历史文化的心理支撑。

2. 对传统文化的重新认识

自从西风东渐，传统文化似乎离我们越来越远。社会上充斥的是急功近利、信仰淡漠，人生观无所依归，人生方向感迷失，青少年犯罪率升高、犯罪年龄降低，以及学术良知沦落、原创性思维匮乏等种种现象，其实就是没能相对地提升国民文化素质、文化教养的结果。丧失自我文化的民族，终为其他民族所轻视。欲改变现状，应延续传统国学，积极弘扬传统文化，落实人格教化。国学作为国有文化传统的深层部分，已经深入民众心灵，直接或间接地参与现代生活。一个人也好，一个民族也好，只有具备了深厚的文化底蕴和人文精神，才能有所作为、有所贡献，才能承担起中华民族伟大复兴的重任。

在五四新文化运动充当主力军的一批学人，曾持经世致用、急功近利的全盘西化的态度，在二三十年代告别偏激或激进的主张，由西返中，重新聚焦中国的传统文化。历史常有惊人的相似，进入20世纪80年代，现代西方思潮纷纷涌进中国，成为当代学人的"方法论"和"本体论"，从苏格拉底到弗洛伊德，从分析哲学到新历史主义，从解释学到结构主义，从后现代主义到后殖民主义，阵阵风吹来，使中国学界逐渐失去了自己传统文化的根基，于是言必称西方，骂必向传统[①]。而在20世纪80年代末，激进主义的浪潮成为过去，人们又回眸本国文化资源，反省"偏食症"的后果，于是在文化心理逆转中出现了国学热。

3. 学界与媒体联手

近些年来，一些高校纷纷成立有关国学、传统文化、儒释道思想的研究机构，如中国人民大学国学院、清华大学思想文化研究所、中国社会科学院佛教研究中心、安徽大学中国传统文化研究院等，出版的学术著作及研究文章不计其数，每年都要召开各种形式和规模的国内国际学术研讨会，在欧美、东亚、东南亚等国家和地区，也有相当规模的研究机构和学术队伍。媒体方面，阎崇年先生在《百家讲坛》讲清帝，刘心武讲红楼，易中天讲三国，王立群讲史记，《中华诗词大会》《中国汉字听写大会》，等等，这些学人们雅俗共赏的文教节目，重新唤起了社会大众了解传统历史和文化的热情。

---

① 陈来：《新世纪国学热的发展》，载《北京大学学报（哲学社会科学版）》，2011年第6期，第43—45页。

除了电视台，还有纸质媒体、网络媒体的积极参与和推动，譬如《光明日报》专门开设了国学版，中文搜索引擎百度开设了"国学频道"，新浪网高调推出乾元国学博客圈，等等。《国家"十一五"文化发展规划纲要》也明确提出：在中学语文课程中适当增加传统经典范文、诗词的比重，中小学各学科课程都要结合学科特点融入中华优秀传统文化内容。高等学校要创造条件，面向全体大学生开设中国语文课。种种现象说明了中国人需要了解自己民族的历史文化，也说明了传统文化在中国具有深厚的社会土壤和民间基础，没有这个基础，国学热的出现是不可能的。

当前国学热将为实现中华民族伟大复兴提供重要的精神动力。中华民族历来是世界各民族中强大的、极具影响力的民族，其绚烂多姿的文化长期以来处于世界各民族文化发展的前列。然而，自近代1840年鸦片战争后，中华民族的地位一落千丈。中华人民共和国成立后，特别是改革开放40年的发展，我们终于找到了建设中国特色社会主义的正确道路，为实现中华民族伟大复兴奠定了良好基础，中华民族的伟大复兴重新提上议程。而一个民族的伟大复兴，不仅是经济上的繁荣，更应该是文化上的昌明。因此，要实现中华民族的伟大复兴，必须弘扬和培育中华民族精神，实现民族文化的复兴。

中国优秀的传统价值观是社会主义文化的重要载体，社会主义文化在社会主义建设中具有极其重要的战略地位和作用，它为现代化建设提供精神动力、智力支持和思想保证。文化的发展具有历史继承性，更是价值观的重要体现，建设中国特色社会主义文化不能脱离中国的具体国情和中国几千年的历史文化传统。中国特色社会主义文化首先是民族的文化，中国特色社会主义文化建设，必须继承和弘扬中华民族的优秀文化传统。要建设好中国特色社会主义文化，首先我们要继承和弘扬国学中的传统美德，继承和弘扬国学中的传统优秀价值观念，促进建设中国特色社会主义的进程。

（二）既要树立文化自信又要时刻警惕文化复古主义

伴随着国学热的出现，文化复古主义，目前几乎渗透到中国意识形态的每一领域，成了一股上升的思潮。复古主义以古代社会为理想社会，认为只有大力推行儒家的"仁政""泛爱众"等思想主张，社会才能稳定和谐。复古主义思潮反映某种社会诉求，它与社会、与存在的阶级社会基础有着内在的联系，尽管还不是主流的社会意识形态，但它对社会生活有广泛影响。随着时代的进步，国人的生活方式和思维方式都发生了天翻地覆的变化，文化和思想自然也发生了全方位的转变，这种变化依托于传统文化，作为一种文化意识形态，应该取其精华，去其糟粕。综观整个社会现实，崇尚复古成为一种流行。现在，这种思潮愈发传播开来，各种社会组织积极倡导"国学热"，甚至某些地方成立了专门的女子汉学学校，而各级政府相继举办的名人节、文化节，祭奠各种历史名人的活动也此起彼伏，无论是儒家文化名人孔子还是神话人物女娲，只要是传统文化人物，都可以按照封建时代的祭奠形式进行。这些渗透到文化、思想等领域的复古主义，在当下日益成为一种文化现象。在"复古热"或"国学热"中，始终有这样一种说法，认为中华传统文化处于所有文化的前列，对于中国及人类面临的所有问题都能够解决。人类文化的危机只能靠中国传统文化，自然具有很大的鼓动性和宣传性，但却不是对民众负责，不是实事求是的态度，更不是科学和理性的判断。复古主义提出一些表面上吸引人的辞藻，容易误导社会公众，亦易于为国内外文化界所认可，但其内容空洞，没有实质性内容。复古主义思潮利用对儒家和道家学说的梳理，重建了一个"科学的过去"，满足了中国人的民族想象，在增强民族内聚力和激发民族热忱的同时，还大大提升了本民族的历史和文化认同感，虽然在肯定中国传统文化的作用方面，起到了一定的作用，但这些死守传统的教条、不肯对传统文化持扬弃的态度，是一种食古不化的形而上学观念①。

习近平总书记在谈及文化软实力建设时，提到在道路自信、理论自信和制度自信后，要加上一个文化自信。文化软实力建设不仅成为中国梦的重要内容。到底什么是软实力？与国家的竞争力有何关系？在文化软实力提升的过程中，当前形形色色的复古主义思潮究竟能发挥什么样的作用？这一系列的问题都是当前研究者关注的核心。简单地说，"软实力"指的是一个政治实体（如国家）通过文化或观念性的手段间接影响其他政治实体的行为和利益的能力。哈佛大学教授约瑟夫·奈认为"软权力主要来自三种资源：文化、政治价值观及外交政策"②。文化软实力就是指能够代表一个民族的文化传统、科学素养和民族性格的核心价值理念。复古主义思潮通常指文化复古主义，这是自近代以来就出现的一股思潮。早期主要是以康有为、严复等为代表。虽然二人曾提倡过维新变法，并将西方学说和思想介绍到中国，但自辛亥革命后，他们的思想立场发生了较大的变化。从维新变法的鼓吹者转而又去捍卫旧秩序、旧传统。在文化上，他们主张用"传统"对抗"现代化"。在政治思想上，他们意识到单纯主张固守儒家的政教传统难以说服人，如果能将儒家传统的政教体系宗教化，利用宗教信仰的力量，将更有利于维护儒家传统，因而严复和康有为先后撰文推崇"以儒教为中国国教"。康有为认为"非崇道德不足以立国"，而拯救之道"有待于教化"。他大声疾呼："今欲救人心，美风俗，惟有亟定国教而已；欲定国教，惟有尊孔而已。"简而言之，复古主义的特点就是在打着"弘扬传统文化"的旗帜谋求更深的政治利益。防止复古主义者利用此类宣传对主流意识形态进行颠覆，是马克思主义者在当前形势下的重要思想政治任务。为此，我们必须正确认识文化复古主义思潮的实质。

---

① 陈来：《新世纪国学热的发展》，载《北京大学学报（哲学社会科学版）》，2011年第6期，第43—45页。

② [美] 约瑟夫·奈：《软力量：世界政坛成功之道》，吴晓辉、钱程译，东方出版社2005年版，第11页。

　　虽然对文化复古主义思潮有各种批评之声出现，但很多没有抓住问题的实质，缺乏有效的、针对性的应对措施。对此笔者认为警惕复古主义思潮，正确引领社会主义核心价值观建设，最为重要的就是要正确理解什么是真正的文化软实力。而对于这个问题，习近平总书记做了明确的回答。习近平总书记认为："中华优秀的传统文化是中华民族的突出优势，是我们最深厚的文化软实力。"①这段话包含了两层意思。第一，传统文化并非都是我们继承的对象。只有那些能适应时代发展，在新形势新条件下能凝聚人心、弘扬风尚、促进和谐的历史价值理念和道德规范才是我们要继承的文化基因。在这个意义上，作为千年文化传统的主流，儒家文化中的一些优秀的传统，如孝敬父母、尊老爱幼、"己所不欲，勿施于人"等被视为传统美德一直延续至今，未来这些优秀的价值观肯定会被我们继续传承下去。但是，儒家文化中大量不符合时代特征、不利于社会发展、不符合人民利益的劣质因素也要予以摈弃。因而对于当前的儒学复兴思潮我们要保持清醒的头脑，提高分辨能力。第二，必须注意儒家文化虽是中国传统文化的主流，但是它并未涵括中华民族优秀文化的全部。中华文化的本质是"海纳百川、兼容并蓄"。在历史上，道家、法家、墨家都曾为传统道德文化秩序的建立，以及艺术文化的发展贡献过力量。自古以来，中国社会就是各种思想文化并存。它们之间既有融合，也有斗争和碰撞。中华文明的蓬勃生机就依赖于不同文明和文化之间的交融。社会主义的核心价值观就要引导各种健康的思想文化彼此间相互交流与学习，取长补短、相得益彰。而提升文化软实力也要进行多方位的传播、多维度的实践和多元化的沟通。

　　在正确理解文化软实力的实质的基础上，针对当前的复古主义思潮，作为马克思主义者，我们首先要积极应对当前儒家极端势力对马克思主义思想的歪曲和污蔑。儒家思想在近代的没落最根本的原因就在于，作为农

---

① 《习近平谈治国理政》（第一卷），外文出版社2014年版，第155页。

耕时代的文明产物难以适应工业文明发展的步伐。今天中国大国地位的确立及其在国际上文化地位的提高，归根结底离不开强大的经济实力和稳定的政治环境作为后盾。儒学在中国的复兴也有赖于一个更加稳定、自由和民主的文化环境。笔者在儒家文化与马克思主义的关系上非常赞同方克立的观点，他认为："指导当前思想政治工作其总的精神就是'马学为魂，中学为体，西学为用，三流合一，综合创新'。"①其次，要正确理解马克思主义与中国文化之间的关系。中国共产党自始至终都坚持将马克思主义与中国传统文化相结合，是中国传统文化忠实的继承者和弘扬者。中国在两千多年的历史中，积累了丰富的治国经验，这对于我们的执政党而言，是一块"执政富矿"，能成为执政党汲取力量的有力基础。近代以来，中华文明遭遇到了有史以来最大的文明碰撞。古老的中国一方面积极向西方学习"救亡图存、富国强民"之道，另一方面也在不断对西方先进思想进行中国式的阐释，寻求融合之道。马克思主义在中国的百年历史就是不断被中国化的历史。历史已经证明生搬硬套西方思想来指导中国实践从来都是行不通的。带有"中国式的作风和中国式的气派"的马克思主义就是另一种意义上的优秀传统文化。

总之，我们要对传统文化进行科学分析，一切有益的、好的东西都要予以继承和发扬，对负面的、不好的东西要加以抵御和克服。在实现百年中国梦的道路上，我们一方面要继续坚持以马克思主义为指导，另一方面要汲取传统文化的精华，树立自己的文化自信心。在这一过程中，我们既要反对历史虚无主义，也要反对文化虚无主义。正确分析和研究当前复古主义思潮，对于提升文化软实力，实践社会主义核心价值观具有重要意义。

建设中国特色社会主义需要深厚博大的文化支持。独具特色的文化传统彰

① 方克立：《"马魂、中体、西用"是习近平总书记文化思想的宗纲》，载《儒家网》，2015年1月7日，https://www.rujiazg.com/article/4660。

显着独具特色的核心价值观。批判地继承中国传统价值观中的家国天下、忠孝仁义、以和为贵、义利兼顾、尚荣知耻、止于至善等思想精华，使其成为弘扬爱国主义、构建社会主义和谐社会、加强社会主义核心价值体系建设的重要思想资源，在新的历史时期发挥积极而有益的作用。诚然，中国传统价值观由于阶级和时代的局限性，许多内容和观点已经成为历史的陈迹，但是其中仍然蕴含着许多可以开启未来、联结历史与现实的思想成分。中国传统价值观应该成为汩汩清泉，滋润中国文化的生命之脉。在新的历史条件下，我们必须坚持马克思主义的指导思想，运用唯物史观的分析方法对中国传统价值观进行批判继承，汲取其精华，剔除其糟粕，实现其现代转换，使独具魅力的中华文化焕发出新的生机与活力，不断走向现代化、走向世界、走向未来。

四、论传统价值观实现现代转化的条件

中华优秀传统价值观的现代转化是增强中华优秀传统文化生命力、培育和弘扬社会主义核心价值观、提高中华文化软实力的需要。要重点转化那些反映人际关系一般规律、彰显中华民族伟大精神、契合社会主义市场经济的价值观，转化的关键在于对中华优秀传统价值观进行创造性转化与创新性发展，丰富中华优秀传统价值观的时代内涵，创新中华优秀传统价值观的表达方式，促进中华优秀传统价值观与当代中国价值观的融合发展。

党的十八大以来，习近平总书记围绕"中华优秀传统文化"这一主题发表了一系列重要讲话，强调要传承和弘扬中华优秀传统文化。中华优秀传统文化的传承和弘扬，重点是要促进中华优秀传统价值观的现代转化。而中华优秀传统价值观的现代转化，关键是要促进中华优秀传统价值观的创造性转化和创新性发展，深入发掘、整理、凝练、阐发中华优秀传统文化中的价值观，赋予中华优秀传统价值观以新的时代内涵，使它成为社会主义核心价值

观的重要思想资源，在新的历史条件下，使中华优秀传统文化蕴含的价值观得到更好的创新、发展和弘扬。

马克思曾经说过："不是人的社会意识决定社会存在，而是社会存在决定人们的精神生活和政治生活领域。"[①]中华传统价值观是中华文明演化过程中反映民族特质和民族风貌的思想观念形态。中华传统文化蕴含的价值观既有历史的、阶级的特殊内容，也有民族的、人类的普遍价值；既有糟粕，也有精华。中华传统价值观的现代转换，不仅是学术界的热点问题，而且也是直接关系到社会发展的重要实践问题。面对全球化、网络化、市场化以及反传统的现代性的冲击，中华传统价值观陷入了重重困境，然而，人类社会生活发展的价值共识、文化契合的内在规律以及后现代社会的发展趋向为中华传统价值观的现代转换提供了现实可能。中华传统价值观的现代转换，必须立足于中华文化土壤，与马克思主义深度融合，汲取世界优秀文化中的精髓，正确处理好传统与现代、继承和发展的内在关联性，使之更好地实现创造性转化和创新性发展。

（一）人类社会生活发展的共性

人类历史发展的过程也是人类价值创造的过程。在价值创造过程中，每个人拥有不同的价值观，各种价值观的差异普遍存在。然而，人是在社会关系中生存的，人们在追求各自价值的基础上也不断地形成价值共识。差异和共识是一对有着辩证关系的范畴，在多元价值观中寻求差异，价值观才体现出多样性和复杂性；在多元价值观中寻求共识，我们才能在价值观中找到同一性，构建共同的理想信仰。那么，众多价值观中能否找到一种"价值共识"呢？在《政治自由主义》中，罗尔斯的"重叠共识"为之提供了可行性论证。罗尔斯认为，"社会统一的本性是通过一种稳定的诸合乎理性的完备性

---

① 《马克思恩格斯选集》（第二卷），人民出版社1972年版，第82页。

学说之重叠共识所给定的"①。哈贝马斯在《交往行为理论》中将马克斯·韦伯关于"理性"的讨论转变为"合理性"谈论，提出了一种"主体间的交往理性"②，认为人类的沟通、对话主要通过语言，交往行为主体只要"命题或实际前提具有真实性"③，合法行为及其规范语境具有正确性，主体经验的表达具有真诚性"，就有可能达成理解和共识。

"重叠共识"和"主体间的交往理性"理论回应了多元价值观如何达成"价值共识"的问题，同时也克服了用社会价值观的一元来代替多元的弊端。按照历史唯物主义的观点，人是一种类存在物，都生活在生产实践和社会关系之中，价值观归根结底是社会存在的反映。在生产实践和交往过程中，"各民族面对大致相同的自然事实及其历史发展这一点决定了价值共识的可能性"④。当然，不可否认，在当代社会中，不同的语言、文化、范式之间的关系交错复杂，不同的信念、价值观会给人们的价值认同带来种种影响甚至是误导。然而，从某一种意义上说，正是由于社会个体对价值认同存在着差异进而表现出社会价值观各不相同，才为价值共识的达成提供了丰富的价值资源。另外，从当今存在的各种价值观的客观事实中我们也可以看到，传统价值观正在与现实生活中的客观事实不断进行磨合，自身不断进行着调适，进而推动自身的创造性转换，实现与社会主义价值观的交融互渗。从这一层面上说，中华传统价值观的现代性转化具有客观的必然性。

（二）文化接续的内在规律

文化契合传统价值观是中华传统文化在人类文明历史长河中碰撞、积淀、凝聚的结晶，是中华传统文化活的"灵魂"。任何社会生活中形成的价值观，都是对前一时代的社会价值观进行扬弃的结果，传统和现代之间并没有

---

① [美] 约翰·罗尔斯：《政治自由主义》，万俊人译，译林出版社2000年版，第45页。

②③ [德] 尤尔根·哈贝马斯：《交往行为理论》，曹卫东译，上海人民出版社2004年版，第100页。

④ 沈湘平：《价值共识是否及如何可能》，载《哲学研究》，2007年第2期，第108页。

一条不可逾越的鸿沟。尽管一些社会价值观随着社会的变迁丧失了其存在的合理性，但仍然还是直接地或间接地影响着现代人的行为方式和思想理念，如传统社会的传宗接代思想、男尊女卑观念等至今在贫困边远的农村地区根深蒂固。这也说明了价值观在不同民族、不同时代具有历史性和连续性。在一定程度上说，否定了价值观的历史性和连续性，就否定了这个民族的文化发展的历史性和承接性，最终会导致民族虚无主义，这个民族就失去了根。历史发展规律告诉我们，传统价值观要与现代承接，必须要经过创造性转化和创新性发展。同样，根据历史唯物主义原理，价值观是一种"观念意识形态"，相对于社会存在来说又具有一定的相对独立性，或者说传统价值观的现代转换有其自身的特殊发展方式和运行规律。从发展方式来看，一个新的价值观的产生是一个辩证的、动态的发展过程，要经历传承、吸收、融合、创新这四个阶段，其中后一阶段是前一阶段的扬弃；从运行规律来看，任何文化的运行，都与其传统文化母体存在着千丝万缕的联系。正如恩格斯所说："那些更高地悬浮于空中的意识形态的领域，即宗教、哲学等等，它们都有一种被历史时期所发现和接受的史前的东西。"①这也就告诉我们，现实生活中的任何一种价值观，都与史前的价值观存在内在关联性，传统与现代之间具有"超时空"的同构契合性。并且，有的价值观本身就具有"超阶级性""超时代性"，如"己所不欲，勿施于人""己欲立而立人，己欲达而达人"等道德黄金律，尽管这是两千多年前孔子提出的价值观，但可以作为四海皆准、万世不移的"普世伦理"，对今天的社会发展仍然具有借鉴价值。可见，从人类文化的内在发展规律来看，对中华传统价值观进行现代转换，使之与社会主义文化相适应也是具有可能性的。

---

① 《马克思恩格斯选集》（第四卷），人民出版社2012年版，第108页。

（三）后现代社会的价值趋向

追寻传统西方社会从尼采提出"重估一切价值"，到海德格尔的"存在之思"、萨特存在主义具体谋求给困境中的西方人提供应急的"自由选择"的行动方案，再到社群主义者阿拉斯代尔·麦金泰尔为拯救西方社会的混乱和无序而提出的向西方前现代的亚里士多德的德性传统回归，预示着西方文明和价值观出现了种种危机，工具理性与价值理性的分离和脱节、过于偏重对物质的追求导致精神的异化，造成了人与人、人与社会、人与自然之间关系的僵化和疏离。由此，伴随着后工业社会的新的历史语境，后现代主义应运而生。德里达、福柯、利奥塔等开始对启蒙运动以来的现代性展开了深刻的反思及批判，并将现代工业文明的弊端（如环境污染、资源匮乏、人口爆炸、核威胁、恐怖主义等）归咎于启蒙理性对人的主体性的过分彰显。为了革新除弊，多位诺贝尔奖获得者曾经倡导"如果人类要在21世纪生存下去，必须回到2500年前去吸取孔子的智慧"。这就是说，西方学者在反思和批判现代性的同时，开始重视传统文化。就当代中国而言，20世纪80年代兴起的"文化热"，90年代的"国学复兴"，以及中小学课程内容设置中关于增补中华传统文化的相关文件的颁布，说明中国传统文化在当代社会仍然扮演着重要角色，中华传统价值观仍然是中华民族安身立命、兴国安邦的重要支撑。当然，不像西方社会的"前现代""现代"与"后现代"那样区分明确，中国社会的传统、现代、后现代思想同时交织存在。这为我们科学地整合中国传统文化、现代性和后现代主义思想提供了有利条件。换句话说，中国传统价值观要融入后现代社会之中，需要到中国传统文化那里去寻找"源头活水"。如中国传统社会"厚德载物"的道德情操、"民贵君轻"的民本精神、"过犹不及"的中庸之道、"天下为公"的大同理想，与当今社会主义和谐社会价值观的构建具有内在契合性，敬畏天命的"天人合一"思想，制利扬义的义利观念，为仁由己的责任意识，正心修身的道德境界，等等，尽管属于"前现代"文化，具有顺从自然、群体本位、压抑个性等理论缺陷和历史局限，但经过现代转换，也可以融入后现代主义，用以弥补现代性之不足。可以看出，后现代文化是对传统文化的"否定之否定"，是站在"传统"这一原点上的对传统的理性复归。从后现代社会的发展走向来看，中华传统价值观与现代性及后现代主义的融合乃是大势所趋。

在中国传统社会，各种价值观常常是紧密结合在一起的，封建国家主要通过政治伦理化和伦理政治化的双重途径来达成对人价值观的塑造和培育。在中国古代儒家思想中，道德和政治的关系体现为前者居于主导地位，尤其是君主的道德与国家命运息息相关，德治和仁政是历代大儒因袭和发扬的治国方略，这种"道德中心论"经过历朝统治阶级采纳、运用后，在理论和实践方面日臻完善。在现代社会，世界全球化和市场化凸显了人的主体性和自身价值的同时，道德和法律的约束力大大削弱，人类的生存境遇和价值观发生了根本性改变。对于延续数千年传统之精华的中华传统价值观，如何完成创造性转化和现代化重塑，并使之注入新的活力，已成为中华文化面临的时代课题。中华传统文化蕴含着丰富的价值观，既有历史的、阶级的特殊内容，也有民族的、人类的普遍价值；既有糟粕，也有精华。

习近平同志在关于弘扬传统文化时强调要"坚持古为今用、推陈出新，努力实现中华传统美德的创造性转化、创新性发展"[1]。所谓"创造性转化"，就是指"按照时代特点和要求，对那些至今仍有借鉴价值的内涵和陈旧的表现形式加以改造，赋予其新的时代内涵和现代表达形式，激活其生命力"[2]。而"创新性发展"，就是要"按照时代的新进步新进展，对中华优秀传统文化的内涵加以补充、拓展、完善，增强其影响力和感召力"[3]。

---

① 习近平：《建设社会主义文化强国　着力提高国家文化软实力》，载《人民日报》，2014年1月1日，第1版。

② 习近平：《创造中华文化新的辉煌——关于建设社会主义文化强国》，载《人民日报》，2014年7月9日，第15版。

③ 中共中央宣传部：《习近平总书记系列重要讲话读本》，学习出版社、人民出版社2016年版，第203页。

    总的说来，中华传统价值观的现代转换，需要注意以下几个方面：

    其一，深入挖掘中国传统价值观资源。中华传统文化博大精深，其中的价值观蕴含着各个民族的心理、情感、宗教、道德、思维方式、行为方式、审美特征等。中华传统价值观创造性转化的前提是要深入挖掘传统价值观的资源，具体来说，一方面要重视中国传统价值理论研究，加强对古代传统儒家、道家、墨家、法家文化经典研读，深入梳理其所蕴含的文化精神和价值观，从中吸取精髓，使之发扬光大；另一方面是保护中华传统价值观的物质载体，要发挥传统价值观的新活力，必须要致力于传统价值"形"的保存、保护——经典文本、古迹文物、传统民俗、民间谚语、节庆忌日等文化遗产，使之继续发挥作为传统文化"形"的载体作用；而且，要善于总结传统价值中的"神"——内涵和精神，在对其进行现代性转化后融入中国特色社会主义之中，使有"神"的文化遗产更加彰显出新的生机活力。

    其二，要在辩证分析中华传统价值观中推动其完成创造性转化。在中华传统价值观的创造性转化过程中，我们既不能全盘否定，数典忘祖，妄自菲薄，搞民族虚无主义；也不能全盘肯定，照抄照搬、夜郎自大、保守守旧，大搞文化复古主义。对于那些有利于促进社会发展和民族进步的优秀价值观，可以转化为时代精神来继承。例如，《周易·象传》中"天行健，君子以自强不息"的刚健有为精神，《论语》中所提倡的见利思义、见贤思齐、舍生取义、中庸和合、内外兼修、仁爱宽恭的品质以及"士不可以不弘毅，任重而道远"的历史使命感，《孟子》中提出的"富贵不能淫，贫贱不能移，威武不能屈"的大丈夫精神及"生于忧患，死于安乐"的忧患意识，《礼记·礼运》中强调的"大道之行也，天下为公"思想等，都是可以进行现代性转换的优秀价值资源。对于那些具有时代局限，其中又含有一定的合理成分的价值观，要剔除其糟粕，汲取其有用的精神因素，使之为今所用。例如，封建社会"忠""孝"是重要的道德标准，但是"忠""孝"具有一定的阶级性和时代局限性，在当代社会中可以去掉其特定的阶级和时代内涵，将"忠"赋予"忠于职守""忠于人民和党的事业"的新内涵,将"孝"与"孝敬长辈"联系起来,这对维系国家的稳定、促进现代社会和谐仍有其借鉴意义。此外,对于那些有悖于时代发展和社会进步的价值观,则应彻底否定和抛弃。例如,封建道统的"天不变,道亦不变"的自然观,"别尊卑,明贵贱"的封建等级观等。这些观念中含有禁锢人的思想、阻碍社会进步的消极落后成分,我们应毫不犹豫地予以抛弃。

其三,处理好中华传统价值观与马克思主义价值观的融通关系。中华传统价值观与马克思主义产生的历史背景、文化渊源、历史使命、实践方式、思维方法及在当今中国社会主义现代化过程中的地位等方面存在差异,二者的冲突、碰撞在所难免,尤其是"文化大革命"中,部分人把两者对立起来,既酿成了全盘否定的"文化虚无主义"的悲剧,也使得马克思主义中国化理论止步不前。实际上,"从文化传播的规律来看,任何一种思想文化传播到一个新的民族或地区中,要为该民族或地区的人民所接受并得到发展,都必须与其社会生活和文化传统相结合"①。马克思主义与中华传统价值观之间存在互补之处,并且可以深度融合。从理论内质看,传统社会"大同"思想和共产主义社会远大理想有近似之处,都以天下为公和人类的解放为目标;从价值主体看,中华传统价值观中的"亲民、爱民、重民"思想无不与马克思主义的人学思想有相似之处,皆强调以人为本,重视人民群众在历史中的作用,体现出对人的一种终极关怀;从实践的维度看,中国传统知行观强调的知行合一、格物致知、经世致用、敢于斗争的观点与马克思主义的实践论、真理观等有相似之处,皆强调人的主观能动性,都讲辩证统一、变化日新、与时俱进;从群己义利观念来看,中华传统价值观中的"舍生取义""推己及人"思想与集体主义和为人民服

---

① 林志友:《马克思主义的三个层次与中国传统文化结合的三个阶段》,载《当代世界与社会主义》,2010年第1期,第17页。

务思想有相似之处，皆提倡先人后己、先公后私、以义导利；等等。因此，中华传统价值观与马克思主义的融合不仅必要，而且极有可能。在中国现代化过程中，一方面要以马克思主义为指导，不断推进中华传统价值观的现代转型和重塑，使之不断发展创新；另一方面，在实现中华民族伟大复兴的事业中也要不断汲取中国传统社会中的社会管理、道德教化、人格养成的价值观，从而真正凸显中国特色。

其四，处理好中华传统价值观与世界优秀文化的融通关系。价值观多元化趋势已经成为当代潮流。中华传统价值观要革故鼎新、实现创造性转化和创新性发展，既要立足于中国传统文化，采取兼收并蓄的方式汇总千百年来中华民族的优秀文化成果，也必须要走向世界，广纳西方文化之精华，汲取传统文化之精髓，在古今中外文化的碰撞、交流、融合中方能完成现代转换。具体来说，对于中华传统价值观，要有积极健康的心态，抛弃一切疑虑和偏见，做到"去粗取精、去伪存真"，努力发掘中华传统文化的精华，让一切有利于现代化建设的价值观为我所用。对外来价值观，我们既要反对"全盘西化"，也要反对因循守旧、夜郎自大的"排外主义"，而是应该采取兼收并蓄的方式，大胆汲取世界其他优秀文化的精华，做到"洋为中用"。此外，处理好中华传统价值观与世界优秀文化的关系，还必须要做到坚持"走出去"战略，增强中华传统价值观的国际传播能力、竞争能力和国际影响能力，通过文化典籍、成语典故、民间谚语、民俗风貌、人文地理、历史传记、影视作品等讲好中国故事，传播好中国声音，阐释好中国特色，提高我国文化软实力；要着眼于对中华传统文化作出全球性的价值阐释，运用中国文化智慧、阐发中国价值、提供中国方案来处理和解决当今世界面临的共同难题，全方位、多层次地深入挖掘中华传统文化蕴含的价值观，彰显中华传统价值观的独特智慧和人格魅力，增进国际社会对中华传统价值观的认知和认同。

唯有这样，中华传统价值理念才能永葆生机活力，更好地服务于社会主

义现代化实践。

五、"红色基因"的当代价值

（一）"红色基因"的解读

1. "红色"的来源

毛泽东同志说，十月革命一声炮响，给我们送来了马克思列宁主义。列宁等布尔什维克党的领导人借用红色的革命象征意义，在十月革命中打出红色旗帜。红色旗帜既代表党领导的无产阶级性质，党领导人还借用象征起义的红色标志鼓动人民起义，同时标志着他们不怕牺牲的精神。我国共产党人在学习马克思列宁主义的同时，也把红色象征革命的文化传承了下来，中国在进行革命时也将红色作为革命事业的代表颜色。因此，除了中华传统文化中红色象征团圆、喜庆的意义之外，红色又添上了一抹浓厚的政治色彩，中国共产党领导的革命战争也就被赋予了象征光明的红色力量。中国共产党坚持崇高的理想信念，坚定科学的理论指导，在红色革命战争时期凝聚了无数中国共产党人和人民群众团结的力量，坚定了前进的方向，注定了革命从胜利走向胜利的必然结果。

2. "红色基因"与革命精神

2014年4月29日下午，习近平总书记参观了新疆军区某红军师师史馆，每幅图片、每件旧物都展示了这支创建于陕甘边根据地的英雄部队光辉的战斗历史。习近平总书记叮嘱部队领导，要把"红色基因"融入官兵血脉，让"红色基因"代代相传。由此，"红色基因"这一概念逐渐得到了主流媒体和学术界的关注和重视。目前，国内学者对于红色基因有这样几种定义：刘雷认为，"红色基因是我党我军生生不息、永续发展的根本血脉，是攻坚克难、奋发进取的精神法宝，是富国强军、民族复兴的强大动力"①。姚亚平认为，"对于社会主义核心价值观来说，我们党的红色基因就是不能抛弃的传统、不能丢掉的根本"②。可见，红色基因是共产党人红色革命文化中形成的革命精神的实质。红色文化，是指中国共产党人领导中国人民在顽强斗争的革命实践中形成的革命文化。红色文化是一种崇高的精神信念文化，革命者为了实现自己的理想信念，不畏艰险和牺牲，在革命斗争中抛头颅洒热血，体现了革命意志的坚定，体现了革命信念的执着。他们以流血为常态，牺牲为光荣，用崇高的理想和坚定的信念铸就了红色文化的精神。无数无产阶级革命者在为实现共产主义远大理想而努力奋斗着，共产主义理想是无产阶级革命者崇高的追求，同时也是红色革命文化得以不断传承的精神之源。新民主主义革命时期，是以马克思主义理论为指导依据，以中国共产党为领导核心，实现民族独立、人民解放的革命斗争。毛泽东同志曾经指出，"指导一个伟大的革命运动的政党，如果没有革命理论，没有历史知识，没有对实际运动的深刻理解，要取得胜利是不可能的"③。红色革命精神的理论源头就是马克思主义理论，因此，革命精神的本质就是坚定马克思主义中国化的理论指导，形成全心全意为人民服务的宗旨目标、自力更生艰苦奋斗的行事作风和爱国爱人民的高尚情感。它汇集了中国智慧的马克思主义理论和中华传统文化的精髓并逐渐形成了中国特有的革命理论和精神内涵。它是共产党理想信念的方向指引，是科学的共产主义信仰。

中国共产党领导的新民主主义革命，就是为了实现反帝反封建的任务，实现民族独立和人民解放的革命运动。所以，以当时的形势来讲，中国共产党必须进行革命去推翻三座大山，解放全中国。或者说，由于近现代以来中华民族所遭受的欺辱，要推翻原有的统治阶级就必须通过革命来实现。正如

---

① 刘雷：《传承红色基因是战略工程》，载《人民日报》，2014年11月9日，第6版。

② 姚亚平：《传承红色基因滋养精神家园》，载《人民日报》，2015年2月15日，第5版。

③《毛泽东选集》（第二卷），人民出版社1991年版，第533页。

马克思所言："无论为了使这种共产主义意识普遍地产生还是为了实现事业本身，使人们普遍地发生变化是必需的，这种变化只有在实际运动中，在革命中才有可能实现；因此，革命之所以必需，不仅是因为没有任何其他的办法能够推翻统治阶级，而且还因为推翻统治阶级的那个阶级，只有在革命中才能抛掉自己身上的一切陈旧的肮脏东西，才能胜任重建社会的工作。"①为此，中国共产党进行了一系列为了民族独立和人民解放的革命斗争，由此所产生的一系列革命精神就是一代又一代中国共产党人传承的基因，是指引共产党人带领中国人民从胜利走向胜利的重要法宝。中国共产党在新民主主义革命的不同时期形成了井冈山精神、长征精神、延安精神和西柏坡精神。井冈山精神是中国革命精神的源头，是中国革命精神的基础。井冈山精神产生于土地革命时期，这一时期是中国共产党走向成熟的时期，也是毛泽东思想开始形成的时期，坚定了"星星之火，可以燎原"的理想信念，走出了井冈山求实创新的革命道路，形成了党在革命中艰苦奋斗的行事作风。在井冈山精神基础上又继承和发展了中国共产党的许多革命精神，红军长征是人类历史上的壮举，是一座不朽的历史丰碑。习近平总书记在2016年10月21日的纪念长征胜利80周年活动中有这样几点深刻的论述：长征精神"就是为了救国救民，不怕任何艰难险阻，不惜付出一切牺牲的精神；就是坚持独立自主、实事求是，一切从实际出发的精神……就是紧紧依靠人民群众，同人民群众生死相依、患难与共、艰苦奋斗的精神"②。长征精神体现了井冈山精神中所包含的坚定信念、实事求是、艰苦奋斗等优秀品质的继承和发扬。同样，延安精神中所包含的自力更生、艰苦奋斗，无疑是对以井冈山精神为源头的中国共产党革命精神的继承和发展，这一时期也是毛泽东思想走向成熟的时期。再到后来的西柏坡精神，经历了中国革命从新民主主义革命到社会

---

① 《马克思恩格斯文集》（第一卷），人民出版社2009年版，第543页。

② 习近平：在纪念红军长征胜利80周年大会上的讲话，http://www.xinhuanet.com//politics/2016-10/21/c_1119765804.htm。

主义革命的转变，西柏坡精神的基本内容包括：敢于斗争，敢于胜利；实事求是，与时俱进；严守纪律，军民一致；谦虚谨慎，艰苦奋斗。从总体来看，井冈山精神是中国革命精神的源头，长征精神、延安精神以及西柏坡精神就是对井冈山精神的继承、发展和丰富。中国革命精神产生于新民主主义的革命斗争时期，但它的价值绝不仅仅局限于流血牺牲的斗争时期，革命精神在时代中发展，融合了传统文化的精髓，丰富了民族精神。到21世纪的今天，仍然是中国共产党和全国各族人民工作和生活所需要继承和发扬的优秀精神。革命精神中所体现出的中国共产党人实事求是的思想路线、为人民服务的宗旨目标以及自力更生、艰苦奋斗的行事作风就是中国共产党人的精神内核，是中国共产党人的崇高信仰，是团结中华民族的精神支柱，塑造了一代又一代中华儿女艰苦奋斗、勤劳勇敢、乐于奉献的优秀品格。

（二）"红色基因"是否过时

时代发展到21世纪的今天，世界主旋律转向和平外交和互利共赢的发展趋势。流血牺牲的红色革命时代已经成为过去，国家的发展也不再主要倚靠枪杆子，取而代之的是各国间的经济、政治、科技、文化的深度交流，互利共赢的和平外交。那这是否代表流血牺牲时代产生的革命精神就过时了呢？答案显然是否定的。历史证明，革命精神不是一成不变的，每一个时期的革命精神都在不断传承和发展。

1. 社会主义建设初期

这一时期我国着手恢复生产搞经济建设，社会主要矛盾发生变化，毛泽东同志明确地指出，"在社会主义社会中，基本的矛盾仍然是生产关系和生产力之间的矛盾，上层建筑和经济基础之间的矛盾"，"正是这些矛盾推动着我们的社会向前发展"[1]。虽然社会矛盾发生了变化，但毛泽东同志仍然强调要

---

[1] 毛泽东：在中国共产党第八届中央委员会第二次全体会议上的讲话（1956年11月15日）。

将革命精神继续发扬下去，"我们要保持过去革命战争时期的那么一股劲，那么一股革命热情，那么一种拚命精神，把革命工作做到底"①。毛泽东同志强调无论是革命战争时期还是和平发展时期，新中国都要秉承革命精神。所以，在社会主义革命和建设时期的革命精神不断创新和发展，具体表现为"两弹一星"精神、铁人精神、焦裕禄精神和雷锋精神等。

2. 改革开放新时期

邓小平同志在1985年3月在谈及改革的性质时曾指出："改革是中国的第二次革命。"改革开放是发展中国特色社会主义和实现中华民族伟大复兴的必然选择，只有改革开放，才能发展马克思主义，才能发展社会主义，才能发展中国。不让姓资姓社束缚住思想和手脚，秉承实事求是、脚踏实地的精神推动改革的发展，革命精神推动中国向富强民主文明的现代化社会主义国家稳步前进。在这个新时期形成了载人航天精神、抗洪精神、抗非典精神等，这些不同时期的红色革命精神共同构筑成了红色基因，丰富红色革命精神的同时又具有时代的特殊性。这些精神既是对红色革命精神的继承，又体现出新的时代内容，共同构筑了新时期社会主义的灵魂，推进新时期社会建设和发展。历史证明，中国革命精神所凝结成的红色基因仍然是今天中国共产党行事作风的标尺，其精髓是中国共产党人继承和发扬的重要内容，是广大人民群众追求崇高的标准。

3. 中国特色社会主义新时代

党的十九大报告明确指出，"中国特色社会主义进入新时代，我国社会主要矛盾已经转化为人民日益增长的美好生活需要和不平衡不充分的发展之间的矛盾"②，虽然我国已经进入了中国特色社会主义的新时代，但是我国处于社会主义初级阶段的基本国情并没有改变，实现中华民族伟大复兴还有很长

① 《毛泽东文集》（第七卷），人民出版社1999年版，第285页。

② 习近平：《决胜全面建成小康社会 夺取新时代中国特色社会主义伟大胜利》，人民出版社2017年版，第11页。

的路要走，仍然要"继承革命文化，发展社会主义先进文化，不忘本来、吸收外来、面向未来，更好构筑中国精神、中国价值、中国力量，为人民提供精神指引"①。和平时代的今天，中国共产党人更要不断提高自身素质，坚定立场，要牢记共产党人的宗旨和使命，廉洁奉公、实事求是、艰苦奋斗，为人民群众做出表率。中华儿女要团结一致，将共产党人的优秀精神品质传承下去。在今天世界和平发展的主旋律中，不再以为祖国、为民族流血牺牲为主要爱国标志，党员干部廉洁奉公就是红色基因的传承与发展，人民群众脚踏实地地工作，助人为乐，不畏困难，艰苦奋斗就是红色基因的具体体现。习近平总书记还强调："实现伟大梦想，必须进行伟大斗争。社会是在矛盾运动中前进的，有矛盾就会有斗争。……全党要更加自觉地坚持党的领导和我国社会主义制度，坚决反对一切削弱、歪曲、否定党的领导和我国社会主义制度的言行；更加自觉地维护人民利益，坚决反对一切损害人民利益、脱离群众的行为；更加自觉地投身改革创新时代潮流，坚决破除一切顽瘴痼疾；更加自觉地维护我国主权、安全、发展利益，坚决反对一切分裂祖国、破坏民族团结和社会和谐稳定的行为；更加自觉地防范各种风险，坚决战胜一切在政治、经济、文化、社会等领域和自然界出现的困难和挑战。全党要充分认识这场伟大斗争的长期性、复杂性、艰巨性，发扬斗争精神，提高斗争本领，不断夺取伟大斗争新胜利。"②因此，中国共产党仍需继续领导人民进行伟大斗争，继续发扬艰苦奋斗、不畏牺牲、实事求是的革命精神对于今天的中华儿女有着重要的指导意义，同时对于建设中国特色社会主义精神文明有着重要的意义。

习近平总书记在治国理政的实践中，他的足迹遍及亚洲、欧洲、非洲、

---

① 习近平：《决胜全面建成小康社会 夺取新时代中国特色社会主义伟大胜利》，人民出版社2017年版，第23页。

② 习近平：《决胜全面建成小康社会 夺取新时代中国特色社会主义伟大胜利》，人民出版社2017年版，第15、16页。

北美洲、南美洲和大洋洲，参加金砖国家领导人会议、二十国集团（G20）峰会等国际会议，积极促进"一带一路"的国际合作，坚持打开国门搞建设。由此我们可以看出，如今正是中国与世界各国积极合作、互利共赢的新时代和平外交时期。但是，流血牺牲的红色革命时代所传承下来的红色基因仍然是当下中华民族继承和发扬的优秀文化，仍然是今天中国人要发扬的优秀品质。和平年代不一定非要流血牺牲，每个人在群众中的点滴奉献就是中华儿女对于红色基因的良好继承和发扬。红色基因是传承和发展着的马克思主义的一部分，红色基因所包含的精神内涵丰富了中华民族优秀的传统精神，与社会主义核心价值观具有高度的统一性，是社会主义核心价值观的重要精神来源，对于个人的发展具有重要的意义，是社会主义精神文明建设的强大动力。新时期的党和人民仍然要坚持革命精神的优秀品质及优良作风。现如今，中国已经成为世界上最大的发展中国家，我们依然能够认清我国仍然处于社会主义发展的初级阶段的事实，仍然坚定不移地走马克思主义中国化的道路。

（三）"红色基因"的当代价值

1. 有利于共产党人坚定理想信念，发扬党的优良传统

红色基因所代表的革命精神的实质是共产党人坚定理想信念最根本的精神来源。回顾过去的革命时代，一批又一批的共产党人抛头颅洒热血，为实现民族解放、中华复兴作出了重大的个人牺牲。新民主主义革命时期，中国共产党人不图名利，不计较个人得失，只为实现民族独立、人民解放的理想，不畏流血牺牲，肩负起了中华民族的伟大复兴的重任。他们的优秀意志品质丰富了当代党员干部的精神内涵，当代共产党人应将这种百折不挠、艰苦奋斗、不畏艰险、无私奉献的优秀基因传承下去。身处和平年代的共产党人更应该珍惜现在的美好生活，牢记党的宗旨，全心全意为人民服务。在建设社会主义现代化的关键时期，要求共产党人继续保持革命战争时期吃苦在

前、享乐在后的优良作风，在工作中保持着无私奉献的革命精神，切实落实好以人民为中心的工作标尺。习近平总书记在庆祝中国共产党成立95周年大会上指出："我党作为执政党，面临的最大威胁就是腐败。反腐倡廉、拒腐防变必须警钟长鸣。各级领导干部要牢固树立正确权力观，保持高尚精神追求，敬畏人民、敬畏组织、敬畏法纪，做到公正用权、依法用权、为民用权、廉洁用权，永葆共产党人拒腐蚀、永不沾的政治本色。"①要求中国共产党进一步提高党风廉政建设，高度保持党的先进性和纯洁性。身处幸福美好生活中的中国共产党人仍需要继续发扬革命先烈光荣传统，革命精神传达出来的共产党人高度纯洁、艰苦奋斗、无私奉献、不畏困难的精神是必须继承和发扬的。要求全体共产党人树立坚定崇高的理想信念，坚持科学的理论指导，廉洁秉公执法，接受群众监督，全心全意为人民服务，凝聚人民群众的力量，为实现中华民族伟大复兴而艰苦奋斗。

2. 有利于社会主义精神文明建设，强调社会主义核心价值观

社会主义精神文明建设必须坚持以马列主义和毛泽东思想为指导，坚持中国共产党的领导，坚持正确的政治方向，坚持四项基本原则，坚持以中国特色社会主义为共同理想。社会主义精神文明是中国特色社会主义的重要特征，我们要建设物质文明和精神文明都高度发达的现代化强国。改革开放以来，中国共产党历代领导人反复强调物质文明和精神文明"两手抓，两手都要硬"，两个文明都高度发达才是中国特色社会主义。革命精神的优秀内容有助于完善人们的思想，传递爱国主义精神及个人奉献精神，同时丰富着中华民族精神。我们同时有必要将不畏艰险、艰苦奋斗、无私奉献、助人为乐等革命精神融入教育图书中，从人成长的各个阶段渗透和传递优良的红色精神。新时期，传承和发展红色基因内涵是发展先进文化、弘扬民族精神以及提高国民素质的需要，是建设社会主义精神文明建设的强大动力。马

---

① 习近平：《在庆祝中国共产党成立95周年大会上的讲话》，载《人民日报》，2016年7月2日，第2版。

克思指出："人们创造自己的历史，但他们并不是随心所欲地创造，并不是在他们自己选定的条件下创造，而是直接碰到的、既定的、从过去继承下来的条件下创造。"①同样，红色基因文化与中国传统文化有着高度的统一性，中国共产党在革命斗争中汇集了马克思主义理论和中国传统文化，形成了中国传统文化与马克思主义科学指导为一体的革命文化精神。中国特色社会主义精神文明建设的根本任务是适应社会主义现代化建设的需要，培育有理想、有道德、有文化、有纪律的社会主义公民，提高整个中华民族的思想道德素质和科学文化素质。红色基因所传播的革命精神的实质，对于塑造人们的世界观、价值观和人生观有着不可或缺的作用，同时与中华民族传统文化共同推动人们思想道德素质和科学文化素质的发展。革命精神也反映出共产党人的优良作风和优秀品质，为广大人民群众树立优秀榜样，有助于共产党人树立先进的领导形象。红色基因是中国共产党坚持共产主义为理想信念的灵魂，是构建社会主义核心价值观的内容指引。中国共产党强调红色基因传承的过程，也就是对社会主义核心价值观强调和指引的过程。

3. 有利于实现中华民族伟大复兴，实现伟大的中国梦

我国社会主要矛盾已经转化为人民日益增长的美好生活需要和不平衡不充分的发展之间的矛盾。我们在实现全面建成小康社会的决胜阶段依然能够坚持实事求是、脚踏实地的优良作风，仍然清晰地认识我国目前仍然处于社会主义初级阶段的基本国情，是我党对于红色基因精神的高度传承。新时代中国特色社会主义思想是对马克思列宁主义、毛泽东思想、邓小平理论、"三个代表"重要思想以及科学发展观的继承和发展，是全党全国人民为实现中华民族伟大复兴而奋斗的行动指南。红色基因是优秀的红色文化的精髓，是党领导的中国特色社会主义建设中必须继承发扬的传统。实现伟大的中国

---

① 《马克思恩格斯选集》（第一卷），人民出版社1986年版，第603页。

梦，不仅是中国人实现富强的中国梦，也是国家发展成世界强国的必然要求。青年是实现中华民族伟大复兴的新生力量，习近平总书记强调弘扬革命精神的主体是青年，"中国共产党从来都把青年看作是祖国的未来、民族的希望，从来都把青年作为党和人民事业发展的生力军，从来都支持青年在人民的伟大奋斗中实现自己的人生理想"[1]。虽然今天的广大青少年并没有直接经历中国革命发展历程，也不能切身体验过往生活，但是以井冈山精神、长征精神、延安精神等为代表的红色革命精神所表现出的中国共产党人的顽强拼搏、不怕牺牲、艰苦奋斗的精神气魄，仍然是塑造一代又一代勤劳智慧、坚强勇敢的中华儿女的重要法宝，引领今天的中国人为了国家昌盛、民族富强而不懈努力奋斗。

红色基因的继承和发展具有强大的文化功能，不仅有利于马克思主义在中国的传播和发展，也有利于完善和加强党的思想建设工作。习近平总书记在党的十九大开幕式上宣布了大会主题："不忘初心，牢记使命，高举中国特色社会主义伟大旗帜，决胜全面建成小康社会，夺取新时代中国特色社会主义伟大胜利，为实现中华民族伟大复兴的中国梦不懈奋斗。"[2]传达了总书记对于全党今后工作的方向指引。不忘初心，就是要坚持中国共产党的领导和不断创新发展的革命精神，这里说的革命精神就是坚持对红色基因的继承和发展，要求全党牢记初心和使命，坚持走社会主义伟大道路，与人民群众共同命运，共同建设祖国，斗志昂扬，引领一代又一代中华儿女为了中华民族的伟大复兴而坚强自立、坚持梦想、勇往直前，共同为实现中华民族伟大复兴的中国梦而努力奋斗。

---

① 习近平：《在同各界优秀青年代表座谈时的讲话》，载《人民日报》，2013年5月4日。

② 习近平：《决胜全面建成小康社会　夺取新时代中国特色社会主义伟大胜利》，人民出版社2017年版，第1页。

/ 第三章 /

美好生活

作为现代中国人生存理想的中国梦

一、"复兴之路"展览寓意着什么

"中国梦"是习近平总书记参观"复兴之路"系列展览根据新时期中国发展的新阶段，站在历史的角度带着责任感所提出的。"复兴之路"对当代中国人充满深刻寓意和警示作用。"实现中华民族伟大复兴，就是中华民族近代以来最伟大的梦想"，习近平总书记指明这个梦想是可以实现的。中国梦的提出时刻提醒着我们牢记历史、不忘初心、继续奋斗。中国梦归根结底是人民的梦，是人民总结过去的教训，对美好未来的深深向往。绝不仅仅是口号，而是确确实实存在的。"中国梦不是镜中花、水中月，不是空洞的口号，其最深沉的根基在中国人民心中，必须紧紧依靠人民来实现。"①人民群众是一个历史范畴。人民是历史的创造者，是从事社会生产的主体。尽管英雄人物在中国历史上发挥了带头作用，但人民永远是创造历史的主体。同时，中华民族有其自身的发展脉络以及发展规律。从夏代开始中华民族经历了奴隶社会、封建社会、资本主义社会直到社会主义社会。我们的历史道路虽然是曲折的，但是从未间断过。相比于世界其他大国文明，都经历过文明的灭亡，历史学界认为中国文明的延续有地理位置的因素，亚洲东部受外界干扰较小。但这只是一部分原因，真正的原因在于中华文明强大的"外化"作用。这种潜移默化的作用使不同的文化接受中华文明的熏陶，深深烙下中华的烙印，既兼各民族所长，又可以团结不同民族朝着中国梦的实现而努力。无论内外部因素如何变化，中华民族精髓不会变，中华民族的气节也不会变。中华民族是一个具有创造性和逆境之中奋起抗争、锐意进取的民族。在历时五千余年的历史长河中，不管是朝代更迭还是外来侵略，中国人民不断地创造自己的历史、克服重重困难、传承自己的民族精神。上古时期流传下来的"精卫

---

① 《习近平总书记系列重要讲话读本》，学习出版社2016年版，第5页。

填海""夸父逐日"等到今天的"铁人精神""工匠精神"等，都是我们民族为了屹立于世界民族之林生生不息的写照。回忆过去，展望未来，我们更应该铭记史实，不忘初心，砥砺前行。

习近平总书记在"复兴之路"展览时用三句诗词概括中华民族的发展脉络规律："雄关漫道真如铁""人间正道是沧桑"和"长风破浪会有时"。可以高度地概括为三个阶段："民族危难的警示""民族振兴的反思""民族希望的梦想"。以下对这三个阶段进行高度分析来完成对"复兴之路"寓意的解读。

（一）民族危难的警示

"落后就要挨打"这句话评价中国近代史十分贴切，对于中华民族来说，是一个个不堪回首的耻辱。以1840年作为中国近代历史的开端，《南京条约》的签订标志着中国进入了半殖民地半封建社会。封建基础第一次受到冲击，天朝上国的美梦变成泡影，泱泱华夏此刻从美梦中惊醒，发现世界已经不是高傲自居、以我为中心的世界。中国已经落伍。传统社会矛盾发生变化，此时主要矛盾为中华民族和帝国主义的矛盾。新的社会矛盾逼迫中国人民奋起抗争，将不合乎时代潮流的东西淘汰掉。封建旧事物的灭亡是需要一定过程的，新事物是必然产生的，而且不是一帆风顺的，前进的道路是曲折的、光明的，是可以实现的。中国人民开始100余年的抵制外国武装侵略，争取民族独立的斗争。在选择方向上，知识分子为中国选择道路所进行的探索没有间断过。从"师夷长技以制夷"学习西方器物到学习西方资本主义制度，从洋务运动到戊戌变法，不断进行大胆尝试，无数仁人志士不畏牺牲、不畏困难，大刀阔斧地改革，希望从西方世界寻求拯救中国的法子。改革并不是革命，统治阶级和帝国主义始终不会放弃自身利益，温和妥协是无法实现质的飞跃的。马克思认为只有暴力革命才是唯一手段。在一次次失败中以及八国联军侵华战争中，中华民族面临着亡国灭种的危险。外无主权内无统一，清政府对内统治无效对外俯首称臣。帝国主义不仅从中国进行大量的资本输出，还要完全瓜分中国，社会矛盾进一步激化，民族危机进一步加深，统治阶级清政府已经放弃对外国侵略的抵抗。此时中华民族的普遍民族意识觉醒，革命已如箭在弦上，一触即发。孙中山领导的辛亥革命虽然推翻了两千多年封建专制统治，但是很大的局限性在于仅仅赶跑一个象征性的皇帝，各地军阀一时间纷纷拥兵自重，中国半封建半殖民地的性质依然没有变，外来资本的侵略变本加厉。袁世凯复辟、张勋复辟、护法战争使知识分子陷入了绝望。资本主义道路在落后的中国行不通。资产阶级的软弱性和局限性并不会救劳苦大众于水火，反而让国家情况更加复杂。无产阶级领导的五四运动是新旧民主主义革命的连接点，马克思主义思潮在中国蓬勃兴起，也是无产阶级走向历史舞台的重要标志。1921 年，中国共产党的成立是一件开天辟地的大事件，标志着中国革命焕然一新，预示着中国的未来和希望。此后的30 多年里，在马克思主义指导下的中国共产党证明，走社会主义道路是行得通的，是中国共产党将希望的种子播撒在中华大地上，带领着人民一步一步走向辉煌。

处于萌芽期的中国共产党，发展并不是一帆风顺的，尽管前途道路是光明的，但是过程是曲折的。国共合作的大革命时期，毛泽东科学地分析了当时中国国情、阶级状况，正确地认识自己、认识敌人，指出："一切勾结帝国主义的军阀、官僚、买办阶级、大地主阶级以及附属于他们的一部分反动知识界，是我们的敌人"。①正确地认识世界是改造这个世界的前提，中国共产党人对时局的认识是建立在理性认识基础上的，由于认识的主体不同，感性认识变成理性认识的过程因人而异。细化来说，是"接受—分析—质疑—批判—最终接受"的过程。共产党人对于客观事物的认识是具有选择性的，是会用实践去理解和证实的。无论是感性还是理性认识都是建立在实践基础上的。毛泽东对于当时的社会阶级分析是在目睹中国阶级状况和领导秋收起

---

① 《毛泽东选集》（第一卷），人民出版社 1991 年版，第 9 页。

义、井冈山革命等实践之中得出来的，是经过实践检验证实的理性认识。如果建立在"经验主义""教条主义"上，脱离实践谈认识，这样的认识往往是初级的、肤浅的、危险的。"胡子眉毛一把抓"、放弃大革命领导权、把希望寄托给右翼国民党、完全遵从共产国际领导，革命必然失败。"主体既可能'真确地'再现了对象，也可能'错误地'再现了对象。在认识论中提出'真'的问题，是对'映像'是否符合'对象'的追问"①。这里所谓的"真"，是中国共产党人对客观对象认识的真实性，是对过去革命年代失误的真理性认识。认识主体是否能认识客体或者在客体上正确发挥主观能动性，这是认识主体对客体认识的"映象"可不可以指导中国革命实践的问题。如果不经过实践的一部分共产党人所得出的客观"映象"来自共产国际领导或者纸上谈兵的经验，那么后果不堪设想。"更重要的还须表现于从理性的认识到革命的实践这一个飞跃……必须把它再回到改造世界的实践中去，再用到生产的实践、革命的阶级斗争和民族斗争的实践以及科学实验的实践中去。"②要想得到革命的真理，往往一次实践是不够的，要经过实践、认识、再实践、再认识一系列反复论证过程才能得到。如果没有及时纠正错误、省察自身，比如党和军队领导权问题：共产国际的领导、李德指挥红军等不结合中国实际，如果没有遵义会议重新确立领导权问题，成长期的中国共产党会被反动势力消灭的。这里有一点需要注意的是，谬误不会自动转化成真理，是人为主体性因素起了主导作用。如果没有正确发挥主观能动性，革命就会被扼杀在摇篮里。以毛泽东为首的中央领导层审视时局，一次一次拯救了中国共产党，拯救了中国革命。

　　纵观中国近现代史，落后挨打，民众生灵涂炭。在世界近代资本主义发展浪潮中，中国闭关自守，对内统治阶级歌舞升平，对外国力积弱，被迫被

---

① 孙正聿：《哲学通论》修订版，复旦大学出版社2005年版，第156、157页。
② 《毛泽东选集》（第一卷），人民出版社1991年版，第292页。

武力打开国门。政治上，统治阶级专制腐朽不堪，对人民压迫比以往任何时代都要强烈，社会矛盾激化，割据战争，民众起义，政治体制支离破碎，没有强大统一领导。文化上，文化落后，民众愚昧，封建王朝统治后期直到民国建立，强力推崇孔学、尊孔复古，强调礼让、中庸而治，更加让帝国主义得寸进尺，民众不服封建统治，统治阶级到了崩溃的边缘。民众封建思想浓厚，新思想、新的救亡图存方法很难被大众认可，保守派的阻挠，等等。基于以上的警示，我们应该把历史回忆融入忧患意识。即使我们在和平年代也要拥有这样的意识，不是没有了战争没有了压迫中国人民就能过上好日子，忧患意识应该时刻警醒自身。在高速发展的今天，外国资本主义势力依然对我国虎视眈眈，文化渗透、敌对势力、领土之争、大国支持的边疆恐怖组织等，这些都是对我党和国家的考验。面对新时期新问题，我们应该将忧患意识转为奋发之志，立足当下展望未来。"天下兴亡，匹夫有责"，青年应自觉把国家大任上升为己任，不负重托，牢记使命。

（二）民族振兴的反思

在废墟之上建立的新中国是极不平凡的，它完成了近代以来的重要历史任务，赶走了帝国主义，党和人民取得最终胜利。但这也只是实现民族振兴的第一步。内部百废待兴、一穷二白，近百年来的战争和灾难使中华民族奄奄一息；外部两极格局争锋，帝国主义经济政治封锁，敌对势力阻挠颠覆。在夹缝中生存的新中国，为了实现国家富强、民族振兴这个历史任务，对国家社会治理经验还不是很充足的中国共产党开始了近30年的苦苦探索。这期间我们收获了经验，也遇到很多问题。

在经济方面，土地改革消灭了两千多年来的封建土地所有制，建立合作社制度，把全国人民力量汇聚一起搞经济建设。最后通过三大改造和制订"一五"计划，我们正式步入社会主义国家，为新中国未来建设开辟了道路，也为中国特色社会主义制度创新和发展提供了重要物质条件。政治上，颁布

1954年《宪法》，把中华人民共和国成立后党对国家政治建设的成果用法制的武器捍卫起来，确立我国根本的政治制度。文化上，坚持"双百方针"，各种文化活动蓬勃发展。外交上，坚持"一边倒"政策，在外交上不得不依靠社会主义阵营，并坚持独立自主外交方针。所有的这些措施都是在新中国内外交困的环境下实施的，中国共产党是一个不断创造奇迹的党，是一个把理论实实在在变成实践的党，新中国穿过了外在势力封锁，在夹缝中顽强生存下来，形成了属于中国的社会主义道路。这显示了马克思主义政党内在顽强的生命力和策略性精神。老一辈共产党人对社会主义建设道路初步探索的启示是多方面的。

1. 马克思主义和中国实际结合，探索中国特色社会主义建设道路。实践证明，这条路是正确的。我们必须将马克思主义与中国国情相结合，运用其立场、观点、方法解决中国实际问题。从实际出发探索社会主义发展，发展规模与综合国力相适应。由于我们急于建成共产主义，忽视国家现实情况，轻易地发动了"大跃进"。"大跃进"的教训告诉我们应该以科学的态度，符合中国实际情况进行建设，反对冒进主义、急于求成。

2. 加强政治法制和党的建设，政治法制发展是确保国家长治久安的根本，党的建设是永葆党的先进性的要求。

3. 坚持对外开放，不能闭关搞发展，吸收借鉴优秀文明成果。一味照搬苏联模式发展，就很容易走进"死胡同"。睁开眼睛看世界，与时俱进，走出国门，选择符合我们实际的发展方式，是我们国家繁荣富强的必要条件。

"文化大革命"是我们探索过程中又一次失误。这10年间，资本主义国家经济再次腾飞，而我们的经济政治文化建设趋于停滞。"文化大革命"这10年给党和国家造成的损失是无法估量的。我们可以从这次错误之中吸取经验和教训。"一个人只要做工作，没有不犯错误的……马恩列斯都犯过错误，如果不犯错误，为什么他们的手稿常常改了又改呢？"[①]这些党内错误从内在

---

① 《邓小平文选》（第二卷），人民出版社1994年版，第38页。

说，在社会主义初级建设取得一定成果时，我们对马克思主义的错误理解，把马克思主义教条化，没有深刻理解马克思主义中国化的精髓。我们急于建成高级的社会主义，显示社会主义的优越性。党在革命战争年代所存在的武装斗争的意识没有消除，错误地把阶级斗争作为国家的纲领。从外在说，中苏关系交恶，苏联修正主义对中国影响，资本主义国家对华加强封锁，我们不得不把视线停留在国内。历史的经验教训告诉我们，首先要明确"什么是社会主义""怎样建设社会主义"这个命题。我们党在"大跃进"后，"左"倾错误没有解决，对社会主义探索和马克思主义中国化结合出现失误，惨痛的历史教训警示世人一定要审视当前环境，发现问题迅速解决，不能把问题扩大化，要有把问题解决彻底的意识，并时刻反思过去的错误，杜绝再次犯错。其次要认识到社会主义建设时期的生产力和生产水平远远无法达到共产主义水平、民主政治建设不成熟。这些现实条件制约着我们的发展水平，短时间内实现高层次的社会主义便不可能。

"在一个很长的历史时期内，社会主义国家生产力发展的速度比资本主义国家慢，还谈什么优越性？我们要想一想，我们给人民究竟做了多少事情呢？我们一定要根据现在的有利条件加速发展生产力，使人民的物质生活好一些，使人民的文化生活、精神面貌好一些。"[①]1978年党的十一届三中全会以后，我们把工作重心放在了经济建设上，彻底纠正了"左"倾思想，使我们党的思想组织、路线方针在马克思主义的正确指导下重新走上正途。

4. 改革开放这40年的问题。改革开放发展到现在的40年间，我们比过去有了一个质的飞跃。这个质的飞跃在于，我们相比于过去的经济政治文化社会建设都有了显著成效。中国这头沉睡的狮子醒了过来，作为世界的强国在国际事务中发挥越来越重要的作用。虽然国家在发展、时代在进步，但是社会问题越来越突出，社会风气、社会公平、特殊群体利益、区域发展水平

---

① 《邓小平文选》（第二卷），人民出版社1994年版，第128页。

不均衡等问题越来越突出。我们必须面对这些问题，提出解决方案。如果忽视或不去解决，只是埋头于生产发展建设，必将重蹈历史的覆辙，形成新的社会矛盾，最终导致积重难返。

（1）加强经济建设，深化警惕意识

经济发展使中国人民富裕了起来。不珍惜改革开放成果，彰显个人自由主义的问题突出，相当一部分的社会阶层，包括许多党员干部，都被物质化的社会迷惑，人们不断追逐物质上的享乐，追求感观上的极限，把先辈们节俭创业的美德抛在脑后。长此以往，民族将丧失发展的动力。所以，在舒适的环境下，我们应该更加警惕，把居安思危转变成一种向前的意志。把国家大任视为己任，不是有了成绩就停留在原地，而是继续向前，继续奋斗。

（2）坚持中国特色社会主义制度

中国特色社会主义制度包括特色社会主义经济制度和特色社会主义政治制度。我们现有的经济制度是国家富强的制度保障，只有经济搞上去，国家富强了，发展才成为可能。所以，坚持中国特色社会主义经济制度是十分必要的。中国特色社会主义政治制度是我们国家长治久安的保证。历史证明，坚持党的领导是当代中国取得一切发展成就的成功经验，也是我们开拓中国特色社会主义事业须臾不可动摇的根基和原则。

（3）加强道德法制建设

随着社会主义市场经济的发展，社会问题也在不断突出。在"利益至上""金钱至上""自我膨胀""责任推脱"的不良社会风气引导下，人们对于当代价值观的审美出现了扭曲。问题的根源在于社会意识的发展没有跟社会存在同步。经济实力搞上去了，但是社会大众的认识没有与时俱进，造成社会浮躁。这些问题的出现，究其根本，是法律的权威没有落实，道德没有深入人心。法乃公器，应使公众生敬畏心。法律也应该与时俱进，不断完善。全社会学习用法、守法、尊法、懂法，既是对公众的约束，也是良好社会秩序的保障。德润人心，道德是潜意识的法律，指导社会成员行为的准则。社会主义核心价值观和核心价值体系需要时时刻刻被社会大众牢记。普及全体社会成员的道德教育是必要的。法制和道德并行，道德触及不到的地方，法律作为补充，法律空缺的地方，需要道德的润化。二者缺一不可。

（三）民族希望的梦想

长风破浪会有时。进入21世纪以来，我们国家发展进入了一个新的高度。中国已经站在了历史发展的机遇期。昨天，我们从近代史的屈辱之中走出来，建立了新中国，完成了民族解放的伟大历史任务第一步。社会主义建设时期和改革开放这几十年，我们不断朝着民族振兴的目标迈进。"改革是一个国家、一个民族的生存发展之道。""改革开放只有进行时，没有完成时。""现在推进改革的复杂程度、敏感程度、艰巨程度，一点都不亚于30多年前。"①随着党的十八大召开，这5年中，我们在各个领域实现了伟大的成就：经济上的供给侧结构性的改革、经济发展新常态等，政治上"四个全面""三严三实"等，新时代中国特色社会主义新文化、"工匠精神"等；科技上，"蛟龙""天眼""高铁""天宫"等重大突破。所有的这些让世界各国对中国刮目相看。中国已经今非昔比，大国风范、大国科技、大国力量，中国逐渐成为世界瞩目的焦点，不断承担世界友好和平发展的责任。对于中国的崛起，戴着有色眼镜的国外政客认为，中国是随着近代屈辱史之中强大的，结果必然对世界构成威胁。"强则霸""霸则侵"，这是以往资本主义国家所走的老路。显然这是给中国贴上了硬性标签，这明显是一种错误认识。邓小平在这里作出解释："问题是将来我们发展了，搞不搞霸权主义。朋友们，你们都比我年轻，你们是可以看到的，到那个时候，如果中国还是社会主义国家，就不能实行霸权主义，仍然属于第三世界。"②中国是一头温和的狮

①《习近平总书记系列重要讲话读本》，学习出版社2014年版，第68页。

②《邓小平文选》（第二卷），人民出版社1994年版，第112页。

子。习近平总书记提出的"一带一路"倡议、人类命运共同体、亚投行等粉碎了西方国家的"阴谋论"。对于大国强权政治、局部地区不稳定、国际边缘化问题，习近平同志提出："中国是现行国际体系的参与者、建设者、贡献者，是国际合作的倡导者和国际多边主义的积极参与者。要推动全球治理理念创新发展，积极发掘中华文化中积极处世之道和治理理念同当今时代的共鸣点，努力为完善全球治理贡献中国智慧、中国力量。"[①]对于国际上某些不友好的声音，中国用实际行动粉碎了这些谎言，证明了中国现在不仅富了起来，而且正在强大起来，愿意为世界的发展承担中国责任，愿意帮助其他发展中国家。世界的焦点从西方转到中国，在世界经济发展疲软和缓慢的情况下，世界人民惊愕于中国的快速发展，无论从生活水平、社会治安还是精神追求等已经不断超越某些发达国家。不管外界怎样看待我们，我们现阶段仍然是社会主义初级阶段，如果说社会主义是共产主义的初级阶段的话，我们现在的水平可以说是初级阶段的初级阶段。我们在未来仍有很长的发展之路需要走，更应该未雨绸缪，不是有了成绩就可以沾沾自喜的。作为新时代的中国人，更应该勉励自身，为国家更富强奉献出一份自己的力量。

（四）不忘初心，砥砺前行

以铜为镜，可以正衣冠；以史为镜，可以知兴替；以人为镜，可以明得失。历史总能给后人以启迪和明鉴。"复兴之路"系列展览为我们重温过去艰难历史，展望民族未来提供了一个直观的途径。让中国人牢记过去的历史，不忘记为了民族独立而流血牺牲的老一辈共产党人的坚定意志，把时代赋予我们的使命在脑海中深深地烙印。党的十九大召开，是对我们过去5年的发展做了一个总结。党的十九大报告指出，中国特色社会主义已经进入新的历史时期，是全面建成小康社会的决胜阶段。我们比历史任何时期都接近中华民族伟大复

[①]《习近平总书记系列重要讲话读本》，学习出版社2014年版，第275页。

兴这一历史任务，我们能够实现它。这是因为从改革开放以来，我们经济基础和上层建筑水平已经能够支撑我们对未来的向往。我们已经进入了马克思主义中国化的新时期，社会矛盾已经发生变化，目的是为了更好、美好、美丽这一目标。这是一种社会主义初级阶段高层次的向往与愿望，是社会意识的前进。中国人民现在不仅要生存，还要生存得有质量、有意义、有追求。中国特色社会主义新时代，"新"是这个时代突出的特征，是与过去受尽磨难的近代史相对而言的，标志着中国人民站了起来、富了起来、强了起来。我们实现历史发展的飞跃，为实现民族振兴注入了新的活力。我们开拓了马克思主义中国化发展的新道路，丰富发展了马克思主义，为解决中国问题提供了现实可行的方案。马克思主义中国化是一个动态、不断调整的过程，是根据实践进行调整的，没有固定的答案。我们应以党的十九大精神为指引，将先辈们的意志精神注入脑海中，转化为为国家努力奋斗拼搏的意识，努力奋斗，砥砺前行。近代以来，我们一次又一次失去了自我发展的机会，所以我们更应该珍惜现在，珍惜历史发展给我们带来的好机会，珍惜来之不易的发展成果，在党的领导下，完成我们的历史任务。

二、有国才有家

从黑格尔到马克思，再到现当代国家发展理论，国家与社会、公民的关系问题一直是一个国家整体发展不可避免、不可忽视的重要问题。而中国作为世界上最大的发展中国家，国家的发展问题是解决所有问题的关键。实行改革开放的历史性决策以来，中国人民的面貌、社会主义中国的面貌都在发生着深刻的改变，我国能在国际社会赢得举足轻重的地位、经济保持高速增长、人民生活得到极大改善，都得益于国家深层次、根本性的变革，中国人民的幸福与国家的富强是分不开的。

（一）国家存在的真理性

1. 国家的概念

中国古代典籍把"天子"统治的地域称作"天下"，诸侯统治的领地称为"国"，卿大夫统治的采邑称作"家"，"国家"是天下、邦国、家室的总称。国家的产生是人类从荒蛮时代进入文明时代，从自发地遵循自然法则到自觉地尊崇社会规则，从"旧社会"进入"新社会"的重要标志。在现代社会科学研究中，国家是一个十分重要的概念，国家是人类社会活动中最重要的组织形式之一，任何个人或组织的行为都要直接或间接地受到国家行为的影响，同时人们的集体行为也会在一定程度上成为国家的意志。恩格斯对国家的定义是："国家是社会在一定发展阶段上的产物；国家是承认这个社会陷入了不可解决的自我矛盾，分裂为不可调和的对立面而又无力摆脱这些对立面。而为了使这些对立面，这些经济利益互相冲突的阶级，不至在无谓的斗争中把自己和社会消灭，就需要有一种表面上凌驾于社会之上的力量，这种力量应当缓和冲突，把冲突控制在秩序的范围之内。这种从社会中产生但又自居于社会之上并且日益同社会相异化的力量，就是国家。"①总之，国家的概念有广义和狭义之分。广义的国家是由一定的人口、空间区域以及经济、政治、文化等众多相互联系、相互作用的要素所构成的具有一定结构和功能的综合体。狭义的国家是在一定的地域范围内，统治阶级根据特定的统治规则和统治秩序所建立的以执掌公共权力为核心追求的整套政治机构，它是借助公共权力实现其成员的共同利益和调节成员间关系的社会组织、规则和制度的总称。

2. 国家的起源

在国家起源的问题上，西方的研究主要存在五种不同的学说：一是自然

---

① 《马克思恩格斯选集》（第四卷），人民出版社 1995 年版，第 170 页。

产生说。认为国家的产生是人类社会自然而然的结果，不存在任何外部因素的作用。二是君权神授说。这种理论认为，神凌驾于国家之上，国家源于神，是根据神的意志建立的。三是社会契约说。"社会契约说"的影响力是最大的，渗透到了许多理论当中，该理论认为国家产生于人们之间的同意以及由此订立的契约。四是暴力创制说。这种理论认为人与人之间的斗争是不可避免的，国家源于掠夺和征服。五是社会发展说。马克思主义渗透社会由低级到高级发展的矛盾运动的深刻考察，阐述国家形成和存在的社会经济根源和政治根源，认为国家是社会发展到一定阶段上的产物，是从社会中产生但又自居于社会之上并且日益同社会相脱离的力量。本文将讨论的国家理论和观念，都基于马克思主义的国家观。

3. 黑格尔对国家的讨论

在讨论马克思主义对国家存在的真理性论述之前，首先要厘清黑格尔关于国家和市民社会的讨论，马克思主义的国家观念深受黑格尔的影响。黑格尔指出，国家是一种存在于人的意识、社会风俗和社会意识之中的普遍精神，是绝对目的和客观精神的最高环节。在黑格尔的思绪中，法哲学属于"绝对精神"的内容，而自由不过是绝对精神"内在的规定和目的并与一个外在的客观性相联系"的具体形式。自由在其外化的过程中，即"在塑造成为一个世界的现实时就获得了必然性，这必然性的实体性联系是诸自由规定的系统"①。他认为："国家制度，即发展了的和实现了的合理性……理想性中的必然性就是理念内部自身的发展；作为主观的实体性，这种必然性是政治情绪；作为客观的实体性则不同，它是国家的机体，即真正的政治国家和国家制度。"②国家是社会组织的最高形式。黑格尔主要集中讨论了作为政治实体的国家，而不是作为种族意义上的民族国家。在黑格尔的概念中，国家建立在家庭和市民社会两大

---

① ［德］黑格尔《精神哲学》，杨祖陶译，人民出版社2006年版，第313页。

② ［德］黑格尔《法哲学原理》，范扬等译，商务印书馆1961年版，第227页。

支柱上，国家是伦理理念的现实性和具体自由的现实性。

4. 马克思的国家观

马克思在一定程度上继承了黑格尔的思想，并进行深刻的反思。马克思认为"家庭和市民社会是国家的现实构成部分，是意志的现实的精神存在，它们是国家的存在方式。家庭和市民社会使自身成为国家。它们是动力。……政治国家没有家庭的自然基础和市民社会的人为基础就不能存在。它们对国家来说是必要条件"[1]。马克思认为，国家是社会发展到一定阶段的必然产物，是一个历史范畴，是社会内部矛盾运动发展的结果。随着经济的发展、社会分工和阶级分层，国家会逐渐不能适应社会生产发展的社会形态。"那些决不以个人'意志'为转移的个人物质生活，即他们的相互制约的生产方式和交往形式，是国家的现实基础，而且在一切还必须有分工和私有制的基础上，都是完全不以个人的意志为转移的。这些现实的关系绝不是国家政权创造出来的，相反地，它们本身就是创造国家政权的力量"[2]。马克思主义认为，在研究国家生活现象时，很容易误入歧途，即忽视各种关系的客观本质，而用个人的意志来解释一切现象。但是存在着这样的一些关系，这些关系决定人和个别政权代表者的行动，而且像呼吸一样地不以他们为转移。这说明，国家生活现象的基础是不以人的主观意志为转移的社会客观关系。

（二）国家发展与个人发展互为前提

《孟子·离娄上》中有言："人有恒言，皆曰'天下国家'，天下之本在国，国之本在家，家之本在身。"意思是说，天下的基础是国家，国家的基础是家庭，家庭的基础是个人。孟子把提高个人素质同国家兴亡联系起来，所谓修身、齐家、治国、平天下，已成为儒家经典语句。孟子在《梁惠王上》

---

① 《马克思恩格斯全集》(第三卷)，人民出版社2002年版，第11—12页。

② 《马克思恩格斯全集》(第三卷)，人民出版社1960年版，第377—378页。

中曾说:"上下交征利,而国危矣。"上上下下互相追逐私利,置国家的利益于不顾,国家便会发生危险。所以,要正确认识国家和个人的关系。

1. 黑格尔与马克思对国家和个人关系的认识

黑格尔认为,人只有在国家中才能获得其现实存在性。只有在国家中,个人才能自由地追寻自己的特殊利益。国家与个人是紧密联系在一起的,所以除了追寻私人利益以外,个人还应该将国家的普遍利益放在更加重要的位置上。国家的普遍利益是个人的特殊利益的发展基础,也不能够离开个人的特殊利益。黑格尔在西方政治学历史上第一次将政治国家与市民社会进行了理论上的泾渭区分,并把政治国家与市民社会分类为普遍性和特殊性的领域,这对马克思完成国家和社会关系的历史考察所具有的借鉴价值和启发意义是显著的。马克思认为,市民社会和政治国家的分离在理论上具有重大意义,这种重大意义不在于这种矛盾作为一种逻辑的冲突表现了理论发展的一个环节,而在于它反映了一种历史的必然性。在历史渊源上,国家是社会的生成物,社会是国家的母体。马克思认为,国家的基础是家庭和市民社会。"国家是从作为家庭和市民社会成员而存在的这种群体中产生出来的"①,也就是"从社会中产生"②出来的。政治国家没有家庭的天然基础和市民社会的人为基础就不可能存在,它们是国家的必要条件。马克思提出,国家的材料是个人和群体,由它们在一起组成了国家。国家的材料就是构成国家的实体部分,也是国家的组成人员,一个国家中的公民也就是家庭和市民社会的成员。相对于政治国家而言,市民社会是内容;相对于市民社会而言,政治国家是表现形式。马克思指出:"家庭和市民社会本身把自己变成国家,它们才是原动力。"③政治国家的公民首先是市民社会中活生生的个人,作为市民社会成员的个人是政治国家的自然基础。"政治国家没有家庭的天然基础和市民

---

① 《马克思恩格斯全集》(第一卷),人民出版社1956年版,第252页。

② 《马克思恩格斯全集》(第一卷),人民出版社1996年版,第1170页。

③ [德]马克思:《黑格尔法哲学批判》,中央编译局编译,人民出版社1962年版,第21页。

社会的人为基础就不可能存在。它们是国家的必然条件。"①

2. 对极端个人主义的批判

极端个人主义就是把个人的利益始终放置在第一位，从个人利益出发，不择手段地追逐名利，极端地追求个人主义的一种道德原则。极端个人主义认为损人利己在道德上是允许的，为了自己个人的利益可以不顾集体、社会和国家的利益。关于极端的个人主义有两种学说：第一是人性自私论，这个理论认为自私自利是人类的天性，追求个人的快乐和幸福的意识是天生的；第二是利益唯我论，认为个人利益高于一切，应该把个人利益放置在他人和社会利益之上，以自我为中心。

从当前我国的经济发展来看，极端个人主义会对社会的和谐发展带来巨大的消极影响。在市场经济条件下，极端个人主义思想会进一步加剧利己主义、拜金主义等思想的泛滥，造成人们的道德和信用缺失、贫富差距加大。从文化角度来看，极端个人主义对社会主义核心价值观的普及也带来了困境，如果受到极端个人主义的影响，就会造成社会的文化价值体系失衡。所以在国家发展的过程中，虽然要以个人发展为基础，但是也要杜绝极端个人主义思想的蔓延，为建设走进新时代的社会主义中国，我们必须完善我国文化价值体系的管理机制，维护社会主义核心价值观的主导地位，加强对实现中华民族伟大复兴中国梦的宣传。与此同时，也要加强我国的教育体制建设，针对极端个人主义思想特征，以道德教育和人文素质教育为主，开展各种教育和宣传活动。

3. 个人利益服从国家利益

国家是"从社会中产生但又自居于社会之上并且日益同社会脱离的力量"②。所以市民社会或者公民社会的存在是现代国家的基石或基础，但是它

---

① 《马克思恩格斯全集》（第一卷），人民出版社1956年版，第252页。

② 《马克思恩格斯全集》（第四卷），人民出版社1995年版，第170页。

无法脱离国家而独立存在，国家凌驾于公民社会之上，领导着公民社会的发展方向。国家的利益与个人利益之间相互关联、相互依存、相互矛盾、相互转化。国家和个人的利益的博弈，本质上是一种公共利益在国家和社会掌控之间的重新选择与份额配置的过程。根据中国发展的历史、现在及前景，中国社会建构的目标模式是国家与社会的良性互动，即超越国家与社会的二元对立，建立国家与社会之间相互制约又彼此合作、相互独立又彼此依赖的有机统一关系。这种关系能够保证人民当家作主的独立性和自主性，又能充分发挥作为社会总体和根本利益代表的国家对社会经济生活的有效协调和控制。

4. 国家发展以个人发展为基础

国家不可能在真空中运转，它的良好运行要求它的人民处于一种特殊的心理状态及爱国主义。爱国主义并不是意味着一种非常时期的非常举动，而是人民对于国家的普遍信任和理性洞察力。发现和批评国家的缺陷是一件非常容易的事情，但是洞察国家的理性却很困难。人们日常生活中认为理所当然的事情——司法、教育、基础设施建设等等，实际上都是由国家带来的，这些东西让人们过上舒适的生活。爱国主义超越了个人的特殊利益，从而实现国家的普遍利益。国家发展是追求个人利益的必要条件。

中华优秀传统文化告诉我们：国家治理必须以人为本。在党的群众路线教育实践活动第一批总结暨第二批部署会议的讲话中，习近平总书记引用了司马迁《史记》中的"人视水见形，视民知治不"。此意为：人从水中能看到自己的身影，观察人民就能知道国家治理得好不好。中国共产党自成立之日起，就以马克思主义的价值理念和政治立场为指导，因此在全面深化改革的时期，我国的发展要建立在促进社会公平正义基础上，以增进人民福祉为出发点和落脚点，从人民利益出发谋划改革思路、制定改革措施，紧紧依靠人民推进改革。在我国进入中国特色社会主义发展的新时代，习近平总书记指出，要尊重人民自主选择发展道路的权利。面对中国的国情，必须走自己的发展道路，中国人民只有走合适中国国情的道路，最终才能走得通、走得好。

（三）国家发展主导个人发展

1. 黑格尔对现代国家的逻辑建构

"在国家中，一切系于普遍性和特殊性的统一。"①黑格尔在论述现代国家的过程中，始终运用了几个逻辑概念来限定或者定义：单一性、特殊性、普遍性和有机整体性。现代国家的建设，是严格地按照这样的逻辑模式建构论证的。"君主是单一的，随着行政权而出现了一些人，又随着立法权而出现了多数人。"②无论是单一的人、一些人还是多数人，都不是简单的罗列，而是内在的作为一个整体而存在，并且其自身又包含着其他的环节的存在，每一个看似独立的环节，实则都有着内在的逻辑联系。在个人与国家之间，作为独立的个体拥有其自身的权利，但是同时个体也需要意识到这样的权利和自由具有一定的界限，受到国家制度和法律的约束。

2. 国家是居于社会之上的管理系统

马克思深入研究了黑格尔的哲学理论，并继承和反思了黑格尔市民社会的概念，在马克思的概念系统中，国家和社会在外延上互相排斥而不是互相包含的，国家是"从社会中产生但又自居于社会之上并且日益同社会脱离的力量"。从这个意义上理解，"国家"主要是指政治权力机构，是高居于社会之上的社会管理系统。马克思把市民社会看作私人活动的领域，在马克思看来，市民社会是一个特殊性与普遍性相分裂的私人活动的领域，其特征是特殊性、利己主义和个人主义。"正是由于特殊利益和共同利益之间的这种矛盾，共同利益才采取国家这种与实际的单个利益和全体利益相脱离的独立形式，同时采取虚幻的共同体的形式……这些始终真正地同共同利益和虚幻的

---

① ［德］黑格尔《法哲学原理》，范扬、张企泰译，商务印书馆2014年版，第263页。

② ［德］黑格尔《法哲学原理》，范扬、张企泰译，商务印书馆2014年版，第287页。

共同利益相对抗的特殊利益所进行的实际斗争，使得国家这种虚幻的'普遍'利益来进行实际的干涉和约束成为必要。"①国家是抽象的、形式上的普遍性，市民社会是具体的、实质上的特殊性。市民社会的缺陷导致国家对其干涉成为必然，约束特殊利益对公共利益的损害成为国家之于市民社会的重要意义。

3. 国家的主导和规范功能

涂尔干清楚地解释了个人与国家之间的相关性："个人完全沉浸在社会生活之中，以至于当社会出现问题时他无法不受到影响。社会出了问题，个人必然受到牵连。"②个人和社会之间的紧密联系反映在国家政策对个人生活经验的影响之中。国家在社会习俗中直接存在，在个体自我意识中直接存在，在个人知识与活动中直接存在。国家对社会的塑造力远远地超过了某些习俗的影响力，它对个人生活的影响是深刻的、全面的，所有的生活形式都是国家主导的历史发展过程。个体的整个存在完全由国家来主导和规范。

4. 国家的意识形态力量

国家意识形态是国家政治系统的重要组成部分，它在论证国家政治体系的合法性、维护政府的权威和保证国家职能的全面实现以及社会系统的良性循环等方面发挥着重要的独特作用。国家意识形态对一个政权体系具有十分重要的地位，国家意识形态在维护国家政权体系方面发挥着重要的功能和作用，具体表现为，为政治统治的合法性进行了论证，教化人民，组织和动员，团结和整合。恩格斯就把国家看成是第一个支配人的"意识形态的力量"。恩格斯认为国家是整个社会的正式代表，是社会在一个有形的组织中的集中表现。任何国家要使国家政权体系能够有效运行，社会长治久安，就必须保证国家意识形态的合法性和权威性，确保国家意识形态功能的有效性。

---

① 《马克思恩格斯全集》(第三卷)，人民出版社1960年版，第37、38页。

② Durkheim, Emile, Suicide. *A Study in Sociology*, translated by John A. Spaulding and George Simpson, London：Routledge, 1970, 213.

在中国特色社会主义走向新时代的关键时期，我国的国家意识形态从根本上说是为了维护和实现最广大人民的整体利益，国家利益与广大人民的利益从根本上来说是一致的。

对于现代的国家来说，个人意志最终都要上升为国家意志，具体的个人需要以及福利，只有作为国家成员即国家的公民，通过自己个人的意志上升为国家的意志，才能够得以实现。个人自由只有在国家的范围内才能得到真正的发展，国家和个人紧密相连，国家是实现自由的主体，而不是去限制人民的自由发展。只有国家才能解决市民社会自身的矛盾冲突，将市民社会中所蕴含的特殊利益融于代表普遍利益的政治共同体之中。在一个国家中，每个人所需要的东西，无论是政治诉求还是经济利益，都不是在任何情况下随意就可以得到满足的，而是需要上升到国家层面才能成为可能。如若国家陷入困境或混乱，每个人的个体需求反而不会得到更好的满足。

5. 国家主导个人发展

改革开放带来了经济和政治环境的变化，逐步改变了先前以政治原则统一各领域的社会结构方式和运行机制，而在这一过程中，具有基础性意义的是以市场为取向的经济体制改革。而随着社会的发展与市场的不断成熟，促使国家从宏观方面主导着国家与社会关系的改变。中国的改革开放，使国家权力从社会和经济领域收缩，为良性互动关系提供了一个良好的开端，公民活动领域和开放程度逐步扩大，与国家的互动初步彰显。而在这一互动关系中，国家权力具有浓厚的主导痕迹，国家不仅仅是舞台角色的扮演者，更是幕后的导演者。国家并不是一个外在的、异化的他物，而是内在于个体的利益之中。所以，在推进马克思主义中国化、时代化、大众化，建设具有强大的凝聚力和引领力的社会主义意识形态的同时，一定会使全体人民在理想信念、价值理念和道德观念上与国家团结一致。

三、中国梦是当代中国精神的集中表达

梁启超曾言："形质的文明易，精神的文明难。"中华民族之所以能成为拥有数千年灿烂文明的民族，正是因为一种独特的中国精神不断的传承。中国精神是生发于中国文明的传统、贯穿于现代中华民族崛起和复兴的历程、具有强大凝聚力和感召力的思想观念，可以概括为"贵和持中，自强不息"，中国精神是实现中华民族伟大复兴的价值基础。

（一）中国精神的民族性与时代性

习近平总书记在十二届全国人民代表大会第一次会议上提出："实现中国梦必须弘扬中国精神。这就是以爱国主义为核心的民族精神，以改革创新为核心的时代精神。这种精神是凝心聚力的兴国之魄、强国之魂。"中国精神是以马克思主义为指导，是社会主义核心价值体系的精髓，以社会主义核心价值观为核心内涵。"爱国主义始终是把中华民族坚强团结在一起的精神力量，改革创新始终是鞭策我们在改革开放中与时俱进的精神力量。"[①]民族精神是使得中国传统文化绵延的保障，时代精神是中华民族发展创新的时代镜像，二者密切联系、交互作用，共同构成了中国精神的核心内容。

绵延不断的五千年的中华文明是中国精神形成的深厚历史渊源。在几千年的中华文明发展的历程中，凝练出中华文明的精神结晶：和而不同、厚德载物，刚健自强、生生不息，仁义至上、人格独立，民为邦本、本固邦宁，整体把握、辩证思维，经世务实、戒奢以俭，等等。这些优秀传统精神一经形成，不管时代条件如何变化，都具有跨时空的特性，为中国精神的形成奠

---

① 习近平：在第十二届全国人民代表大会第一次会议上的讲话，新华网，2013年3月17日，http：//www.xinhuanet.com/2013lh/2013-03/17/c_115055434.htm。

定了悠久的历史渊源和丰厚的文化内涵。一个国家的综合竞争力不但包括由国家基本资源、经济力量、军事力量和科技力量等构成的"硬实力"，而且包括由文化、意识形态和政治价值观的影响力、感染力以及国际舆论的营造力和国际形象的塑造力等构成的"软实力"。中国精神是文化软实力的核心价值，文化软实力是中国精神的扩展延伸，前者抽象为一种信仰和信念，后者具体为各种不同的文化现象。

1. 中国精神的民族性

中国精神的民族性指中国精神植根于悠久的民族文化传统中。中国精神是一个具有历史传承的文化之和，是从过去到现在并走向未来源远流长的长河。在中华民族由小到大、由弱到强的演变进程中，中国精神贯穿于民族成员共同开拓生存空间、共同创造中华文化、共同反抗外族侵略等社会生产生活实践，逐步塑造出全体民族成员的共同心理特征、思维方式和精神气质，为自在状态的中华民族构筑紧密的内在联结。爱国主义在中国精神的民族性处于最核心的位置，并且渗透在中华民族精神的各个领域。"团结统一是爱国主义在协调处理中华民族内部各兄弟民族之间、各民族成员之间关系上的集中体现，爱好和平则是爱国主义在处理本民族国家与世界其他民族国家之间关系上的基本原则"①。此外，勤劳勇敢、自强不息是爱国主义对个人精神状态的明确要求。这五种精神内在关联，共同服务于国家富强、民族复兴和人民生活幸福这一主题，铸就着伟大的中华民族之魂。

从历史角度看，中国精神在我国遭遇严重的外族入侵时，将全体中华民族凝聚为一个整体。面对亡族的危机，中国精神激发全民族的自尊与自信，汇集全民族的智慧与力量，鼓舞民族成员与外族侵略者抗争，推动中华民族的自觉意识从模糊走向清晰、从非理性走向理性。从现实维度看，中国精神

---

① 李忠军：《论社会主义核心价值观、中国精神与社会主义意识形态》，载《社会科学战线》，2014年第3期，第36页。

是当代中华民族团结奋进、繁荣发展的精神力量。习近平总书记在中央民族工作会议上强调："加强中华民族大团结，长远和根本的是增强文化认同，建设各民族共有精神家园，积极培养中华民族共同体意识。"①

2. 中国精神的时代性

如果说民族精神的弘扬代表着中国优秀的历史文化，那么时代精神就是一种精神引导，代表着民族精神面向未来的引导方向，至关重要。恩格斯曾说："每一个时代的理论思维，从而我们时代的理论思维，都是一种历史的产物，它在不同的时代具有完全不同的形式，同时具有完全不同的内容。"②那么具体什么是时代精神？简要来说，时代精神就是在新的历史条件下所形成和发展起来的、体现民族特质、顺应历史潮流的思想观念和价值取向。而这一视角集中到一点，就是改革创新。

首先，要发展中国精神的时代性，就要集中围绕改革创新的价值诉求，改革创新是中国共产党人的时代追求。党的十九大胜利召开，进一步强化了改革创新对我党建设新时代特色社会主义中国的重要性。改革创新是中国精神时代性的重要表达，更是建设美丽中国的不竭动力。习近平总书记在党的十九大报告中提出要求，加快生态文明体制改革，建设美丽中国。那么就需要我们推动形成人与自然和谐发展现代化建设的新格局，改革创新成为了中国社会健康发展的生死攸关的历史课题。

其次，以改革创新为核心的时代精神是我们建设新时代中国特色社会主义国家发展道路上的自信之源。我们在改革创新的基础上创造出的优势制度是中国特色社会主义制度，是中国共产党带领全国人民在不断实践探索的基础上形成的科学制度，中国特色社会主义制度将社会资源进行整合，集中所有力量发挥体制优势，大力弘扬人民民主，推动科学发展经济优势，凝聚社

---

① 中央民族工作会议暨国务院第六次全国民族团结进步表彰大会在京举行，载《人民日报》，2014年9月30日，第1版。

② 《马克思恩格斯选集》（第四卷），人民出版社1995年版，第284页。

会认同感，形成共同的理想，实现共同富裕。

（二）中国梦塑造中华民族的共同理想

1. 理想与中国梦的内涵

理想作为一种精神现象，是人类社会实践的产物。它是活动主体在思维中对活动的结果的构建，即对活动所希望创造的未来对象的主观观念形式的建立。它必须通过主体运用手段改造客体的对象性活动来实现。理想是人们对美好未来的向往和追求，是人们的奋斗目标和精神支柱，也是激励人们奋发进取的强大动力。法国思想家罗曼·罗兰认为，一种理想就是一种动力。无产阶级革命家、理论家张闻天认为："生活的理想，就是为了理想的生活。"[①]

理想分为个人理想和群体理想，社会理想就是一种群体理想。崇高的社会理想反映了人类向善向美的追求，凝聚着绝大多数人的意愿和根本利益，对社会发展起着精神支撑和精神推动的作用。"中国梦"作为习近平总书记提出的新概念，是实现中华民族伟大复兴的形象表达，是中国特色社会主义共同理想的最新表达。习近平总书记提出的中国梦，连接了中国的历史、现实和未来，同时在中国共产党与中国人民之间架起了一座直通的桥梁，把党的意志与人民的共识、民族的情感连接了起来，也表达了中国共产党对国家、民族、人民的自觉。

中国梦既是对170多年来中华民族奋斗历史中的渴望和追寻的概括，也是当下中国对自己的未来的期许；既是对中国人共同命运中凝聚的感情和力量的表达，也是对普通人个人的希望和追求的表达。中国梦既是萦绕在每个中国人心头的梦，也是整个民族共同的梦想。中国梦体现了民族梦与个人梦的有机统一，把国家利益、民族利益和每个人的具体利益紧紧联系在一起，

---

① 张闻天：《无产阶级专政下的政治和经济》，载《人民日报》，1979年9月30日。

既是国家的强生梦，也是整个中华民族的幸福梦。任何一个民族、任何一个社会、任何一个国家都是由个人组成的，民族的梦想、社会的梦想、国家的梦想都是通过一个个具体人的梦想体现出来的。每个个体都有着不同的理想和追求，但是只有每个中国人都拥有着民族的复兴梦时，中华民族的复兴才会更快、更有可能实现。中国梦既生动表达了国家梦，又鲜明体现了百姓梦，从而成为回荡在全体中国人民心中的共同旋律，激发了广大人民的爱国热情。

2. 中国梦与中国特色社会主义道路的关系

中国梦的基础是中国特色社会主义，实现中国梦必须走中国道路。走中国道路就是走中国特色社会主义的道路，就是努力实现中国特色社会主义共同理想。实现中华民族伟大复兴的中国梦，是近代以来中国人的理想和追求，其关键在于对正确发展道路的选择。中华人民共和国成立以后，中国共产党领导全国人民进行了社会主义建设，取得了很大成就。改革开放以后，中国共产党总结历史经验，不断艰辛探索，终于找到了实现中华民族伟大复兴的正确道路，这条道路就是中国特色社会主义。这是历史总结的经验，也是现实发展的必然，既指出了实现中国梦的方向，也指明了中华民族走向伟大复兴的必由之路。中国共产党和中国人民经过90多年的艰难探索，终于破解了这一难题，开辟了中国特色社会主义道路，形成了中国特色社会主义理论体系，建立了中国特色社会主义制度，为中国梦奠定了坚实的基础。中国特色社会主义既立足于中国具体国情，又适应了时代的发展进步要求；既遵循了科学社会主义的基本原理，又结合新的历史条件加以创新。中国特色社会主义共同理想已经具有了广泛的群众基础，得到了人民的广泛认同。在经济成分、组织形式、就业方式、利益关系和分配方式日益多样化的今天，我国的不同民族、地域、职业、阶层、文化背景的群体对未来社会的理想追求是会有很大不同的。但是，广大人民群众根本利益的一致性，成为我们社会能够求同存异、形成共同的社会理想和追求的基本社会前提。中国梦的提出可以在中国特色社会主义共同理想的基础上，形成更大规模的共识，凝聚数亿人心，汇成浩瀚大海，形成巨大正能量。

3. 中国梦与个人梦的关系

在世界和平发展的历史背景下，在机遇和挑战面前，在实现中国梦的伟大历史征程中，无论是个人的小康梦，还是国家的复兴梦，都迎来了一个重要的发展时机。中国梦是中华民族的梦，也是每个中国人的梦，既表达了中国特色社会主义共同理想，也融会了亿万群众的个人理想，生动地体现了个人理想与群体理想的辩证法，唤醒了中华民族的集体记忆，塑造了中华民族的共同理想。总而言之，中国梦是每一个中国人的殷切希望和崇高的价值追求，是实现中华民族伟大复兴的未来蓝图和理想前景。正如习近平总书记指出的："中国梦归根到底是人民的梦，必须紧紧依靠人民来实现，必须不断为人民造福。"[1]这也就意味着中国梦同时也是民族梦，是每个中国人的梦。国家梦、民族梦实现的过程，为每个人个人梦想的实现提供了广阔的空间，每个中国人都被这个伟大的梦想所吸引从而心潮澎湃，每个中国人也都为实现这个梦想而奋斗从而豪情万丈。中国梦构筑着当代中华民族的精神家园，也熔铸着中国人民的国家认同。正如习近平总书记所说："生活在我们伟大祖国和伟大时代的中国人民，共同享有人生出彩的机会，共同享有梦想成真的机会，共同享有同祖国和时代一起成长与进步的机会。"[2]

（三）弘扬中国精神，实现中华民族伟大复兴的中国梦

中国梦的实现是一个伟大的系统工程，人民群众是完成这一伟大系统工程的主体。因此，实现中国梦必须充分依靠人民群众。系统功能最大化可能而且可以采取多种方法，但最持久、最有力和最有效的方法则是以系统价值

---

① ② 习近平：在第十二届全国人民代表大会第一次会议上的讲话，新华网，2013年3月17日，http：//www.xinhuanet.com/2013lh/2013-03/17/c_115055434.htm。

观促使要素功能最大化和产生系统向心力。中国梦的实现需要价值观的引领，中国精神是实现中国梦的核心价值。中国精神不但能够为中国梦的实现营造良好的文化氛围，而且可以最大限度地激发个体正能量和最大限度地汇聚中国力量。

从历史的角度看，中华文明是人类文明史上从未中断过的文明。正是这种连续性给了中国人在近现代民族危亡的时刻一种坚定的力量和信念，自己的民族不可能在危机中沉沦，也必然为人类文明的发展作出新的贡献。中国人在19世纪中叶之后的奋起，其实正是这种精神的具体而生动的体现。20世纪的中国经历了中国历史的低点，我们体验了国运的衰败和3000年没有的大变局，中国人在这种转变中体验了痛苦和艰难，也有深沉的民族悲情和苦难记忆，由此也形成了救亡图存、民族复兴的近现代民族精神。在这一精神的鼓励下，无数仁人志士开始了中国向何处去、中华民族向何处去的艰辛探索。所以，中国精神是国家之基、民族之魂、个人之道；以中国梦的内涵为视角，中国精神是国家富强的基本维度、民族振兴的力量源泉、人民幸福的内在需求；以中国梦的实现为视角，中国精神是达成奋斗目标的动力、高扬思想旗帜的保障、彰显发展道路的标识。只有全面把握中国精神对中国梦的独特价值和作用机理，才能增强人们弘扬中国精神实现中国梦的自觉性和坚定性。

1. 中国精神是中国梦的价值定位

中华人民共和国的成立与发展，既是中国共产党领导人民艰苦奋斗的结果，也是中国精神凝聚力量、发挥作用的结果。一方面，中华人民共和国的诞生离不开以爱国主义为核心的民族精神，尤其是中国共产党人在新民主主义革命时期孕育的革命精神。它支撑中国走出半殖民地半封建社会的黑暗，推翻帝国主义、封建主义、官僚资本主义的反动统治，实现国家独立和人民解放。另一方面，新中国的生存与发展离不开社会主义建设和改革实践中形成的中国精神，尤其是以改革创新为核心的时代精神。

从历史维度看，中国精神是中华民族形成过程中不可缺少的催化剂，更是中华民族从自在到自觉的关键要素。近代以来，中华民族遭遇严重的外族入侵，中华民族的自觉意识开始苏醒，中国精神将全体中华民族成员凝聚为一个整体，激发全民族的自尊与自信，汇集全民族的智慧和力量，鼓舞民族成员与外族侵略者进行抗争，推动中华民族的自觉意识从模糊走向清晰，从非理性走向理性。

从现实维度看，中国精神是当代中华民族团结奋进、繁荣发展的精神力量。习近平总书记在中央民族工作会议上强调："加强中华民族大团结，长远和根本的是增强文化认同，建设各民族共有精神家园，积极培养中华民族共同体意识。"[①]中国精神是解决思想问题、满足精神需要，构建精神家园、实现人格理想的重要元素。中国精神是社会主义核心价值体系的精髓，也是社会主义核心价值观的思想渊源，有助于促进个体思想道德生活化的进程，优化个人成长发展的社会环境，昭示价值取向，引领社会风尚，激励人们积极践行社会主义核心价值观。

2. 中国精神是实现中国梦的精神动能

一个国家和民族的崛起必然有与之相适应的伦理精神作为价值支撑和道义支持。如果我们把中国梦看作未来物质极大文明和经济现代化的良好体现，那么它必须有既内生于它又引领和支撑它的精神动能，否则中国梦就很难发展，也谈不上中华民族的伟大复兴。"就经济的性质或意义来论，经济就是为人力做决定的东西。由此足见一切经济或一切金钱，其背后皆有道德的观念和意识的作用在支配它"[②]。所以，实现中华民族的伟大复兴，需要中国精神作为一种精神动能作为支撑。中国精神是十分宝贵的，中国共产党人经过90多年上下求索而总结出的中国精神，代表着中华民族从站起来到富起来

---

① 中央民族工作会议暨国务院第六次全国民族团结进步表彰大会在京举行，载《人民日报》，2014年9月30日，第1版。

② 贺麟：《文化与人生》，商务印书馆1988年版，第29页。

到迎接伟大复兴的精神建构历程，塑造的是中国模式，铸造的是中国品质，彰显的是中国文化，凝聚的是中国力量。

中国梦不但体现了中国人民的价值取向和奋斗目标，也展现了中国人民的精神风貌。作为国家梦、人民梦、世界梦的中国梦，具有示范性精神风貌的特征。改革开放以来，我国在各个领域都取得了非凡的成就，这不光体现出我国的综合国力得到了一定程度的增强，更重要的是国民自尊心和自信心得到了极大程度的满足，中国精神基础上的制度自信，使中国梦具有坚定的政治保证。我国经济每年平均增长达到10.7%，城镇化率突破50%，城镇和农村居民收入提升了1.8倍，这使中国进入了新时代的社会转型。但是在看到国家发展的同时，也要意识到我国目前在意识形态方面面对的挑战和考验。在经济高速发展的背后，发展速度的调整、结构和政策都需要不同程度的配合与适应，在我国进行社会转型时，社会结构、组织形式、利益格局都在发生着深刻的变化，这使得社会矛盾更加错综复杂。当各种消极思想涌入，如何通过宣传和阐释中国梦来进一步统一思想、凝聚力量，推动全社会形成良好思想道德和文明和谐风尚，是我们当前面临的新课题。在中国共产党第十九次全国代表大会上，习近平总书记指出，要"坚决防止和反对个人主义、分散主义、自由主义、本位主义、好人主义，坚决防止和反对宗派主义、圈子文化、码头文化，坚决反对搞两面派、做两面人"[1]。实现中华民族伟大复兴，必须坚持中国道路、弘扬中国精神、凝聚中国力量，这就需要"广泛开展理想信念教育，深化中国特色社会主义和中国梦宣传教育，弘扬民族精神和时代精神，加强爱国主义、集体主义、社会主义教育，引导人们树立正确的历史观、民族观、国家观、文化观"[2]。

---

[1] 习近平：《决胜全面建成小康社会　夺取新时代中国特色社会主义伟大胜利》，人民出版社2017年版，第63页。

[2] 习近平：《决胜全面建成小康社会　夺取新时代中国特色社会主义伟大胜利》，人民出版社2017年版，第42、43页。

中国人民在求生存、图发展、谋振兴的过程中形成了中华民族的民族精神；在新的历史条件下所形成和发展起来的、体现民族特质、顺应历史潮流的思想观念和价值取向，形成了中华民族的时代精神。正是这两种巨大的精神力量，支撑中华民族百折不挠、勇往直前，也正是这种巨大力量为实现中华民族伟大复兴、建设中国特色社会主义提供了不竭动力，构建了建设社会主义核心价值体系。只有认识并遵循中国精神的发展演变规律，把握中国精神对中国梦的作用特点和影响方式，才能使弘扬中国精神实现中国梦有据可依、有章可循，不断增强团结一心、奋发向上的精神动力，激励人民群众向着中国梦的目标努力前进。

/第四章/

传承血脉

中国特色社会主义的『文化硬实力』

一、我们确实经历过"崇洋媚外"的时代

我中华文化绵延五千年，源远流长、博大精深，曾彷徨于历史的考验，也曾徘徊于时间的洗礼。沉静如她，携诸子百家育华夏儿女明智守德，塑造礼仪之邦；激荡如她，有真知长技助九州英雄开朝取世，威扬强盛之名。然而尽末之朝愚昧地坚持锁国闭关之策，自认"天朝上国"，无视世界的进步变革，最终换来西方坚船利炮，被迫打开国门。从此刻开始，沉睡的九州大地迎来了一个这样在血雨浊风中"崇洋媚外"的时代。

（一）风云四起的"学习"时代

1. "清末第一课"——军事强国

1840年，鸦片战争使中国丧失作为独立国家的完整主权，无穷尽的赔款、领土割让从这一刻起开始侵蚀这片富饶的土地，中国从此走向半殖民半封建社会的道路。作为一个节点，1840年开启了中国近代化的进程，正是因为从此刻起中国迎来了第二次西学东渐，渐渐产生了对民族文化的"自轻"，盲目并曲折地来到了向西方"学习"的时代。此时的中国内有清政府长期腐败的君主专制和官僚主义的侵蚀，外有西方列强武力胁迫、贸易入侵、文化诱导，可谓危机四伏，社会矛盾空前加剧。这种极度深重的民族危机，促使各个阶级的人开始意识到自身利益与民族命运的不可分割。此刻的中国涌现出不同的派系论点，皆成为救亡图存画卷中不可或缺的色彩。

在"学习"生涯的最初期，地主阶级中最先涌现出一批主张向西方学习的有识之士。林则徐，中国近代史上第一位可敬可畏的民族英雄，曾吟出"苟利国家生死以，岂因祸福避趋之"的爱国名言。面对局势紧迫的国家危机，他"最先从封闭的闭关自守的昏睡状态中觉醒，以全新的态度睁眼看世界"。早在鸦片战争刚刚打响之时，作为抗击外寇领袖的他终日奔赴在抗英最前线，这使他认识到引进、仿造西方船炮的必要性。即使为奸臣构陷、罢官发配伊犁，他依旧在最后一夜向道光帝进言："粤东关税，既比他省丰饶，则以通夷之银，量为防夷之用，从此制炮必求极利，造船必求极坚。"①其中的"通夷之银"是指用粤海关税所得之税款作为造船造炮的经费，创办军工厂。除此之外，他还开始有意识有目的地搜集外文报刊、书籍进行翻译，以求获得更多有价值的情报，好让清政府及国人对西方有更加深刻的认识。在贬赴伊犁途中，他依然在写给朋友的信中慷慨陈词学习西方长技的迫切性。他说："彼之大炮远及十里内外，若我炮不能及彼，彼炮先已及我，是器不良也……不此之务，既远调百万貔貅，恐只供临敌之一哄！……第一要大炮得用，今此一物置之不讲，真令岳、韩束手，奈何奈何！"②充分表达了他"师夷长技以制夷"的主张。与林则徐相比，魏源就更进了一步，他明确地提出"师夷长技以制夷"的口号，他既坚决反对侵略，又重视了解和学习西方的科学技术，作为对付侵略的重要方法。他认为"善师四夷者，能制四夷；不善师外夷者，外夷制之"，而针对当时封建顽固派把西方先进技术的工艺技术全部视为"奇技淫巧"，他指出，"有用之物，即奇技而非淫巧"，须认真探索学习，不能自甘落后，为此他建议在广东设立造船厂与火器局，除修造军用产品外，也可以制造民用商船、蒸汽磨、弹簧秤等。他还提议在福建、上海、宁波、天津等地，让商民自由集资开设厂局，制造轮船或机械。实际上，林则徐和魏源维护中华民族的利益是和地主阶级自救运动紧紧捆绑在一起的，他们的精神，爱国和忠君是紧密地联系在一起的。

继承林则徐和魏源的"学习"精神的，便是洋务派。第二次鸦片战争结束后，《南京条约》《天津条约》《北京条约》等一系列不平等条约迫使清政府将国家主权、领土、一系列贸易特权用来与列强交易，以图苟延残喘。在

---

① 《林则徐全集·奏稿》中册，中华书局1985年版，第885页。

② 林则徐：《致姚春木王冬寿书》，载《道咸同光名人手札（第二集）》（卷一）。

这短暂的喘息时间里，一些头脑清醒的权臣，如曾国藩、李鸿章、左宗棠以及军机大臣恭亲王奕䜣等人终于意识到"居安思危"的重要性。在借助列强之力对太平天国进行"华洋会剿"之时，他们亲眼见识到西方坚船利炮的威力，一种由心而生的危机感令他们感受到西方技术的长远威胁。他们继承了魏源等"经事派"提出的"师夷长技"的思想，以"自强""求富"为指导思想，以"师夷制夷""中体西用"作为在洋务运动中处理中西民族关系以及中西文化交流的基本原则。洋务运动前期，洋务派采用西方先进生产技术，创办了一批近代军事工业。江南机器制造总局、金陵制造局、福州船政局、天津机器局等一批大型近代化军事工业在这一时期相继亮相。短短几年内，中国就已具备了铸铁、炼钢以及生产各种军工产品的能力。同一时期，他们还开办了天津北洋水师学堂、江南陆军学堂等一批军事学校，为国防事业作出重要的贡献。其中，北洋海军的建立可谓洋务运动军事方面的最高成果。在当时，北洋海军是中国可以威慑海洋的先进军事力量，在世界海军史上占据一席之地。而另一边，以倭仁为首的清政府顽固派，高唱"立国之道，尚礼仪不尚权谋，根本之图，在人心不在技艺"，并主张"以忠信为甲胄，礼仪为干橹"，抵御外侮。就这样30年间，在满目疮痍的中国，一些人沉醉在洋务运动带来的国家即将"强"而"富"的泡影中，一些人故步自封地走不出"一心只读圣贤书"的守旧围墙，大家皆过着麻木不仁、浑浑噩噩的日子，直至让国人引以为豪的北洋舰队全军覆没的那一刻，中国才真正颤抖了。

2. 西方政治制度能否救国

1895年甲午中日战争清政府惨败，签订《马关条约》，昔日同样被列强欺压的东方小国竟然摇身一变成了最具威胁的强邻。这一场失败，宣告了地主阶级自救运动告吹，洋务运动最终破产。全国震动，无数的爱国志士哀呼"中国亡矣"，掀起了新的救国狂潮。梁启超曾评价道："吾国四千余年大梦之唤醒，实自甲午战败割台湾偿二百兆以后始也。"①1895年4月，1300多名在北京应试的举人联名上书光绪帝，痛陈民族危机的严峻形势，提出拒和、迁都、练兵、变法的主张，然而由于以慈禧为首的顽固派的阻挠，上书并没有交至光绪帝手中，史称"公车上书"。虽然上书失败，但维新派仍积极地宣传和组织活动，并且著书立说，迫切地希望把外国变法经验教训介绍给清政府和国人。他们在各地创办报刊、学会、学堂，为变法制造舆论、培养人才。就这样，一股新的向西方学习的潮流席卷全国。维新派主张学习西方文化、科学技术和经营管理制度，发展资本主义。同时发现了君主专制的腐朽真相的他们决议建立君主立宪政体，使国家富强。但民族资产阶级太过天真，他们认为只要学习了西方的政治制度就可以用不流血的和平手段解决民族危机。并且，他们把希望寄托于难以挣脱牢笼的光绪帝，自信地认为可以实行自上而下的改革，兴民权、设议院，走君主立宪道路，改革内政，抵御外侮，终能将在垂垂老矣的清政府统治下的中国变成一个资本主义国家。这便是资产阶级维新派的软弱性，也预示着这场变法以失败告终。

维新变法失败后，封建地主阶级本以为可以本分地过上好日子，然而1900年八国联军一把大火烧光抢光砸光了清政府的后花园，迫使清政府再次签订了卖国辱权的《辛丑条约》。帝国主义自此进一步加强了对中国的控制，而清政府已然沦为帝国主义统治中国的工具。1902年，留学日本的鲁迅在诗中悲愤地写道："灵台无计逃神矢，风雨如磐暗故园。寄意寒星荃不察，我以我血荐轩辕。"②而此刻资本主义爱国主义浪潮空前高涨，资产阶级的革命势力也逐渐壮大。慈禧终于在迫于内外压力的情况下推行了所谓的新政，开始了地主阶级新一阶段的自救运动。但此时地主阶级已经腐朽之至，而经济上也已经民穷财尽，他们已经没有能力进行"自救"抑或是"再生"。因而，新

---

① 梁启超：《戊戌政变记》，《戊戌变法》（第一册），上海人民出版社1957年版，第249页。

② 鲁迅：《鲁迅全集》（第七卷），人民文学出版社2017年版，第135页。

政前四年只有办学堂、派留学生稍有成绩。而此时，资产阶级革命派和立宪派活动加强，民主、革命浪潮愈加高涨，清政府便于1906年起，又打出了"筹备立宪"的旗号。"皇族内阁"的出现便是清政府对自己即将走上末路的宣告，预示着持续了70年的近代地主阶级自救运动即将终结。清政府的新政有转移矛盾、拒绝革命的动机，正因如此，才促使了民主革命的爆发。新政使民族资产阶级队伍愈加壮大，为其提供了经济基础、阶级基础、群众基础。而新政中令清政府引以为豪的新军更是成为民主革命的真谛，逐渐成为清政府的掘墓人。就在此时，革命派不断激励人们不惜作出最大的自我牺牲，奋起革命，才能拯救国家于危亡。终于，1911年10月10日，武汉并不平静的夜晚，程正瀛打响"首义枪声"，揭开辛亥革命序幕。1912年2月12日，清政府举行御前会议，会议上清帝宣布逊位，以此求得最后一丝苟全之名。统治了中国几千年的君主专制和曾经雄盛东方的清王朝就此不复存在。孙中山带着"三民主义"领导辛亥革命，推翻了封建君主专制，实行共和政体，传播了民主共和理念，极大推动了中华民族思想解放。这是20世纪中国第一次历史性巨大变化。国民在此对未来充满希望，欢欣鼓舞，希望新生的政权能带给他们真正自由、安定的美好生活。然而，民国成立后，政权落入袁世凯手中，胜利果实就这样被窃取，中国再度陷入深渊。袁世凯发布《尊孔祀孔令》，还要求在宪法中规定孔教为国教，把国家政权再次变得混沌不堪。

3. "最后的良方"——思想文化

辛亥革命后的中国，仍受军阀统治，日趋黑暗，而袁世凯为复辟帝制推行尊孔复古的逆流。依旧是内忧外患的中国，但国人却不再自甘堕落。一战期间，中国民族资本主义进一步发展，阶级力量愈加壮大，登上政治舞台。最为重要的是辛亥革命后，西方启蒙思想进一步传播，民主共和的思想深入人心。更多的人对辛亥革命的失败进行了反思，一度积极参加辛亥革命的陈独秀认为：辛亥革命忙于反对清政府的整治行动，缺少一场对旧思想、旧文化、旧礼教的彻底批判，许多国民的头脑仍被专制和愚昧所牢牢束缚着，缺乏科学和民主的觉悟。这是共和制度不能真正得到巩固的根源，陈独秀把它称为"吾人最后之觉悟"[①]。1915年，针对当时那股尊孔读经的逆流，陈独秀在其主编的《新青年》刊载文章，提倡"民主"与"科学"，对之进行了有力的反击。自易白沙的《孔子评议》起，李大钊、吴虞、鲁迅等都刊载了一系列富有战斗性的论文，对以儒家为代表的封建礼教、三纲五常等学说，发动了猛烈的抨击。陈独秀是一名激进的民主主义者，他仇视当时的封建军阀统治，要求实现真正的民主；他批判了封建社会制度和伦理思想，认为要实现民主制度，必须消灭封建宗法制度和道德规范。李大钊则反对复古尊孔，要求思想自由，号召青年不要留恋将死的社会，要努力创造青春的中国。1917年起他们又举起"文学革命"的大旗，提倡白话文，反对文言文，提倡新文学，反对旧文学。1917年爆发了伟大的俄国十月社会主义革命，震惊世界，同时照亮了中国革命前行的道路，使中国的先进知识分子看到了民族解放和民族复兴的希望。新文化自此有了新的内容，进入了宣传十月革命、宣传马克思主义的新阶段。这次运动沉重打击了统治中国2000多年的传统礼教，启发了人们的民主觉悟，推动了现代科学在中国的发展，促进了中国人民特别是知识青年的觉醒，为马克思主义在中国的传播创造了条件，也为中国共产党的诞生做了思想准备。但在这次运动中，人们对西方近代文明的顶礼膜拜确实暴露无遗，他们对封建主义旧思想、旧文化、旧礼教进行声讨，可谓声势浩大，威力猛烈，势如破竹。陈独秀赞扬"进取的""个人的""法治的"西方近代文明，抨击"安息的""家族的""感情的"东方文明，反映了激进资产阶级民主主义者对东西方文明的看法，即认为中国社会的改造，归根结底是思想文化的改造。我们必须以西洋文明为准绳，实现"伦理的觉

---

① 金冲：《新旧中国的交替》，首都师范大学出版社2014年版，第10页。

悟"①。激进的思想和盲目的崇拜使他们的批判具有片面性、绝对性,缺乏具体分析,直接从肯定一切调到否定一切。这就说明了新文化运动的领导人在当时缺乏马克思主义的批判精神,他们使用的方法,一般是资产阶级的方法。

然而,对西方近代文明的盲目崇拜并没有维持很长时间。第一次世界大战结束后,人们依旧对西方文明充满信心,欢欣鼓舞地作为战胜国参加巴黎和会。然而"弱国无外交",列强们在会议中显现了惯有的强权政治冷酷面目,使中国先进知识分子感到极大的失望,西方文明对他们失去了原有的吸引力,五四爱国运动爆发。而此时第一次世界大战带来的巨大灾难和战后西欧社会矛盾也尖锐暴露,国内向西方学习的潮流从此开始论战。虽然越来越多的人趋于接受科学社会主义的思想,但有些人依旧提出过"全盘西化"的主张,结果应者寥寥,已经无法在中国思想界产生重大影响。而在东西文化争论中,陈独秀和杜亚泉两派从文化道德领域比较中西文明优劣异同,仅为学理之争。但如果在近代中国学习西方文明这个大环境中看,这场论战实际上是19世纪中叶以来国人学习西方文化的阶段性总结,它标志着中国人在学习西方文明的道路上已经摆脱了简单的"器物模仿"和"制度移植"阶段,已经开始从理性高度探讨东西文明优劣,已制定文明移植的新战略。1919年下半年,正当文化激进主义者与保守主义者激烈论战之时,以章士钊为代表的文化守成主义者又提出了"东西文化调和",将东西文化论战引向一个新的阶段。早在五四运动初期,便有人提出"东西文化调和"问题,但真正将此观点理论化、系统化的,便是章士钊。而面对"调和论"的挑战,以《新青年》为代表的文化激进主义者奋起反驳,表明了学习西方文明,改造中国社会的决心。而此时已经对马克思主义有初步研究的李大钊积极参加了论战,连续撰写了《物质变动与道德变动》等文章,指出:道德的性质和状况必然与经济的性质与发展程度相适应,经济变动是道德变动的根本原因,论证了

---

① 于桂芬:《西风东渐》,商务印书馆2001年版,第281页。

中国新思想、新文化代替旧思想、旧文化的客观必然性。五四时期思想文化界关于"东西文化能否调和"问题的争论，实际上标志着中国思想文化精英对于东方文明认识的深化，为20世纪20年代后中西文明的交融准备了思想条件。

（二）缘何只能成为"学习者"

著名的李约瑟难题指出，尽管中国古代对人类科技发展作出了很多重要贡献，但为什么科学和工业革命没有在近代的中国发生？而后很多人进行了推广，便出现了"中国近代科学为什么落后""中国为什么在近代落后了"等问题。中国五千年文化，是世界文明古国，科技上也有享誉世界的成果。然而17世纪中叶起，中国的科学技术便再无瞩目成果。据相关资料统计，公元6世纪到17世纪初，在世界重大科技成果中，中国所占的比例一直在54%以上，而到了19世纪，骤降为0.4%。反看欧洲经历了一千年宗教的黑暗时期，希腊、罗马的古代典籍也被欧洲中世纪的焚书毁灭，欧洲从阿拉伯帝国保存的希腊、罗马古籍复兴了希腊、罗马文化的同时消化吸收了中华文明的科技与产业、体制与文艺等成就，从而诞生了近现代科技与工业文明——全球化地球文明。那么究竟是什么原因使得中国与西方在科技上有如此大的差距，使中国被迫进入现代，又经历了"器物模仿""制度移植""文化渗透"这三个阶段，"崇洋媚外"跌跌撞撞地走过一段学习之旅？

第一，从思想、哲学角度来看，中国古代没有完善的应是逻辑思想，传统的儒家伦理道德思想，很难产生严密的理论武器，缺乏古希腊的科学哲学思想；而中国古代文明的特征主要是技术发明，重实用性分析，缺乏解放普通劳动者的发明思想；古代的封建王朝的统治下，迷信落后和重文轻技思想阻碍了科技发展；古代中国和希腊的自然哲学不同，中国自然哲学的主要动力是在系统内寻找有机联系，而任何外在的原因是很难设想的，从而导致中国对自然变化缺乏系统的哲学理解；一万年前东西方人类思维都是属于类似

"具体运思"，而二者的思路方式，已朝向分歧途径。于是，双方便在旧大陆的两端各建构起不同的文化世界。西方思维方式表现出较多的冲破框框的创新精神，他们较少有以权威为当然依据的思维定式，而较多有对权威的怀疑和挑战精神，使得西方的新科学层出不穷，而东方总是在西方的后面模仿学习。中国的文字缺少逻辑性，并且在中国的古代，中国的古文对于科学的描述有无法弥补的缺陷，无法作出准确的定义和演绎，所以中国的古代文字系统对于科学的发展造成了很大阻碍。

第二，就科学本身所需的角度来看，主要因为纯科学真空和连续性破坏；中国古代文明的特征主要是工匠文明，技术基本上都是经验技术，属于工匠文明；中国古代科技过分强调实用性，很少理论探讨，没有严密的逻辑体系，科技的传播和发展是封闭的，科技结构自身缺陷制约着中国科技的发展。爱因斯坦便说过，中国未能产生近代科学的原因便在于缺少"系统的实验"；经验技术相对于科学技术来说严重不足，由于近代以来西方的科学技术是一种前生技术、多生技术、知识技术和突变技术，因而其发展速度明显呈加速趋势，这样一来，它在很短的时间里超过中国缓慢发展的传统经验技术。

第三，从人文地理环境影响看，中国小农经济的资源限制和保守倾向，阻碍了劳动分工和科学文化的多样发展。中国以前人多地少，却认为人口少，所以各个王朝建立的一个首要任务是鼓励生育；而西欧人少地多，他们却认为生活的空间狭小，要向外扩张，这个问题不得不让人深思为什么。中国多山少地，半干旱气候的生态约束促使中国发展了节省能源、消耗劳力的农业技术，而非扩张资源、节省劳力的牧农技术，导致周期性的生态危机和治乱循环，阻碍了劳动分工的发展；由于资源的约束，中国古代非常高的人地比例导致了土地投资回报相较于工业投资更高一些。

第四，从文化意识形态看，冒险精神利于多元和创新，避险倾向利于稳定和赶超。中国的儒家、道家、法家流派的主导思想无不是规避风险、明哲保身。自宋元两朝程朱理学兴起后，社会更是失去了思想自由，缺乏求知精神，更不用说创新精神。而劳动分工的发展，要求稳定的环境，古代中国社会只滋生出了科学技术的萌芽，但却没有肥沃的土壤去滋养其苗壮成长，现代科学和资本主义的出现不是单一文化的自身延展，而是多种文明冲突演化的结果。

第五，从政治官僚体制看，完整的地理环境造成古代中国大一统的国家体制，即中央集权制，也就是封建君主专制，这才导致了科技萌芽与商业萌芽被打压，并且有了闭关锁国之策，将中国彻底拉出与世界共同前进的轨道。官僚体制重农抑商，中国学者每日只管饱读诗书，生活富裕便无忧，科举制度更是培养一些只管研读四书五经的文人，一旦考取了功名便不思进取，吃朝廷俸禄安度一生，这样的特殊激励机制使社会忽视了数学的重要性甚至是存在，中国古代只把数学当作一门功利性的技巧，而并非一门学科来看，更没有深刻地研究过。

第六，从近代中国的国情来看，被迫打开国门后，逐步沦为半殖民地半封建社会，朝廷渐渐从模仿、移植西方文明变成麻木无反抗的提线木偶。社会中通过宗教、留学、贸易等方式，西方文明也渐渐渗透进每个国人的身体，面对强大而先进的西方文明和"腐朽过时"的传统文化，他们大多数表现出了对前者的崇拜与向往。

在以上几种因素的综合作用下，近代中国在内忧外患、社会矛盾严峻的环境下，一度"崇洋媚外"，如果说这是一种"学习者"的态度，那么待到属于强大中国的时代来临，中国必将再次令世界惊叹。

（三）扬我中华之自信

在"7·26"重要讲话中，习近平总书记再次强调，中国特色社会主义是改革开放以来党的全部理论和实践的主题，全党必须高举中国特色社会主义伟大旗帜，牢固树立中国特色社会主义道路自信、理论自信、制度自信、文化自信，确保党和国家事业始终沿着正确方向胜利前进。可以说，"四个自信"是我们实现中华民族伟大复兴中国梦的根本保证,是我们继续推进中国特色社会主义伟大事业的精神力量。习近平总书记指出:"我们说的道路自信、理论自信、制度自信,来源于实践、来源于人民、来源于真理。""文化自信,是更基础、更广泛、更深厚的自信。"

坚信中国特色社会主义道路是实现社会主义现代化的必由之路,是创造人民美好生活的必由之路。"鞋子合不合脚,自己穿了才知道。"改革开放40年来,我们坚定不移地走这条道,它遵循着科学社会主义的基本原则,也立足于我国的基本国情,它在真正意义上实现了近代中国的爱国志士们所向往的自由民主、科学创新。它体现了社会主义的本质要求,促进了人的全面发展,逐步实现着共同富裕。坚定不移走中国特色社会主义道路,便是坚定道路自信。

坚信中国特色社会主义理论体系是指导党和人民沿着中国特色社会主义道路实现中华民族伟大复兴的正确理论,是立于时代前沿、与时俱进的科学理论。习近平总书记指出:"必须高度重视理论自信的作用,增强理论自信和战略定力、对经过反复实践和比较得出的正确理论,要坚定不移坚持。"坚持中国特色社会主义理论体系就是真正坚持并发展马克思主义。它集结了马克思列宁主义、毛泽东思想和几十年来中国共产党带领人民探索过程中的经验与智慧结晶,是马克思主义中国化的最新成果。

坚信中国特色社会主义制度是当代中国发展进步的根本制度保障,是具有鲜明中国特色、明显制度优势、强大自我完善能力的先进制度。习近平总书记明确指出:"没有坚定的制度自信就不可能有全面深化改革的勇气,同样,离开不断改革,制度自信也不可能彻底、不可能久远。"中国特色社会主义制度坚持了以人为本,坚持了党的领导、人民当家作主和依法治国的有机统一,符合中国特色社会主义初级阶段的基本国情,具有强大的生命力。

坚信中华优秀传统文化、近现代革命文化和社会主义先进文化,积淀着中华民族最深层的精神追求,代表着中华民族独特的精神标识。习近平总书记指出："历史和现实都表明，一个抛弃了或者背弃了自己历史文化的民族，不仅不可能发展起来，而且很可能上演一场历史悲剧。"文化自信是民族、国家抑或是政党对自身文化内涵及价值的积极肯定并予以践行，并坚信着自身文化能够与时俱进、永葆生机。

在党的十九大报告中，习近平总书记在总结过去5年的工作和历史性变革时提到，加强党对意识形态工作的领导，党的理论创新全面推进，马克思主义在意识形态领域的指导地位更加鲜明，中国特色社会主义和中国梦深入人心，社会主义核心价值观和中华优秀传统文化广泛弘扬，群众性精神文明创建活动扎实开展。公共文化服务水平不断提高，文艺创作持续繁荣，文化事业和文化产业蓬勃发展，互联网建设管理运用不断完善，全民健身和竞技体育全面发展。主旋律更加响亮，正能量更加强劲，文化自信得到彰显，国家文化软实力和中华文化影响力大幅提升，全党全社会思想上的团结统一更加巩固。由此可见，现如今我国的文明程度已经是完全不同于近代时期的崭新气象，意味着中国特色社会主义道路、理论、制度、文化不断发展，拓展了发展中国家走向现代化的途径。为此我们更应该坚定跟随党，自觉地增强道路自信、理论自信、制度自信、文化自信，既不走封闭僵化的老路，也不走改旗易帜的邪路，保持政治定力，坚持实干兴邦，始终坚持和发展中国特色社会主义。

二、文化自信与文化差异性

中华文化始终卓然屹立于世界文化的版图之上。在纷然绚烂的世界文明之林，我们可以看到形色各异的文化种类、文化构型和精神趋向。然而这其中有无高低贵贱之分？有无先进与落后的差别？是否值得我们学习、吸纳与借鉴？诸上问题，在时代洪流滚滚向前的当下，亟须我们思考并解决。

（一）文化的时间性维度和空间性维度

要探讨这一问题，首先我们必须确定文化的时间性维度和空间性维度。从一个较大的时间尺度上观察文化流变与文化互渗现象，由此才能更科学、更全面、更完备地讨论出文化差异的相关问题的答案。以我们中华文化为例，我们的文明是由原始的农耕文明孕育而来，经由小农经济的灌溉，逐步发展并最终确立。因此，当农业型文明在19世纪末遭遇海洋文明时，自然而然地受到了冲击和反弹。由是，为了锻造出更符合时代风貌的文化类型，我们必须汲取外来文明，以扩充自身文化的韧性与强度。"西学东渐""西学为体""洋为中用"等口号与纲领由大西洋彼岸潜流涌动，逐渐注入长江黄河的流脉。我们对西学有了一定的体识，经由全盘接纳，到了辩证吸取的阶段。其中较为鲜明的实例即为严复的译作《天演论》。在对赫胥黎的《天演论》进行忠实翻译的基础上，删削了不符彼时国情的篇章和思想，再加入了达尔文的物竞天择观，最终匠心独具地加入了一些更为国人所接受的观点。由此创造性地将社会学和生物进化理论加以融合，最终确立了我们中国独具的"社会达尔文主义"。这一思想不仅启迪了民智，让救亡图存的精神觉醒有了先奏曲，同时也让一批思想前卫、抱负在身的学人获得了更为先锋、更具时效的哲学视角。如鲁迅、胡适等人。

然而对于这一"优势"的开端，后人却没有完全因循下去。自此以来的时代先驱，发展出了新文化运动，再对传统文化的批判方向上嵌入了过度的重量，致使启迪民智、改良社会、促进科学民主的同时，也过度地误伤了我们悠久璀璨且弥足珍贵的传统文化。

然而一如新文化运动的科学民主观念绵延至今，其忽视和掩蔽的传统道德观念和伦理纲常也一同被雪藏了一个多世纪。于是，我们如今高度发达的当代社会下，掩藏着许多"科技犯罪"。部分国人甚至将无处宣泄的智力由探索科技转向了"高科技犯罪"。如果科学发展是人类社会的生长激素，那么科技犯罪无疑是社会进步的"类固醇"了。[①]这种我们经常见诸报端与媒体头条的"假鸡蛋""窃听器""针孔摄像头"等，实是西方早期名著《弗兰肯斯坦》的当代真实版写照！西方在科学精神发轫期的隐忧，竟然在时下的我国暴露无遗！

诸上现象，无法不刺激我辈学人的反思情绪。我们深知，在科学发展的"亢奋期"，人们的理性主义思维是一定会受到束缚的。而游离于传统文化、传统道德与伦理纲常太久的人们，便更加容易无所顾忌，最终致使科技的双刃剑对我们无情反噬。

（二）"文化差异"是文化自信的逻辑前提

针对这一隐忧，我们便不得不想到党的十八大期间我党提出的"四个自信"（即"道路自信，制度自信，理论自信，文化自信"）中的"文化自信"。

我们曾经对传统文化横加批判，根源就在于我们缺少文化自信。我们甚至曾暗自认为，传统文化是一种低等文化，并不能与坚船利炮为载体的实用主义西方文明相抗衡和匹敌。然而我们却忽略了文化并无高低贵贱这一基础事实。不同的经济结构与政治形态，自然会孕育出不同风貌的文化构型。而每一种文化构型，却同样都滋育了一方人民。若与时下的发展结构不相一致，自会有内在的力量进行自我修复和完善。想想英国《大宪章》和英国资产阶级革命吧。英国国王基于对绵延悠久的君主制特色文化的自信，敢率先垂范，于1215年同下层谈判，并最终签署了《大宪章》。后辈们现在仍安居于白金汉宫，优雅的英伦文化久已卓然屹立于世界文化版图之上。无论英国如今的经济发展状况如何，英国国王始终是全国的象征。英国的沧桑历史向我们昭示了文化自信的重要性，同时也让我们看到了文化并无高低贵贱之分，无论是上层精英的雅文化还是民众阶层的俗文化，任其在历史长河中摸爬滚打，最终向世界呈现的，终将是卓尔不群的一种文明风貌！

---

① 许知远：《这一代人的中国意识》，浙江人民出版社2004年版，第96、97页。

　　而我国同时期的宋朝皇帝却对长期积弱的宋朝文化缺乏自信，固守着由冗军弱政所导致的"缺钙"的文化，拒绝与下层合作，拒绝文化与社会变革，最终只得招致失却大位。即使我们假设蒙古大军没有南下，南宋天子的春秋大位也绝坐不到戴安娜王妃大婚那一年。泱泱大国因文化自卑与文化自负所导致的文明进程停滞，这难以忽视的历史教训又从反面证明了文化无高低贵贱之分，文化自信是何等重要！

　　前事不忘后事之师。我们从历史中得到了血腥而警人的教训——必须秉承文化自信，文化无高低贵贱之分。因此，"我们要对这'文化自信'进行细细的考察，体悟之深，方能在行诸实际之时有的放矢"①。

　　首先，我们要秉承道路自信，始终沿着中国特色社会主义道路的发展路径稳步前行。

　　选择这一条道路，并非历史的偶然性选择，毕竟任何一个所谓的历史偶然性事件，都只是我们对历史学肤浅认知的一次明证罢了。道路自信，一是来源于中国历史和中国人民的选择。中国特色的社会主义道路、理论、制度不是中国共产党的随心所欲和一厢情愿，它是中国历史和中国人民的选择，党的十九大报告有一段话讲得很好，说它是"党和人民九十年奋斗、创造、积累的根本经验，必须倍加珍惜"，这就说明了道路创新的历史和群众基础。而人民是历史创造的主体和历史发展的动力，这就是我们党道路自信的力量源泉。二是来源于对中国近百年历史经验的总结。中国近百年的历史证明，自然经济、计划经济的封闭僵化体制，阻挠了中国近代以来生产力的发展，使本来可以充满活力的社会主义陷入国弱民穷的境地。实践充分证明只有中国特色的社会主义才能救中国和发展中国。三是来源于我们党对现实实践的科学判断。我们之所以认为我们的道路是正确的，就在于我们科学评估了我们的发展道路：一方面，不妄自尊大，我们承认"社会主义初级阶段的基本

---

　　① 玛雅：《道路自信·中国为什么能》，北京联合出版公司2013年版，第124、125页。

国情没有变，人民日益增长的物质文化需要与落后的社会生产力之间的矛盾没有变，中国是世界上最大的发展中国家国际地位没有变"，我们工作中还存在许多不足，前进道路上还有不少困难和问题。发展中不平衡、不协调、不可持续问题依然突出，制约科学发展的体制机制障碍较多，城乡区域发展差距和居民收入分配差距依然较大，一些基层党组织软弱涣散，一些领域消极腐败现象易发多发，反腐败斗争形势依然严峻。对这些困难和问题，我们必须高度重视，进一步认真加以解决，说明我们的道路依然任重而道远。另一方面，我们也不妄自菲薄，各方面工作都取得新的重大成就，经济平稳较快发展，改革开放取得重大进展，人民生活水平显著提高，民主法治建设迈出新步伐，文化建设迈上新台阶，社会建设取得新进步，国防和军队建设开创新局面，港澳台工作进一步加强，外交工作取得新成就。所以，我们对自己的道路才充满了自信。

坚持文化自信的同时，也要认真对待文化差异性。无论是在国内，我们面对诸多民族风采各异的文化时，还是当我们将眼光眺向世界时。

人是文化的存在实体。不同肤色、不同体质的人，背后承载的都是各自地域的迥然不同的文化。然而无论是景颇族的董萨祭神，还是满族的萨满敬农，都是我们对农业文明的敬重，体现的都是我们对大自然的敬畏；即使是气候迥异的青藏高原和亚马孙雨林，在雕塑石兽的艺术思维上，也有着千丝万缕的联系。这些都是古代先贤们的情之所系，殊途而同归。而其间展现出的千差万别的差异性，是由不同地理、政治、经济、军事、商业、气候、历史等要素共同左右而形成的，这是不同的化合的结构体，从哲学上讲，展现着不同的种差和属差，因而并不具备比较的意义与价值。由是，我们可以说，文化的差异性和特殊性与共同性并行不悖，但却并不具备比较的意义。文化同时具有不可比较性。文化的民族性应被平等尊重，文化在任何形态的法典上，都具备至高无上的合法性！

（三）警惕文化殖民主义

在确立了文化的差异性、特殊性、不可比较性和合法性以后，我们便要警觉于与之相关的另一问题，那就是文化殖民主义。文化殖民主义的根源在于地位相同而力量不同的文化之间，存在着强势和弱势的客观差异。而强势的文化极有可能在文化交融中，对弱势一方进行吞并。强行消灭弱势文化，建立优势文化的统治地位，并且为强势文化持有方谋取利益，也可以说是一国以文化方式对另一国进行侵蚀，达到从根本上消灭另一国文化自主性的目的，淡化民族意识。这是典型的文化殖民主义现象。例如面临着后殖民主义思潮的印度，萨尔曼·拉什迪、V.S.奈保尔等生于印度，而后流落世界各地的文化英雄，在晚年重返印度的时候，都不约而同地发现，年幼时的印度消失不见了，如今的繁华表象，其实是西方霸权主义的强行掠夺后，馈遗的狼藉。奈保尔曾在自己的回忆录——印度三部曲的首部《印度：受伤的文明》中谈道："我不无感伤地发觉，那条曾经养育我的米格尔大街早已消失不见，唯一勾连记忆的，只是深潜地下千米的褐色土壤了……"[1]再比如侵华战争时日本对包括我国在内的被侵略国家的文化侵略，开办日语学校用日语教学，甚至战后多年台湾省还有一些家庭的生活方式与日本一样，讲日语，等等。这些都是文化殖民主义遗留的触目惊心的人间悲剧。

因而我们必须重视中国特色社会主义文化中的多民族特性，避免强势的中原文化在无意中消解了绵延亘古的地方特色文化，遗弃了宝贵的民族文化遗产。我们的多民族特征，不同于欧洲（例如多民族的俄罗斯），我们的民族间的差异并不具有仇恨与冲突。我们可以并行不悖地多元发展我们的民族文化，何其幸也！

从党的十九大报告中我们可以看到，我党对发展多民族文化问题有着十

---

① [英] V.S.奈保尔：《印度·受伤的文明》，生活·读书·新知三联书店2003年版，第238页。

分仔细而完备的思考。文化自信是民族复兴的精神引领。中国特色社会主义进入新时代，在这样的背景下加强文化建设，就要真正做到"随风潜入夜，润物细无声"，让文化如涓涓细流，满足人民日益增长的美好生活需要；新时代，传统需要焕发出新的光华，也就是要着力推动传统文化的创造性转化与创新性发展；通过开展群众性文化活动，为基层群众送去必要的科技、文化、生活百科知识等，扶思想、扶观念、扶信心，"让老百姓感受到文化的温暖、文化的力量"。

我们应当抓住机遇，保护并传承好传统技艺。同时，也要与时代合拍，谱写文化发展新篇章。我们要着力推动传统文化企业从生产型转向文化旅游型。文化建设要"明道"，就要坚持不忘本来、吸收外来、面向未来，最终实现美美与共，让文化保有持续生长的内在力量。

第一，在深刻性上理解问题和文化的本质性力量。要回到文化的本质或者回到文化本身，从深刻性上来理解文化和文化的本质性力量。第二，要坚持中国特色社会主义文化发展道路。我们的文化是要建设社会主义文化，社会主义文化如何建设，社会主义文化发展道路如何探索，实际上正是基于我们前面所谈的核心价值体系的建构以及社会主义核心价值观的培育和践行，这两个问题是相互关联的，实际上这个问题也恰恰关联着我们所说的文化自信[1]。第三，文化是需要在大众的培育中，在自觉的践行中，自然而然地所生发、所生成的，这实际上都是我们在文化发展、文化建设中要克服的一些文化的思维，要学会以文化的方式来建设文化、来发展文化。第四，要突破对文化狭隘的、碎片化的理解局限，要放宽视野来看文化。文化是鲜活的，不能把它僵化，更不能把它固化，不能把它碎片化，要放在一种整体的语境中，放在一种环境中，所以我们讲文化，文化是要用一种生态观，文化生态的健全才能够真正生长出一种文化的本质性力量。第五，要突破对文化功能

---

① 范玉刚：《如何实现文化繁荣发展》，中央党校文史部2016年版，第95页。

的表象的极端功利化的理解局限，要把握文化的本质性的力量。文化是需要积淀的、长期积累的，不能把它功利化，像一个经济行为一样，立马见效的[①]。而文化一旦形成了自身的力量，它具有一种长久的、可持续性的，这是文化的特殊性。 第六，要突破古典时代和经济时代的思维局限，未雨绸缪，为文化时代的来临，特别是我们现在讲为文化创意时代的来临做好充分准备。实际上文化既有时代的先声，又表征着一种时代、一种文明的提升，我们在这方面要有充分的文化意识和文化自觉。第七，要改变对本民族历史文化传统的简单肯定或粗暴否定的态度，在理性反省历史、坦然接纳传统中获取走向未来的智慧。也就是说我们真正要扎根于优秀的文化传统中，要在一种整体性中领会文化的本质及其力量，而不是碎片化的、局限性的、局部的、功利性的、随意取用的文化，把文化看作一种外在，或者一种有形的东西，而是在一种无形中、在一种深刻领会中、在扎根传统中明白文化和文化的力量，从而使之活在我们当下，活在百姓的日用中，这才是一种真正的文化。[②]第八，文化建设要有文化的思维，相对这种文化的思维也是对当前文化发展的一种启蒙，启文化之蒙，要有一种文化意识、文化自觉。要形成一种文化的态度，即对自己有自尊，不苟且；对他人能尊重，不霸道；对环境能爱护，不掠夺；对历史有敬意，不轻薄。英国历史学家汤因比教授曾在自己的著作《历史研究》中指出："在一个文明中，文化成分是它的灵魂、血液、精髓、核心、本质和所有。而相比之下政治成分，更进一步说经济成分，则是一个文明状态的表面的非本质的、微不足道的现象和它活动的媒介，一个文明只有达到这样一种程度，即成功地将它的文化扩散出去，它才能始终真正地、完全地吸收与它接触过的异己的社会体。"[③]由此，我们可以看出，文化必须被我们视为一种灵活性的存在，才能迎接时代的潮流，最终成为我们

---

① 余世存：《大国小民》，江苏文艺出版社2012年版，第137页。

② 张旭东：《全球化与文化政治》，北京大学出版社2013年版，第92、93页。

③ [英] 汤因比：《历史研究》，上海人民出版社2010年版，第213、214页。

的民族骄傲之明证！

三、怎样理解"文化是民族的血脉"

中华文化博大精深、源远流长，中国特色社会主义文化正是源自这五千年的文明历史之中。当代中国，要坚定文化自信，才能推动社会主义文化的繁荣昌盛；而推动文化大发展、大繁荣，首先要意识到文化在民族发展中的重要地位。

党的十七届六中全会通过的《中共中央关于深化文化体制改革、推动社会主义文化大发展大繁荣若干重大问题的决定》提出，"文化是民族的血脉，是人民的精神家园"[①]，这深刻地阐释了文化在中国特色社会主义建设和中华民族伟大复兴中的重要地位和不可磨灭的作用。

（一）如何看待文化和民族的关系

1. 文化是民族生活方式的反映，民族是文化的载体

不同民族的文化模式由其生活方式决定，不同的生活方式又产生了不同民族文化的发展方向。

人通过劳动生成了特有的民族文化，造就了本民族的历史，创造了本民族特有的神话、宗教、语言、艺术、历史、科学等人类文化形式；而这些形式也如同圆的扇面，构成了本民族文化。通过对文化不同形态的考察，把握民族生活方式的本质。有了文化，民族有了独特的生活方式，称之为民族。

游牧民族多以部落形式生活，少则几千多则数万，加上牛马等牲畜，自然要居住在水草丰美的草场。傈僳族独有的傈僳文化，则以家族或村社为单

---

① 胡锦涛：《〈中共中央关于深化文化体制改革、推动社会主义文化大发展大繁荣若干重大问题的决定〉辅导读本》，人民出版社2011年版。

位生活，每个村社保持着相对的独立性，习惯在高山上耕种。如果让两个族群相互对调他们的生活环境，那结果可想而知，以他们原有的文化是不会很快适应新环境的。

2. 文化发展适应民族发展，民族发展保存文化传承

随着民族的发展和壮大，文化会不断整合、更新。通过文化把握民族生活方式的本质，文化不仅是民族延续的前提，也是民族发展的结果。文化作为前提，规定着民族的本质；文化作为结果，体现了民族的本质。文化发展要适应民族的发展，全面展现本民族文化的多样性，在民族发展、创造中形成正相关的作用。民族繁荣与进步，就会丰富自身的精神家园，保障文化的传承与发展。

我国历史上的唐朝，在中国古代社会经济处于上升阶段，文化发展也是空前繁荣。唐代"胡风"盛行，有北方游牧民族和西域传来的风俗，也有十六国时期的遗留文化。唐朝正是由于这种兼收并蓄的文化氛围，催生了专属于唐朝的盛世。不同民族之间的文化相互吸收、融合，使唐代文化体系庞大且完整，不僵守古制，极具开放性。从古至今，各种民族在中国大地的历史舞台上你方唱罢我登场，各种经济、政治、疆土的斗争层出不穷，不断变异、涵化形成了今天的中华民族文化。

3. 文化的活跃有助于民族的发展，民族的稳定影响文化变迁

马克思主义哲学中的文化是被社会化的文化，是民族（人类）对象化实践活动的结果。文化的活跃，即文化的主体性，就是文化创新时民族的能动性和创新意识。文化的主体性从根本上来说就是民族的能动性。文化是民族的产物，其活跃可助力民族创新、发展；文化的创造又受到作为基础——民族——稳定的约束，不能脱离开民族的稳定因素而夸大文化的影响，可见文化主体性的二重性是内在统一的，无法将民族和文化的关系割裂。

"文化上的每一个进步，都是迈向自由的一步。"①马克思把"文化"与"人的有目的的活动"相联系起来，并坚持二者内涵相通。人在超越自然状态后，进入主体目的阶段，也就是民族发展趋于稳定，文化变迁可以以多样性得到显现。

民族生存环境、族群成员、使用工具的稳定性，这些因素的稳定使得民族的生活方式保持一定的稳定。而文化是人对外部环境适应的结果，正因为族群的稳定和外部环境的稳定，由此造成了民族稳定性对文化变迁的影响。这也就是"文化新进化论学派"所说的文化"二律背反"，即文化适应中创造性的结果之一，使它能在特殊环境下产生多种文化，产生多样性。另一方面，文化的稳定性就是文化的保守性②。

民族是在一段的历史过程中由拥有共同文化背景的相对稳定族群形成的。民族形成后，文化也会随之变得相对稳定，这就是文化的活跃有助于民族的发展，民族的稳定影响文化的变迁。

（二）文化的统一性和民族的生存发展关系

在世界发展史上，任何一个民族的崛起或蓬勃发展，都是以文化带动政治、经济的发展；而一个民族的衰落或沉沦，也都以民族文化的颓废为先兆。民族精神以文化为载体，精神是一个民族最深刻的灵魂。

1. 文化是一个民族区别于其他民族的重要标志

因为有了文化，使人与动物相区别，就是"理想与事实""现实性与可能性"的区别，在这种区别之中"我们才能指明人的独特之处，也才能理解对人开放的新路——通向文化之路"③。一个民族在不断创造历史，也就是创造文化的活动中，才真正地成为一个民族，能够获得真正的自由。在文化不断

---

① 《马克思恩格斯选集》（第三卷），人民出版社1995年版，第456页。

② 夏建中：《文化人类学理论学派——文化研究的历史》，中国人民大学出版社1997年版，第237页。

③ ［德］康德：《实践理性批判》，邓晓芒译，人民出版社2004年版。

地生成过程中，民族本质得以展现，实现自我塑造与自我升华。

人类创造了文化，又承载文化；文化塑造了人，又提升了人。人是文化的人，人是文化的主体，在民族发展、前进的过程中，文化创作时人的主体能动性得到了充分地发挥。这种文化使人与动物界相区别，也使本民族与其他民族相区别。

文化的特性决定了民族的特性。中国人含蓄内敛，巴西人热情好动，美国人敢于冒险，不同民族的性格特点正是由于不同的文化而造就的。中华民族作为一个团结的民族大家庭，有56个民族，不同的地缘、不同的血缘也造就了不同的性格特征：蒙古族豪爽大气，朝鲜族能歌善舞，壮族顽强坚韧。这其中决定不同性格特征的就是各自的民族文化。

人和文化以民族历史发展为纽带，二者相互连接，融合为一体：文化的统一性。我们寻求的不是结果的统一性，而是活动的统一性；不是产品的统一性，而是创造过程的统一性。如果"人性"这个词意味着任何什么东西的话，那么它就是意味着："尽管在它的各种形式中存在着一切的差别和对立，然而这些形式都是在向着一个共同目标而努力。"[1]

中华民族是历史形成的命运共同体，维系这个命运共同体的纽带是文化认同。文化认同随着时间不断加深，变成了中华文化的血脉，同时也是中华民族的血脉。中华文化积淀五千载，孕育了自强不息、勤劳勇敢的中华儿女。这种民族文化是长久以来生活方式的体现，是中华民族能够不断发展的不竭动力，它像纵贯人体全身的经络，为中华民族共同的情感和信念输送养分，把所有中华儿女紧紧地团结在一起，是我们民族的血脉，是精神的家园。

2. 文化是一个民族生命力的源泉和民族凝聚力的支撑

一个民族的凝聚力和向心力主要体现在对民族文化的认同和归属方面。

---

[1] [德]卡西尔：《人论》，甘阳译，上海译文出版社2004年版，第124页。

一个不认可自己民族文化的人，不会有自豪感，不会在自己民族取得进步时使之与有荣焉。

文化是个体对本民族认同的基础，离开了文化，这个民族就失去了发展方向。中华文化包含着中华民族对自我与世界的认知，文化的力量流淌在中华民族的血液之中，是民族生存发展的永恒动力。如果一个民族失去了自己的精神力量，就等同于失去了信仰，失去了民族未来发展的希望，丧失了生命力。

个体对于民族文化认同反映在对社会价值、法律法规、风俗习惯等的认可，其本质就是对"自我认同"，是使自己的思维、价值取向等与他人达成一致。"人们的某种文化认同一旦形成就有较强的稳定性，可以不受地域、环境、语言等限制而独立存在"①。

文化作为一个民族的血脉与发展机理，承载着人们共同的情感和共同的理想，是民族生命力的源泉，同时也是民族凝聚力的支撑。文化作为一种精神力量，在人们认识世界和改造世界的过程中可以转化为物质力量，对社会产生深远而持久的影响。我们的民族创造过辉煌灿烂的历史，但也经历过种种磨难，近代史上遭受过各种屈辱。从1840年鸦片战争爆发到1949年中华人民共和国成立，一度处于亡国灭种的危险处境。但每当中华民族遭遇危难、处于存亡之际，不同身份、不同阶层、不同信仰的中国人都会团结起来，为民族生存斗争，达成统一战线。这就是文化的精神力量，突破阶层，包容阶级，表现出中华文化卓越的凝聚力。正是这些灾难的发生，铸成了中华民族不屈的脊梁。

（三）一个民族的持续存在，是因为文化的血脉没有中断

国学家陈寅恪先生在20世纪50年代曾说过，"文化关乎民族的盛衰"。

---

① 闫顺利、敦鹏：《中华民族文化认同的哲学反思》，载《阴山学刊》，2009，22（1），第87—90页。

科技为强国之用，文化乃立国之本。

1. 文化是民族的身份

一个民族得以持续存在，其原因有二：其一是种族不断繁衍生息，其二便是文化的传承没有中断。不同的水土养育不同的人，不同的文化熏陶不同的民族。

文化是民族的徽章。2014 年五四青年节，习近平总书记在北京大学师生座谈会上发表重要讲话，明确指出："中华优秀传统文化已经成为中华民族的基因，植根在中国人内心，潜移默化影响着中国人的思想方式和行为方式。"[①]"长太息以掩涕兮，哀民生之多艰"的忧国忧民情怀，"捐躯赴国难，视死忽如归"的报国雄心，"粉骨碎身浑不怕，要留清白在人间"的浩然正气，"位卑未敢忘忧国"的大爱忘我。孔曰成仁，孟曰取义，收复台湾的郑成功，大败倭寇的戚继光。这些民族英雄面对家国的危难，挺身而出，英勇顽强，这都是文化的力量，所受的优秀传统文化所给予的勇气。优秀传统文化是一枚镶嵌在心房上闪光熠熠的徽章，彰显着中华文化跳动的血脉，代表了优秀传统文化强有力的亲和力、吸引力和感召力。

"文化的力量，表现为民族精神的力量。民族精神是民族的自我意识，民族文化的各个方面都是这个精神与自身的关系"[②]。民族文化的形成并不是一个民族与生俱来的，当一个国家或者一个民族有了民族的自觉性，有了自我存在的意识，开始有了对理性、对精神的追求，它才变成了自在自为的。"亚当和夏娃正是由于意识到自己的存在，而且是一种差别性的独特存在，才有了羞愧，才产生了人类的道德"[③]。当每一个个体都产生了内心的道德，一个

① 习近平：《青年要自觉践行社会主义核心价值观——在北京大学师生座谈会上的讲话》，载《光明日报》，2014年5月5日，第2版。

② Hegel: Introduction（《历史中的理性》）: Reason in History, translatated by H.B.NISBET, Cambridge University Press. 1975年版，第102页。

③ [德] 黑格尔：《小逻辑》，贺麟译，商务印书馆1986年版，第14页。

民族也就随之产生了民族的理性，即民族精神。当然，这里所说的民族是超越家庭、部落、种族等形式，成为国家式的民族，如中华民族等。这种民族也就是黑格尔所说的"如果没有这种形式，民族作为伦理性的实体——它自在地存在着——就缺乏客观性来为自己和为别人在法律——即被思考的规定中获得一种普遍物或普遍的定在，因而这个民族就不会被承认"①。

一个民族在历史文明进程中，"宗教、礼仪、伦理、习俗、艺术、政体、宪法，一切的设施、事件和行为"②都是民族精神的体现。民族精神之所以会体现在一个民族生活的一切特殊方面，是因为它是民族伦理、制度、政治体系、历史发展等各个方面的统一体和实体，有着绝对的现实性和生命力。民族精神是自由的另一种存在方式，通过文化来实现民族的理性力量，所以历史的发展离不开文化，每一段过去都带有民族精神的印记。

2. 文化是民族之根

文化是民族的根本，为民族提供强大精神动力。这精神动力是中国特色社会主义核心价值体系，是一种共同的核心价值体系。"从哲学上理解，核心价值体系是指一个民族的文化以根本价值取向为核心的一系列价值原则的统一。核心价值体系是一个民族文化精神、文化传统的最集中体现，也是一个民族'安身立命'，自立于世界民族之林的根本的所在"③。

文化是民族的根基，为民族发展提供养分。文化是民族最深刻的历史遗产，是一个民族的传统，"但这种传统并不仅仅是一个管家婆，只是把她接受过来的东西忠实地保存着，然后毫不改变地保持着并传给后代。它也不像自然的过程那样，在它的形态和形式的无限变化与活动里，仍然永远保持着原始的规律，没有进步。这种传统并不是一尊不动的石像，而是生命洋溢的，

---

① ［德］黑格尔：《法哲学原理》，范扬、张企泰译，商务印书馆1982年版，第355页。

② Hegel：*Introduction：Reason in History*，translatated by H.B.NISBET，Cambridge University Press.（简称《历史中的理性》），1975年版，第58页。

③ 丁立群：《文化是民族的血脉是人民的精神家园》，载《光明日报》，2011年11月24日，第2版。

有如一道洪流，离开它的源头愈远，它就膨胀得愈大"①。文化汇集了数千年来的思想沉淀，以一种自我更新的态势向前行进，不舍昼夜。

一个民族所拥有的土地面积可能会随着战争、政治而发生变化，但文化却是可以薪火相传的。一个民族的文化不是一成不变的，而是兼收并蓄。从原始部落时代开始，各部落的兴衰起落由征战杀伐逐渐转变为文明的发展。

春秋战国，诸子百家兴起，儒家、道家、法家、墨家、阴阳家等共同创造了灿烂的文化艺术，具有鲜明的艺术特色，流传下来的典籍极其丰富。据《汉书·艺文志》的记载，数得上名字的一共有189家、4324篇著作。提出了跨越地域、超越种族的理念，仁、义、天人合一等。先秦文化的创造是中华民族精神家园不可或缺的重要部分。隋唐重建统一，使中华文化再现辉煌。改革官制，创设科举制度，经营西域，开拓丝绸之路，形成了开放、自信、浪漫的文化氛围。宋代是传统中华文化的成熟期：科举通道的拓宽，使得全民重视教育，儒学复兴。元、清两代由少数民族掌权，都认同中华文化，成为中华民族的一员。

即使朝代更迭，中华民族也从未消亡，文化依旧流传下来，中华文明仍在延续。一个民族的存在，是因为文化的血脉没有中断。多民族之所以能够紧密团结，在于对共同文化的认同，这种文化认同，随着历史进程的加深，形成了中华民族的血脉。

（四）中国传统文化的当代价值

五千年文脉涵养出泱泱中华，留下了灿烂悠久的文明，铸就了源远流长的传统文化。黑格尔有过一个著名的比喻："一个有文化的民族，如果没有哲学，就像一座庙，其他方面都装饰得富丽堂皇，却没有至圣的神一样。"他视

---

① ［德］黑格尔：《哲学史讲演录》，贺麟译，商务印书馆1959年版，第90页。

哲学为让人崇高起来的"普照光"①，哲学是现世的智慧，是"文化的活的灵魂"。而中国的哲学则发源于传统文化，这种传统文化不仅在几千年的封建社会中发挥着巨大的作用，并且对现代社会有着重要的价值。

1. 优秀传统文化的当代价值

中华民族在经历重重苦难之后，选择了中国特色社会主义道路，开始了伟大复兴之路。"世界上各大文明区域都有自己的精神家园，它是由该文明的原创性、经典性文化成果奠基的。这些原创性、经典性成果在新的时代会被重新解释，以便在充分适应新时代要求的同时，继续成为支撑这个文明的最深层、最稳定、最强大的精神动力源泉"②。

（1）增强中华民族的凝聚力和向心力

习近平总书记指出："中华优秀传统文化积淀着中华民族最深沉的精神追求，代表着中华民族独特的精神标识，是中华民族生生不息、发展壮大的丰厚滋养，是中国特色社会主义植根的文化沃土，是当代中国发展的突出优势。"③博大精深的中华传统文化是中华民族引以为傲的珍贵财富。对任何一个民族来说，发展的精神动力都要依靠民族精神，它可以激发民族成员的归属感、进取意识和奋斗精神，凝聚社会方方面面的力量，形成凝聚力和向心力，从而形成推动社会前进的强大动力。

优秀中华传统文化是社会意识的重要组成部分之一，是民族精神的集中体现。五千年来，中华民族不仅孕育出灿烂的华夏文明，还造就了中华民族独特的精神、气质与品格。在21世纪的今天，弘扬中华民族以爱国主义为核心的团结统一、爱好和平、勤劳勇敢、自强不息的伟大民族精神，可以增强中国人的自尊心、自信心，激发爱国热情。"一个民族的复兴需要强大的

---

① ［德］黑格尔：《逻辑学》（上卷），杨一之译，商务印书馆2009年版，第2页。

② 赵峰：《为什么说文化是中华民族的血脉》，载《解放日报》，2011年11月21日，第11版。

③ 习近平：《把培育和弘扬社会主义核心价值观作为凝魂聚气强基固本的基础工程》，载《人民日报》，2014年2月26日，第1版。

物质力量，也需要强大的精神力量。没有先进文化的积极引领，没有人民精神世界的极大丰富，没有民族精神力量的不断增强，一个国家、一个民族不可能屹立于世界民族之林"①。弘扬中华优秀传统文化，有利于增强中华民族的凝聚力和向心力，让中华文化在多元的世界文化中与异国文化相互交流、发展，使中华民族屹立于世界民族之林，从而走向文化自信、文化自强。

（2）有利于发展社会主义市场经济

党的十九大综合分析国际国内形势和我国发展条件，从2020年到2035年，达到"社会文明程度达到新的高度，国家文化软实力显著增强，中华文化影响更加广泛深入；人民生活更为宽裕，中等收入群体比例明显提高，城乡区域发展差距和居民生活水平差距显著缩小"②的目标。当今国际社会文化、政治、经济相互交融、互相影响，综合国力影响力日益彰显，以文化作为其核心竞争力的软实力的重要性不言而喻。我国文化软实力以传统文化为基础，其深远的文化底蕴为社会主义市场经济建设打好了坚实的基础。

社会主义市场经济必须在平等、合理、公正的经济环境中发展，经济基础决定上层建筑，上层建筑反作用于经济基础，社会主义文化氛围会在一定程度上影响市场经济。我国传统文化中的仁义礼智信、勤俭廉勇恭等，正是当今经济社会所需要的美好品质，对市场经济的健康发展有一定的约束作用。

近年来，市场上出现的毒奶粉、地沟油、莆田系、假疫苗等事件，除了市场经济体制自身所带有的弊端之外，人们盲目追求经济利益而忽略市场所需要的精神操守加剧了这种状况的发生。面对这种情况，国家除了要在立法

---

① 坚定文化自信，建设社会主义文化强国——学习《习近平关于社会主义文化建设论述摘编》，载《人民日报》，2017年10月16日，第7版。

② 习近平：《决胜全面建成小康社会　夺取新时代中国特色社会主义伟大胜利》，人民出版社2017年版，第28页。

环节上健全相关法律法规外，更为根本的则是加强弘扬中华优秀传统文化，宣传诚实守信的思想，让这种观念深深植入从业者的脑海，做到真正杜绝不良现象的发生，消除市场经济负面影响。

（3）构建社会主义核心价值体系

"培育和弘扬社会主义核心价值观必须立足中华优秀传统文化。牢固的核心价值观，都有其固有的根本。……我们提倡和弘扬社会主义核心价值观，必须从中华优秀传统文化中汲取丰富营养，否则就不会有生命力和影响力"①。

中华传统文化的许多积极因素在社会主义核心价值体系的构建中有着举足轻重的作用，社会主义核心价值体系与中华优秀传统文化联系密切、互相促进。中国文化取其精华部分，挖掘其深刻内涵，与时俱进、推陈出新，在新时代发扬光大，成为涵养社会主义核心价值观的来源。社会主义核心价值体系是对优秀传统文化的继承与超越，在优秀传统文化坚实的基础之上茁壮成长、根深叶茂。

中华传统文化为社会主义核心价值体系提供理论源泉。首先，民族精神是构建社会主义核心价值体系的基础。民族精神可以直接体现民族文化，而中国共产党把民族精神与马克思主义相结合，不断丰富属于我国的特有的民族精神。其次，中国传统道德是社会主义核心价值体系的重要来源。中华传统文化重视道德的作用，传统道德在中华民族的发展历程中有重要价值。最后，人生价值和社会理想在社会主义核心价值体系的构建中得以实现。大同社会是中国人几千年来的梦想，和谐社会则是我们现在的社会理想，古代圣贤所追求的理想生活仍是我们今天所奋斗的目标。

---

① 坚定文化自信，建设社会主义文化强国——学习《习近平关于社会主义文化建设论述摘编》，载《人民日报》，2017年10月16日，第7版。

2. 传统文化的传承与发展

传统文化在当代的传承和发展，要以一种新的观念和方法来弘扬、继承。随着中国经济的快速崛起和全球一体化进程的加快，挖掘传统文化精髓，发展优秀传统文化，对增强文化软实力建设、树立民族自信心和实现中华民族伟大复兴的中国梦有着重要的意义和影响。

（1）在与时俱进中发展

"中华民族有着深厚文化传统，形成了富有特色的思想体系，体现了中国人几千年来积累的知识智慧和理性思辨。"①习近平总书记从实践的角度指出了传统文化的继承性和时代性。"在漫长的历史进程中，中国人民依靠自己的勤劳、勇敢、智慧，开创了民族和睦共处的美好家园，培育了历久弥新的优秀文化。"②从历史的维度把传统文化和现实相结合，要在与时俱进中发展传统文化。

自从党的十八大以来，习近平总书记对中华传统文化的历史地位、时代价值、科学内涵和弘扬路径这四个方面进行了深刻的阐述，形成了以"两创""三个独特""四个讲清楚"为核心内容的传统文化观。党的十九大更是提出了"不断增强意识形态领域主导权和话语权，推动中华优秀传统文化创造性转化、创新性发展，继承革命文化，发展社会主义先进文化，不忘本来、吸收外来、面向未来，更好构筑中国精神、中国价值、中国力量，为人民提供精神指引"③。

实现文化创造性的转化就是要结合我国的实际情况，把传统文化的精华与当代社会相结合，与时俱进，用"现代性"外壳装载传统文化，符合时代

---

① 《习近平主持召开哲学社会科学工作座谈会强调 结合中国特色社会主义伟大实践 加快构建中国特色哲学社会科学》，载《党建》，2016年第6期。

② 习近平：《促进共同发展 共创美好未来》，载《人民日报》，2013年6月7日。

③ 习近平：《决胜全面建成小康社会 夺取新时代中国特色社会主义伟大胜利》，人民出版社2017年版，第23页。

的发展。赋予传统文化新的意义，赋予其现代的表达形式。实现传统文化的创新性发展就是要在继承传统文化优良品质的基础之上，对其进行创新，在创新中完成传统文化的"现代化"改造。

既要充实传统文化的内涵，又要拓展传统文化的外延。对待我国的传统文化不仅要吸收我国现代文化，也要借鉴西方的有益成分。比如哲学方面应学习西方康德、黑格尔等人的逻辑与推理思维，做到学以致知，来补充中国传统哲学的学以致用，不仅关注自身、社会的提升，也要加强对知识本身的思考。

既要规范传统文化的内容，又要创新传统文化的题材。传统文化中有合理内核，就一定存在部分糟粕，这就需要我们用合理的方式对其进行规范，更适宜当代社会接受。比如"天人合一"的观念，既是道家鼓励人复归自然，也是儒家描述的自觉履行道德原则境界，也可指天人合一是人顺应自然规律，与自然和谐相处。与当代社会结合起来，根据实际情况把天人合一放在不同的情况下来解答。原来社会生产力有限，文化的题材单一。现在信息化发展迅速，合理运用多媒体和人工智能技术，在传统文化的发展上定将大有作为。

（2）在多元文化碰撞中传承

我国传统文化的物质价值在军事、医学、科技、艺术、文字、语言、绘画、戏剧、音乐等多方面表现出来，精神价值层面在中华民族传统美德和中华民族精神中得以彰显。

传统文化的传承一要加强宣传力度，拒绝炒作式的文化宣传，而是要脚踏实地地学习优秀传统文化，丰富传统文化理论研究，挖掘优秀资源，重视传统文化的当代价值。培养出一批热爱传统文化、精通传统文化的人才，让传统文化的力量在现代社会大放异彩。

二要加大教育力度，学校、社区作为传统文化的教育基地，推动优秀传统文化的传播。让学生和社区居民感受到传统文化的魅力，从理论到实践系统讲授，开设书法、戏曲等相关课程，举办赛诗、绘画比赛，形成传统文化的立体传播途径，更加有效、全面地传承我国传统文化。

三要加大"走出去"步伐，走向国际市场。在经济全球化的今天，仅仅靠独善其身是难以实现传统文化的传承的。没有文化的交流与碰撞，传统文化的再生就会成为空谈。中国今天的地位与过去不可同日而语，政治、经济在国际上都有深刻影响，价值理念和精神观念都在世界引起广泛注意。"西方文化和中国文化交流是不平衡的。我们中国人拿过来太多，而中华民族的优秀文化送出去太少。"季羡林先生如是说。所以更要将我们的文化与产业相结合，给传统文化附加上经济效益，作出民族特色，走出中国传统文化的新道路。

把文化视作民族的血脉，失去了血脉也就失去了生命，把文化提升到生命这一高度。在中国特色社会主义先进文化的建设进程中，要认真处理文化的传统性和现代性、民族内部文化和世界外来文化之间的关系。

四、批判"文化霸权"的教条

一个人在天地间行走需要智慧和文化来支撑，一个国家和民族在世界舞台上立足亦需要智慧和文化来引领。党的十九大胜利召开，标志着我们进入中国特色社会主义新时代，标志着我国社会主要矛盾发生了变化，"已经转化为人民日益增长的美好生活需要和不平衡不充分的发展之间的矛盾"[1]，标志着习近平新时代中国特色社会主义思想确立为党的行动指南，引领全国人民奔向全面建成小康社会和全面建设社会主义现代化国家的宏伟目标，指引全国人民继续努力奋斗实现中华民族伟大复兴的伟大梦想。梦想的号角再次吹

---

① 习近平：《决胜全面建成小康社会　夺取新时代中国特色社会主义伟大胜利》，人民出版社2017年版，第11页。

响，有信仰有精神有梦想有力量的中华儿女都在为中国开启新时代新征程而倍感骄傲、倍感自豪，有信心在党的带领下继续砥砺奋进、奋勇前行。

习近平总书记在党的十九大报告中说："当前，国内外形势正在发生深刻复杂变化，我国发展仍处于重要战略机遇期，前景十分光明，挑战也十分严峻。"[1]面对成绩，我们要不骄不躁。面对挑战，我们要理智清醒。"在新的凯歌奏响之前，在党号召全国人民心往一处想，劲往一处使的时候，我们注意到总有一些域内和域外的杂音，不和谐地发出声响，极力宣扬西方的文化和价值观，极力鼓吹西方的制度和文明，妄图唱衰中国，抹黑中国，改变中国的发展道路和方向。这种行为的本质在理论界称为文化霸权，来源于西方学者葛兰西，他认为，资产阶级凭借强大的政治经济优势，借助意识形态的国家传媒机器对无产阶级进行文化剥削和占有，依据强势对于弱势的无产阶级构成文化霸权。"[2]后来这个理论又被其他学者继续得以扩展，主要指："在国际文化交往中，少数国家借助历史、政治和经济等力量，通过语言、信息、科技、教育等方面的优势，赋予自己在文化上的支配地位，向世界其他国家进行文化渗透和扩张，迫使这些国家放弃原有的文化传统，接受其价值观和意识形态，从而制约和影响世界事务和其他国家内部事务的发展过程。"[3]习近平总书记说："今天，我们比历史上任何时期都更接近、更有信心和能力实现中华民族伟大复兴的目标。"[4]这种接近的事实已经被我们的道路自信、理论自信、制度自信、文化自信和实践成就所证明是实现中华民族伟大复兴梦想正确的打开方式，因此，东方巨轮一旦扬帆启程，就不会轻易返航！

---

① 习近平：《决胜全面建成小康社会　夺取新时代中国特色社会主义伟大胜利》，人民出版社2017年版，第2页。

②《领导权与话语权："颜色革命"与文化霸权》，李慎明主编，社会科学文献出版社2016年版，第8页。

③ 郝保权：《对全球化背景下美国文化霸权及其意识形态意涵的战略沉思》，载《宁夏大学学报》（人文社会科学版），2009年第3期。

④ 习近平：《决胜全面建成小康社会　夺取新时代中国特色社会主义伟大胜利》，人民出版社2017年版，第15页。

但是霸权国家又岂能死心，一直妄图借助全球化的趋势，加速西方话语的传播，强势推销西方的价值观和制度模式，固执地充当"救世主"的角色，那么这份"拯救世界"的自信和执着从何而来呢？

（一）自视先进文明的执念

这种推销先进文明的行为似乎要追溯到西方殖民扩张的时期，西方为了顺利地在海外占领殖民地，除了使用武力，还会编造各种文明的借口，将自己的扩张行为赋予为正义的行动。亚当·斯密的"追求私利可达公益"和"市场竞争会带来最高效率的经济分工"原本只是经济理论，但英国的富强使人感觉这些是人类行为和社会运作的金科玉律。[1]英国为了让自由贸易畅通无阻，找到了"功利主义"的财富通行证，号称"帝国带来经济繁荣，而只有帝国子民才可以享受此繁荣"[2]。为英国强行打开其他国家的市场，掠夺落后国家的资源和财富披上了道德的外衣。而达尔文的《论物种起源》出版后，西方殖民者又将进化论的观点引入到自由竞争中。进化论肯定个人，因为个人生存是人类生存的先决条件；肯定竞争，因为竞争是人类进化的动力。如果进化是好事情，自由竞争就是道德的。[3]从此，不论是自由贸易还是自由投资，不论是个人之间的竞争，还是先进国家与落后国家的竞争，都被冠以追求人类进步的名义，鼓励个人追求私利，鼓励国家争夺海外殖民地的财富。那些为资产阶级和帝国主义霸业提供思想养料的理论家们，不管是故意为之，还是天大的巧合，总之，为资产阶级推行自由贸易和殖民扩张提供了文明的指南。

马克思、恩格斯写道："以观念形式表现在法律、道德等等中的统治阶级的存在条件（受以前的生产发展所限制的条件），统治阶级的思想家或多或少

---

[1] ［加拿大］梁鹤年：《西方文明的文化基因》，生活·读书·新知三联书店2016年版，第280页。

[2] ［加拿大］梁鹤年：《西方文明的文化基因》，生活·读书·新知三联书店2016年版，第281页。

[3] ［加拿大］梁鹤年：《西方文明的文化基因》，生活·读书·新知三联书店2016年版，第288页。

有意识地从理论上把它们变成某种独立自在的东西，在统治阶级的个人意识中把它们设想为使命等等；统治阶级为了反对被压迫阶级的个人，把它们提出来作为生活准则，一则是作为对自己统治的粉饰或意识，一则是作为这种统治的道德手段。"①这表明，这种自由和竞争的文明指南，一方面用来将资产阶级组织起来，强化这种自由和竞争的道德性和正当性，加强资产阶级的使命感和责任感；另一方面，将这种追求自由和竞争的个人主义演绎为以个人进步推动整个人类进步的精神，以获得其他阶级和社会成员的认同，"为统治秩序披上合理性、必然性的外衣"②，为西方殖民扩张披上合理性、必然性的外衣，而最终要掩饰的就是西方殖民者的资本利益。马克思和恩格斯说："资产阶级，由于一切生产工具的迅速改进，由于交通的极其便利，把一切民族甚至最野蛮的民族都卷到文明中来了。它的商品的低廉价格，是它用来摧毁一切万里长城、征服野蛮人最顽强的仇外心理的重炮。它迫使一切民族——如果它们不想灭亡的话——采用资产阶级的生产方式；它迫使它们在自己那里推行所谓的文明，即变成资产者。一句话，它按照自己的面貌为自己创造出一个世界。"③西方国家这种以文明的借口巧妙遮掩利益动机的做法，也一直延续至今。西方国家自认为优越的民主模式和自由的市场经济，在全球被用作主要的推介产品，在被西方国家冠以独裁和专制的地方，在被西方世界认为不发达的发展中国家，这个愿意拯救世界的救世主便乔装登场，义正词严地指手画脚、评头论足，甚至干戈相向，而躲在文明背后遥控这一切的无非就是垄断资本的利益罢了。因此，文明只是幌子，利益才是硬道理。

---

① 《马克思恩格斯全集》（第三卷），人民出版社1960年版，第492页。

② 胡海波、郭凤志：《马克思恩格斯文化观研究》，中国书籍出版社2015年版，第151页。

③ 《马克思恩格斯选集》（第一卷），人民出版社1995年版，第76页。

（二）以"西方"为中心的偏见

西方资本主义兴起后，凭借资本主义创造的物质财富和科技力量，"西方中心论"一直居于主导地位。"西方中心论"认为，西方是世界的中心，西方文化是最优秀的文化，西方文化优于和高于非西方文化，人类的历史围绕西方文化展开，西方文化特征、价值或理想带有某种普遍性，因而代表非西方未来发展方向，西方的道路是世界的普遍道路。在西方主流意识形态中，"全球化就是西方化"，"西方国家理所当然地认为世界其他地区的国家和民族应当遵从西方标准"。①

世界文明应是呈现多样性。一个国家的生存和发展方式选择何种道路、何种制度、何种理念、何种文化，是由这个国家的历史和国情来决定的，国家之间、民族之间，在文化上没有高低和优劣之分，只有狭隘性和局限性之分；没有道路普遍性和标准性之分，只有适合与不适合、发展得好与不好之分。正如"橘生淮南则为橘，生于淮北则为枳，叶徒相似，其实味不同。所以然者何？水土异也"②。因此，只有实事求是地根据自己国家的历史和国情选择合适的道路，才能走出自己的特色，才能找到发展和崛起之路，而并非都套用一种模式，享用一种文明，采用一种道路。当中国的和平发展为世界而惊叹的时候，中国向世界展示了另外一种走向现代化的可能性和可行性，中国向世界秀出了东方文明拥有的活力和魅力，中国更向世界传递了每个民族每种文明都有焕发生机、光彩熠熠的潜力。习近平总书记指出："世界万物万事总是千差万别、异彩纷呈的，如果万物万事都清一色了，事物的发展、世界的进步也就停止了。每一个国家和民族的文明都扎根于本国本民族的土壤之中，都有自己的本色、长处、优点。我们应该维护各国各民族文明多样

---

① 李建国：《马克思主义视野下的"西方中心论"》，中国社会科学网，2016年12月29日，http：//ex.cssn.cn/mkszy/rd/201612/t20161229_3363671.shtml。

② 《习近平用典》，人民日报出版社2017年版，第195页。

性，加强相互交流、相互学习、相互借鉴，而不应该相互隔膜、相互排斥、相互取代，这样世界文明之园才能万紫千红、生机盎然。"①

"西方中心论"一直试图用自己的标准评价和改造非西方国家，因为妄自尊大、唯我独尊，在不了解其他民族文化的情况下，囿于自己的文化偏见和狭隘，将其他文明视为对自己文明的威胁，产生所谓"文明冲突论"，在国际上传播夸张不实的言论，加剧了区域局势的紧张，制造了地区的冲突和纷争，也为恐怖主义的肆虐埋下了隐患。"西方中心论"非但没有对世界的和平与发展贡献自己的力量，反而制造了问题，加剧了矛盾，在各民族和国家相互交流、相互理解的道路上制造了诸多障碍。因此，习近平总书记指出："丰富多彩的人类文明都有自己存在的价值。要理性处理本国文明与其他文明的差异，认识到每一个国家和民族的文明都是独特的，坚持求同存异、取长补短，不攻击、不贬损其他文明。不要看到别人的文明与自己的文明有不同，就感到不顺眼，就要千方百计去改造、去同化，甚至企图以自己的文明取而代之。历史反复证明，任何想用强制手段来解决文明差异的做法都不会成功，反而会给世界文明带来灾难。"②

（三）对"普世价值"的迷恋

西方国家一直声称在全世界推行"普世价值"，倡导民主、自由、人权、平等应是人类共同追求的价值观。这种说法委实站不住脚。

第一，推出"普世价值"的主体不恰当。称为"普世"性、共同性的东西，应由世界各个国家共同认可的权威机构和组织来提出，如联合国组织、教科文组织。习近平总书记曾在联合国大会上发言指出："和平、发展、公

---

① ② 习近平：《在纪念孔子诞辰2565周年国际学术研讨会暨国际儒学联合会第五届会员大会开幕会上的讲话》，新华网，2014年09月24日，http://news.xinhuanet.com/politics/2014-09/24/c_1112612018_2.htm。

平、正义、民主、自由，是全人类的共同价值，也是联合国的崇高目标。"①
这种共同价值是值得各个国家和人民所追求的，可是"普世价值"是某一国家或某些国家在权威机构之外单独提出来的内容，其价值观也仅仅在某一小范围内获得认可，依全球总人数72.6亿人（截至2016年7月4日）中仅仅一小部分认同的价值观如何称得上"普世价值"？如何称得上共同价值？某一国家或某些国家绕过联合国等权威组织机构单独提出的"普世价值"又是何居心？难道某一小部分人认同的"价值"可以超越联合国权威机构所确定的共同价值目标吗？

第二，实现"普世价值"的标准无法界定。从文字层面来看，民主、自由、平等、人权蕴含了人类对美好生活的向往和追求，但是如何实现民主、自由、平等、人权，即衡量实现民主、自由、平等和人权的标准和依据又是什么呢？某些国家给出了西方的标准，即西方的民主制和价值观，可是全球200多个国家在经济、政治、社会、科技和文化领域发展是不平衡的，根据经济基础与上层建筑关系的原理，如何用一套标准来要求这些发展不平衡的国家实现同等的民主、自由、平等和人权呢？比如对人权的考量，美国认为允许公民持枪是保护人权，中国政府致力于改善贫困人口的生活状态是维护人权，印度政府注重改善印度人民的教育状况，而叙利亚人民更关注的是如何结束冲突、保障生命安全。因此，在一定时间范围和地域内，各个国家发展的不平衡状况决定了对于民主、自由、平等和人权的理解是不同的，各个国家根据自己本国的实际情况能够实现的民主、自由、平等和人权的程度也是有区别的。一些西方发达国家用自己的标准作为唯一标准去衡量别国民主不民主、自由不自由、平等不平等，是极其可笑的。同时，那些鼓吹"普世价值"的西方国家又非常擅长玩弄双重标准，在国内长期存在种族歧视、性

---

① 习近平：《携手构建合作共赢新伙伴 同心打造人类命运共同体——在第七十届联合国大会一般性辩论时的讲话》，新华网，2015年09月29日，http://news.xinhuanet.com/world/2015-09-29/c_1116703645.htm。

别歧视、贫富分化等社会问题，在国际上却打着正义、民主、自由的旗号横加干涉他国内政，制造冲突，杀害贫民，与其宣扬的"普世价值"简直背道而驰。

第三，认清"普世价值"的实质。西方国家不遗余力地推行西方价值观，其真实的目的是推进非西方国家的和平演变或"颜色革命"，达到"不战而屈人之兵"，重蹈苏联的覆辙。企图全球国家都采用"西方民主制"和"自由市场经济体制"，成为西方国家同一阵线的成员，成为西方国家的伙伴和盟友。列宁曾指出，"在每一个现代民族中，都有两个民族。在每一种民族文化中，都有两种民族文化"[1]，"每个民族文化，都有一些民主主义的和社会主义的即使是不发达的文化成分，因为每个民族都有被剥削劳动群众，他们的生活条件必然会产生民主主义的和社会主义的意识形态。但是每个民族也都有资产阶级的文化（大多数还是黑帮和教权派的），而且这不仅表现为一些成分，而表现为占统治地位的文化"[2]。列宁在这里阐明了在阶级社会文化必然具有阶级性，这是由他们实际生活过程的异质性决定的，超阶级的文化或意识形态是根本不存在的[3]。列宁的分析是着眼于一个国家的角度，但在今天的全球化时代，仍然存在着资产阶级和无产阶级两大阶级，无产阶级的文化是"为千千万万劳动人民，为这些国家的精华、国家的力量、国家的未来服务"[4]。而资产阶级的文化是为资本的扩张和增值而服务的，为了掩饰维护阶级利益的企图，而用"普世"这种欺骗性、虚假性的包装粉饰自己。归根结底，资本主义清醒地知道：无产阶级对共产主义的信仰和追求，是为了消灭私有制，解放全人类，实现人的自由而全面的发展。而这种私有制的消灭，是资本主义绝对无法容忍的。因此，与其被对手消灭，不如先改造对手，"普

①《列宁选集》（第二卷），人民出版社1995年版，第344页。
②《列宁选集》（第二卷），人民出版社1995年版，第336页。
③ 胡海波、郭凤志：《马克思恩格斯文化观研究》，中国书籍出版社2015年版，第167页。
④《列宁选集》（第一卷），人民出版社1995年版，第666页。

世价值"便作为这样一种工具出炉了，但是随着更多的有识之士窥探到它的真面目，这种"普世价值"也迟早会退场的。

在现实中，奉行文化霸权的国家，执着于自己的理念，坚持不懈地卖力宣传，并拉着被改造的所谓民主国家打广告、博眼球，而我们也清楚地看到，尽管文化霸权国家拿出它以为改造最好的样板来显示"普世价值"的优越，也很难遮蔽"买家秀"千奇百怪的表演。那些改换了血液，迷信于西方文明和价值观的国家，不但未给自己的国家赢得更好的发展机会，反而随时有可能成为西方国家博弈和战略棋局上的棋子，给自己的国家和人民带来问题和灾难。西方学者亨廷顿认为："无所适从的国家要成功地重新确立文明认同，至少要具备三个前提条件：首先，该国的政界和经济界精英必须普遍支持这一行动，并对此抱有热情。其次，公众必须至少愿意默认这一认同的重新确立。第三，它们所认同的文明中占主导地位的国家，这在大多数情况下是西方，必须愿意接受这种转变。重新确立认同将是一个在政治、社会、体制和文化诸方面长期的、间断的和痛苦的转变过程。迄今还没有获得过成功。"①亨廷顿还以土耳其为例。土耳其的精英大多同意追随西方模式，公众也默认了这种行为，然而西方文明的精英们却始终把土耳其看成是阿拉伯文化、伊斯兰文化，没有被西方世界所认同。那么亨廷顿提到的三个条件也启发了我们：中国会不会成为无所适从的国家？首先，党的十九大选举产生的以习近平同志为核心的党中央高举中国特色社会主义伟大旗帜，意气风发，带领中国人民去夺取新时代中国特色社会主义伟大胜利。领导者的决心是明确的。承前启后，继往开来。其次，大部分精英分子都认同自己的制度和文化。最后，看社会大众。大众需要什么？国家长治久安，人民安居乐业。改革开放后，中国共产党提出的"三步走"战略目标，"解决人民温饱问题、人

---

① [美] 塞缪尔·亨廷顿：《文明的冲突与世界秩序的重建》，周琪、刘绯、张立平、王圆译，新华出版社2017年版，第119页。

民生活总体上达到小康水平这两个目标已提前实现"①。在这个基础上，党又提出"到建党一百年时建成经济更加发展、民主更加健全、科教更加进步、文化更加繁荣、社会更加和谐、人民生活更加殷实的小康社会，然后再奋斗三十年，到新中国成立一百年时，基本实现现代化，把我国建成社会主义现代化国家"②。小康社会的脚步已然近了，现代化强国还会远吗？因此，任何妄图全盘改变中国的制度、文化和价值体系的图谋都将失败。走进中国特色社会主义新时代的中国人，将比以往任何一个时代都更加清醒地知道：我们是什么人，我们从哪里来，我们又要往哪里去。我们也将比以往任何一个时代都更加坚信："文化是一个国家、一个民族的灵魂。文化兴国运兴，文化强民族强。没有高度的文化自信，没有文化的繁荣兴盛，就没有中华民族伟大复兴。"③

今天的新时代，仍是和平与发展作为主题，个别国家应摒弃冷战思维，避免修昔底德陷阱，"尊重世界文明多样性，以文明交流超越文明隔阂、文明互鉴超越文明冲突、文明共存超越文明优越"④。"世界命运握在各国人民手中，人类前途系于各国人民的抉择。中国人民愿同各国人民一道，推动人类命运共同体建设，共同创造人类的美好未来！"⑤

① ② 习近平：《决胜全面建成小康社会　夺取新时代中国特色社会主义伟大胜利》，人民出版社2017年版，第27页。

③ 习近平：《决胜全面建成小康社会　夺取新时代中国特色社会主义伟大胜利》，人民出版社2017年版，第40、41页。

④ 习近平：《决胜全面建成小康社会　夺取新时代中国特色社会主义伟大胜利》，人民出版社2017年版，第59页。

⑤ 习近平：《决胜全面建成小康社会　夺取新时代中国特色社会主义伟大胜利》，人民出版社2017年版，第60页。

中国智慧
CHINA
WISDOM

/ 第五章 /

伟大斗争

抵御西方价值观渗透需要坚守马克思主义阵地

一、和平年代也要重视"批判的武器"

经济全球化就像一场飓风迅速席卷了整个世界，随着飓风而来的既有各国发展的机遇，同时夹杂着巨大的挑战。经济全球化打破了原来世界的两极格局，使得世界朝着多极化的方向发展。随着冷战在历史舞台上的谢幕，代之出场的是"和平与发展"的世界主题，在这一主题下，世界上大多数国家都取得了进步。经济全球化不仅对世界经济起到了巨大的推动作用，同时也使世界文化格局迅速变迁。经济全球化使世界文化传播突破了国界的限制，使得人们的视野更加开阔、精神世界更加丰富，促进了各国之间的文化交流，同时也为强势文化向其他文化的渗透提供了机会。

和平与发展虽然是当今世界的主题，但世界上仍有不和谐的因素存在。各方势力相互博弈、相互撕扯，在和平与发展的主题下仍然暗流涌动。在相互博弈的过程中，文化便充当了博弈的工具。文化交流不是坏事，它促进了各文化间的对话，各种文化在对话中相互借鉴，获得了文化的发展，但也有些文化在对话和交流的外衣下掩藏了不可告人的目的。在这样的背景下，我们更需要保护自己的文化，抵制西方价值观的渗透。

（一）和平年代为什么要重视"批判的武器"

马克思主义传入中国后，中国的马克思主义者就同形形色色的非马克思主义理论进行着斗争，在斗争中运用马克思主义的"批判的武器"实现了马克思主义在中国的指导地位。在资本主义文化不断以各种手段进行渗透的今天，我们更应以马克思主义理论作为"批判的武器"进行自觉的理论批判，从而防止西方文化、价值观和意识形态与我们争夺人民群众。

从理论本身看，我们要重视"批判的武器"是因为理论本身对于社会发展具有重要意义，因而我们要重视对理论的研究；从实践角度讲，我们重视

"批判的武器"是因为我们正面临着严峻的意识形态形势，同时也有反面的经验教训促使我们要重视它。

一方面，从理论自身发展的角度讲，已有的理论是新理论产生的重要来源。虽然从根本上说理论最终来源于人的实践，但是理论本身也是新理论的源泉。人类的思想发展史和社会发展史已经向人类证明了理论源泉的巨大力量。人类的理论成果除了在自身实践基础上形成外，都有自己的理论基础。马克思主义作为伟大的理论体系是在继承人类优秀文明成果基础上实现的。德国古典哲学、英国古典政治经济学和空想社会主义理论都是其丰厚的思想土壤，马克思在批判地继承这些理论的过程中，使自己的理论生根发芽。同样，马克思主义理论也作为丰饶的思想土壤，培育了列宁主义和毛泽东思想。

另一方面，理论对物质力量的影响是其更为重要的作用的显现。戈尔巴乔夫在执掌苏联政权后极力推行西方的"民主"观，使"民主"观念深入人心。这种西方价值观连同当时苏联社会的其他矛盾迅速消解了苏联民众对原来社会主义主流价值观念的认同，最终变成了改变物质力量的重要力量。20世纪80年代中后期，苏联社会上反马克思主义思潮泛滥，使整个社会的意识形态形势急剧滑向崩溃的边缘。苏联共产党的高级干部甚至公开宣称马克思主义在现实中是站不住脚的，十月革命是践踏了通向民主的运动。马克思主义哲学课在大学里成了被嘲笑的对象，他们甚至在学校取消了马列主义这门必修课。社会上反对社会主义意识形态的思潮像飓风一般越刮越猛，各种舆论阵地被非马克思主义理论占领，社会主义成了罪恶的代名词，而资本主义却成了美好生活的象征，苏联共产党和苏联民众的思想被搞乱了。二战中并不强大的苏联没有被世界上最先进的武器打垮，却在强大以后被侵入的西方价值观轻易摧毁。

马克思在《〈黑格尔法哲学批判〉导言》中说："批判的武器当然不能代替武器的批判，物质力量只能用物质力量来摧毁；但是理论一经掌握群众，也会变成物质力量。理论要说服人，就能掌握群众；而理论只要彻底，就能说服人。所谓彻底，就是抓住事物的根本。"①在这段话中马克思给了理论最中肯的评价，同时阐释了理论、物质力量与群众之间的关系。首先，批判的武器不能代替武器的批判，因而物质力量还需要用物质力量来摧毁。对于现实的物质力量只用理论来批判是不能实现其变革的，"只动口不动手"不行，因而必须用物质力量自身的批判来实现，就是要用物质力量自身包含的矛盾来否定物质力量。其次，理论只要掌握了群众就能变成物质力量，从而实现批判物质力量的目的。这阐述了理论与物质力量变革之间的关系。社会物质力量的变革源于自身内部的矛盾运动，而矛盾的次要方面是否能够转化为矛盾的主要方面，从而使新事物产生，则取决于其是否具有历史必然性，次要矛盾是否具有历史必然性一方面需要实践的证明，另一方面则需要由理论来作出说明。经理论判断为具有真理性的事物符合历史的必然性，因而是历史发展的趋势和方向。但是在理论上证明符合历史必然性的事物如何变成现实物质力量呢？马克思找到了理论与物质力量连接的纽带——实践。然而实践是人的实践，人是实践的主体，因而最终通过人将理论和物质力量连接起来。理论只有依靠群众的力量才能显示其批判物质力量的现实作用。正是看到群众在理论转化为物质力量中的关键作用，党的十九大报告指出："人民是历史的创造者，是决定党和国家前途命运的根本力量。必须坚持人民主体地位，坚持立党为公、执政为民，践行全心全意为人民服务的根本宗旨，把党的群众路线贯彻到治国理政全部活动之中，把人民对美好生活的向往作为奋斗目标，依靠人民创造历史伟业。"②也就是说理论一经掌握群众，也能变成物质力量。

理论掌握了群众也能变成强大的物质力量，问题在于理论如何掌握群众。理论掌握群众的方法在于"理论要说服人，就能掌握群众；而理论只要

---

① 《马克思恩格斯选集》（第一卷），人民出版社2012年版，第9、10页。

② 习近平：《决胜全面建成小康社会　夺取新时代中国特色社会主义伟大胜利》，人民出版社2017年版，第21页。

彻底，就能说服人。所谓彻底，就是抓住事物的根本"①。群众掌握理论不是靠灌输能够实现的，灌输给群众的理论，群众只是能够记住它却不一定能够理解它，能让群众深刻理解并转化为自觉行动的理论一定是科学的理论。科学的理论才是"彻底"的，也"就是抓住事物的根本"的理论。科学的理论何以实现能让群众接受并转化为群众努力的方向？科学的理论要能体现群众的根本需要才能让群众接受并自觉运用它。党的十九大报告指出："中国特色社会主义进入新时代，我国社会主要矛盾已经转化为人民日益增长的美好生活需要和不平衡不充分的发展之间的矛盾。"②这段表述概括了当前我国人民群众最根本的需要，理论只有符合群众最根本的需要，群众才能相信理论、学习理论和运用理论。正是因为党的十九大报告表述了人民群众的根本需要，才能在群众中形成学习党的十九大报告精神的热潮，党的十九大报告才能成为未来我们建设社会主义现代化强国的指南。

对于现阶段我国人民群众来说，根本需要是"日益增长的美好生活需要"，对于人类社会而言，人的根本需要——人的最本质、最高的需要——是自由，在共产主义社会人们能够自由而全面地发展，因而共产主义是符合群众根本需要的理论。群众才能以科学社会主义理论为工具，以实现共产主义为目标，并将共产主义作为批判的武器来否定现存物质力量的合理性和历史必然性，从而为实现共产主义而奋斗。

（二）我国意识形态领域形势严峻

作为"批判的武器"的理论具有如此巨大的"批判物质力量"的力量，因而我们要让群众掌握我们自己的"批判的武器"，防止西方价值观的渗透。改革开放以后，我国参与的国际政治、经济和文化事务越来越多，在此过程

---

① 《马克思恩格斯选集》（第一卷），人民出版社2012年版，第10页。

② 习近平：《决胜全面建成小康社会　夺取新时代中国特色社会主义伟大胜利》，人民出版社2017年版，第11页。

中西方价值观通过各种方式进入人们的视野，同我国主流价值观竞争，企图消解群众对主流价值观的认同，从而威胁我国的意识形态安全。事实上，在和平与发展为主题的国际背景下我们面临的意识形态形势仍然十分严峻。习近平总书记在发表《把宣传思想工作做得更好》的讲话时指出："经济建设是党的中心工作，意识形态工作是党的一项极端重要的工作。"①

每当提到意识形态问题总有些人觉得这样的问题离自己很远，甚至与自己无关，其实它与我们的生活息息相关，只是它无声无息地影响着我们的生活。正是因为它的表现是无声无息的，因而有时人们意识不到它，但是意识不到不等于不存在，相反它的作用十分显著。号称"美国第一间谍"的原中情局局长艾伦·杜勒斯曾经在美国国际关系委员会中发表了一篇讲话，他说："人的脑子，人的意识，是会变的。只要把脑子弄乱，我们就能不知不觉改变人们的价值观念，并迫使他们相信一种经过偷换的价值观念。用什么办法来做？我们一定要在俄罗斯内部找到同意我们思想意识的人，找到我们的同盟军。""只有少数人，极少数人，才能感觉到或者认识到究竟发生了什么。但是我们会把这些人置于孤立无援的境地，把他们变成众人耻笑的对象；我们会找到毁谤他们的办法，宣布他们是社会渣滓。我们要把布尔什维克主义的根挖出来，把精神道德的基础庸俗化并加以清除。我们将以这种方法一代接一代地动摇和破坏列宁主义的狂热。"美国及其西方盟友就是用这种意识形态斗争的方式作为重要手段摧毁了世界上第一个社会主义国家。当然，苏联的解体是多种因素综合作用的结果，但不得不说，西方的文化渗透是苏联解体的直接推手。

在搞乱苏联人脑子的同时，西方国家一刻也未放松对我国意识形态领域的破坏，企图使我们的群众能够拿起他们的"批判的武器"来批判我们的社会。当前，新自由主义、历史虚无主义、普世价值论、宪政思潮、民粹主义

---

① 《习近平谈治国理政》，外文出版社2014年版，第153页。

等社会思潮在我国都有较为广泛的关注度，这说明我们的意识形态形势十分严峻。造成这种严峻形势的因素有很多，归结起来主要有两种。

第一，内部因素的影响。事物变化发展的主要原因是内因，意识形态领域发生变化主要是由我们自身社会经济状况变化引起的。马克思说："发展着自己的物质生产和物质交往的人们，在改变自己的这个现实的同时也改变着自己的思维和思维的产物。不是意识决定生活，而是生活决定意识。"①改革开放以来，我国的政治经济体制改革持续进行，随着我国经济发展的步伐加快，原有的经济结构发生了重大变化，人们所面对的产品、事务和人际关系越来越多、越来越复杂，而且人、事、物之间的关系变化越来越快，因而人们的思想也随着这种结构的变化而发生急剧的变化。人们的思想变得越来越开放多元，原有的价值观变化了，但是新的价值观还未构建起来，这造成了人们思想上的失落。同时生产力的发展使劳动效率提高，从而使人们的闲暇时间增多，但是在闲暇时间增多的情况下，我们的文化供给并不十分充分，这也造成人们思想上的失落。在着力解决人民日益增长的物质文化需要同落后的社会生产之间的矛盾的过程中，社会发展的侧重点在经济建设上，一味地追求满足人们日益增长的物质需求，而一味追求经济增长的同时我国的意识形态建设逐渐被弱化。在社会教育和学校教育中都没能做好马克思主义理论的宣传和普及工作，很多时候人们对马克思主义理论的学习更像是走过场，只强调形式未重视内容，这造成了一部分人理想信念的缺失和精神上的迷茫。这种理想信念的缺失更是让一部分领导干部贪污腐败，从而给社会风气带来了极坏的影响。贪污腐败严重消解了人们群众对主流社会主义意识形态的认同感。这些因素都为西方的意识形态渗透提供了漏洞，而其直接后果是意识形态阵地不断被侵占。

第二，外部因素的影响。事物变化的主要原因虽然是内在矛盾，但是外

①《马克思恩格斯选集》（第一卷），人民出版社2012年版，第152页。

因在事物变化发展的过程中也有重要影响。我国意识形态建设受到严峻的挑战，不仅是因为国内经济发展状况的变化，国外因素尤其是西方发达资本主义国家在西方中心主义的立场下对我国意识形态领域的袭扰是造成意识形态领域复杂状况的关键因素。经济全球化是世界文化交流的推手，在经济不断交融和一体化的过程中，世界各民族文化必定相互交流和融合，使得世界文化格局出现新的变化。在世界文化格局变化的过程中，西方文化凭借其在世界上的主导地位不断向其他文化主动渗透，尤其是希望借助文化的渗透达到其政治目的，而这种目的在我国表现得更为明显。中华人民共和国成立后，西方国家便一刻未停地对与他们社会制度不同的中国进行意识形态的攻击。改革开放后，随着国门的打开，这种攻势变得更加凌厉。苏东剧变后，人们开始怀疑社会主义制度和社会主义主流意识形态，西方国家以此为契机加强对我国意识形态领域的渗透，不断向我国输出其文化、思想和价值观。他们凭借自身在科技上的领先地位，利用现代化传媒手段对我国进行长期的文化宣传；以文化产品为载体向我国输送西方价值观；以教育和学术交流为媒介向我国社会精英进行价值观渗透；或直接向我国输送西方的物质文化争取大众认同。

西方对我国进行价值观渗透的途径和方法不断翻新，随着通信技术和互联网技术的普及和发展，网络已经成为西方国家向我国输出价值观的主要渠道。西方国家利用强大的互联网技术和文化语言的优势主导着网络信息的发布，使全世界互联网的信息传播极不对称和不平衡。他们在网络上打造所谓的网络领袖和意见领袖，并且雇用网络水军，对我国社会生活中的各项事务发表见解，在见解中夹杂着他们意图输送的价值观。同时他们还利用网络空间的管理漏洞，在网络上制造消极言论，诋毁我们的政府，抹黑我们的领袖，恶搞我们的英雄，戏谑优秀的传统文化，不仅在国内消解了群众对主流意识形态的认同，使人们特别是青少年失去理想信念，造成精神上的迷茫，更在国际上造成其他国家民众对我国的误解。可以说内部原因促使我国意识形态领域的变化，外部原因造成了意识形态领域形势的严峻。

（三）抵御价值观渗透需要在马克思主义指导下打造中国特色社会主义文化

世界文化的现行状态、我国快速发展期文化的失落和西方中心主义文化的主动渗透使得意识形态领域形势复杂。为了应对复杂局面，防止西方价值观渗透，我们仍然要以马克思主义理论作为思想武器，坚守马克思主义阵地，打造中国特色社会主义文化，坚定文化自信，构建我们自己的话语体系。

之所以要坚守马克思主义阵地，不仅因为马克思主义理论是科学的理论，更因为在实践中，马克思主义理论指导我们的国家取得了一个又一个胜利。马克思主义以其世界观和方法论向世人彰显理论的科学性，同时以其在人类社会发展过程中起到的重要作用为有力依据说明其理论的重要力量。马克思主义在中华民族救亡图存之际来到中国，中国先进知识分子在它的指引下成立了中国共产党，从此中国的革命、建设、改革乃至复兴都与马克思主义联系在一起。中国共产党在马克思主义理论的指导下带领中国人民结合我国实际情况取得了革命、建设、改革的一个个胜利，在实现中华民族伟大复兴的中国梦的过程中我们仍然要以马克思主义为指导。习近平总书记在多次讲话中都强调要坚持以马克思主义为指导，"要巩固马克思主义在意识形态领域的指导地位，巩固全党全国人民团结奋斗的共同思想基础。党员、干部要坚定马克思主义、共产主义信仰，脚踏实地为实现党在现阶段的基本纲领而不懈努力，扎扎实实做好每一项工作"①，"领导干部特别是高级干部要把系统掌握马克思主义基本理论作为看家本领，老老实实、原原本本学习马克思列宁主义、毛泽东思想特别是邓小平理论、'三个代表'重要思想、科学发展

---

① 《习近平谈治国理政》，外文出版社2014年版，第153页。

观"①。"学会运用马克思主义立场、观点、方法观察和解决问题，坚定理想信念。"②

在意识形态领域坚持马克思主义指导地位的同时，还要打造有中国特色的社会主义文化，才能坚定文化自信抵御渗透。"文化是一个国家、一个民族的灵魂。文化兴国运兴，文化强民族强。没有高度的文化自信，没有文化的繁荣兴盛，就没有中华民族伟大复兴。"③

文化是民族凝聚力和创造力的重要源泉，同时文化实力也是国家综合实力的重要表征。中华民族要实现伟大复兴必须有雄厚的文化实力作内在支撑。中华民族曾经有着强大的文化实力和文化自信，孟子云："吾闻用夏变夷者，未闻变于夷者也。"（《孟子·滕文公上》）这种文化自信来自广袤无垠的国土和强大厚重的文化实力，更来自古代中国强大的经济、政治和制度，在这种强大自信的支撑下，我们从未担心会有其他的价值观念能够渗透和袭扰我们，因为我们相信自己的文化是先进的，与中华文化相比其他文化还处于尚未开化的阶段。直到19世纪中叶，中华的大门被西方列强的坚船利炮所破，我们的文化自信也一同被击碎，从此开始了寻找和构建新的价值观的艰难历程。魏源号召国人"开眼看世界"，新文化运动为我们介绍了"德先生"和"赛先生"，还有随着侵略者一同进入我国的基督教文化，等等，然而西方文化始终无法与我们秉承的中华文化完美融合，总是显得有些水土不服。直到中华人民共和国成立，我们建立了社会主义国家，我们的社会文化也体现了社会主义的主流意识形态。经过近70年的建设，我们的国家面貌已经从百废待兴到全面小康，在此过程中我们的社会文化虽然随着社会经济状况变化而不断变化，虽然不断被西方文化渗透，但是我们始终坚持社会主义意识形

---

① 《习近平谈治国理政》，外文出版社2014年版，第153—154页。

② 《习近平谈治国理政》，外文出版社2014年版，第154页。

③ 习近平：《决胜全面建成小康社会　夺取新时代中国特色社会主义伟大胜利》，人民出版社2017年版，第40—41页。

态的主导地位，也形成了符合社会发展状况的社会价值观——社会主义核心价值观。

打造有中国特色社会主义文化不仅要有正确的理论指引方向，更要将自己的文化特色加以凝练，作为文化建设的重要资源。中华民族优秀传统文化是我们打造中国特色社会主义文化最重要的文化底蕴。"博大精深的中华优秀传统文化是我们在世界文化激荡中站稳脚跟的根基。中华文化源远流长，积淀着中华民族最深层的精神追求，代表着中华民族独特的精神标识，为中华民族生生不息、发展壮大提供了丰厚滋养。"[1] "对历史文化特别是先人传承下来的价值理念和道德规范，要坚持古为今用、推陈出新，有鉴别地加以对待，有扬弃地予以继承，努力用中华民族创造的一切精神财富来以文化人、以文育人。"[2]

价值观念是文化的核心，社会主义核心价值观就是中国特色社会主义文化的核心。社会主义核心价值观承袭了中国优秀传统文化的丰富内涵，结合当代社会主义文化建设实际内容凝缩成中华民族复兴道路上的主流价值观。"社会主义核心价值观是当代中国精神的集中体现，凝结着全体人民共同的价值追求"[3]。社会主义核心价值观的主要内容为"富强、民主、文明、和谐，自由、平等、公正、法治，爱国、敬业、诚信、友善"。短短24个字虽然还不能完全概括我国现阶段价值观的全面内涵，还有待进一步完善和调整，但是已经在国家、社会和个人三个层面树立了具体建设目标。

践行社会主义核心价值观是每个公民都应身体力行的，尤其是青年更应注重社会主义核心价值观的培养，因为青年"处在价值观形成和确立的时期，抓好这一时期的价值观养成十分重要。这就像穿衣服扣扣子一样，如果第一粒扣子扣错了，剩余的扣子都会扣错。人生的扣子从一开始就要扣

[1] [2]《习近平谈治国理政》，外文出版社2014年版，第164页。

[3] 习近平：《决胜全面建成小康社会　夺取新时代中国特色社会主义伟大胜利》，人民出版社2017年版，第42页。

好"①。注重对青年进行社会主义核心价值观教育，也因为他们是西方价值观念渗透的主要对象。西方对我国进行价值观渗透的手段、方法、途径有很多是专门针对青年的心理特点而采取的，他们希望我们的青年从一开始就扣错人生的扣子，从而实现意识形态的颠覆，所以对青年进行社会主义核心价值观的教育意义非凡。

当然，打造中国特色社会主义文化，除了正确的理论指导、丰富的文化内涵，还要借鉴其他文化的优秀成果。人类发展的漫长历史孕育了众多文化类型，凡是传承至今的文化都必定有其独特的优秀之处。各种文化都是在与其他文化交流和借鉴过程中不断发展的，在人类密切交往的今天，我们更应该借鉴其他文化的优秀成果，促进中国特色社会主义文化的发展。

打造好以马克思主义为指导，以中国优秀传统文化和社会主义文化为丰富内涵，并借鉴人类文明优秀成果的中国特色社会主义文化才能在此基础上构建我们自己的话语体系。当今世界话语体系的主导是西方的霸权主义话语体系，在多元化的世界文化体系中，霸权主义话语体系企图通过其主导优势主动输出文化，从而打造文化殖民地。我们要阻挡文化霸权主义的侵袭，势必建立自己的话语体系。所谓我们自己的话语体系就是始终坚持我们自己的文化观念，坚持我们自己的规则和标准，不人云亦云，不跟随西方逻辑，不以西方标准为标准。当西方就某一问题向我们发难时，我们要用自己的逻辑和标准解决问题，而不是用西方的逻辑和术语向西方解释我们自己的问题。实现这种话语体系的构建既要有强大的经济政治实力作基础，又要有厚重的中国特色社会主义文化作后盾，更要有先进和科学的话语平台来讲好中国故事，传播好中国声音。

---

① 《习近平谈治国理政》，外文出版社2014年版，第172页。

二、"普世价值"为什么是错的

以"普世价值"为精美包装的西方意识形态在20世纪80年代末90年代初取得了与社会主义意识形态对峙的第一波胜利，以"民主"的铁拳击碎了世界上第一个社会主义国家和其众多社会主义兄弟。西方发达资本主义国家因此欢呼雀跃，资产阶级学者弗朗西斯·福山甚至抛出"历史的终结"为这一胜利做注解。然而，在西方发达资本主义国家还未完全从胜利的喜悦中平复情绪，他们又蓦地发现社会主义中国在悄悄崛起。当他们看到中国以自己独特的方式壮大同西方中心主义话语体系的崩塌是同一过程的时候，他们便抛出了"普世价值"作为消解中国主流价值观从而瓦解社会主义政权的有力武器。

（一）"普世"的价值是否存在

"普世价值"带着特有的使命风尘仆仆地来到中国，同中国文化交流、碰撞甚至博弈。不同于普通的文化交流，"普世价值"在中国成了一个问题。人们在争论到底有没有"普世价值"。所谓价值是客体能够满足主体需要的效益关系，也就是说客体是否有价值要看它能否满足主体的需要，普世的价值就应该是所有人都对该价值能够满足主体的需要持有肯定的判断。从这个角度看，"普世价值"是存在的，比如"自由、民主、人权"等，因为作为对美好生活的向往，没有人不期待自由、民主、人权。但是我们还要注意到，这种在西方作为"普世价值"存在的"自由、民主、人权"只是抽象的概念，也只有在抽象的层面上它们才存在。自由是人的自由，民主是人的民主，人权更是人的权利，我们需要考虑的是人作为主体，对自由、民主和人权的判断是否一致。资本主义的"普世价值"做了这样一个假设，即从古至今，所有人对"自由、民主、人权"等观念所持有的判断是一致的，因而"普世价值"才具有了"普世"的可能性，其实这也是对人性做了假设，即"所有人都是一个人，是没有任何变化的人"，"但是，人的本质不是单个人所固有的抽象物，在其现实性上，它是一切社会关系的总和"①。人一旦变化了，其对客体的认知和判断就会发生变化。人对事物的判断要由其所处的社会关系决定，随着社会关系的变化，人对客体的认知和判断必然发生变化。对奴隶而言，"自由"是摆脱奴隶主对其人身的全部控制，而这种"自由"在封建社会的农民、资本主义的工人那里却并不存在。

虽然在抽象的意义上，"普世价值"是存在的，然而将"普世价值"从抽象的天国拉回到世俗的人间，其存在的可能性就消失了。想要成为"普世的"至少要满足两个条件：一是在时间上是永恒的；二是在空间上是普遍的。因而是无条件的、绝对的。而西方所谓的"普世价值"既做不到时间上的永恒性，也做不到空间上的普遍适用性，因而也只能是一种臆想出来的"普世价值"。

西方所谓的"普世"概念并不是人类产生之时即伴随人类而存在的，而是在基督教传播过程中产生的。基督教的布道者为了让更多的人信仰基督教，将基督教包装成"普世"的信仰，才有了"普世"的概念。而"普世价值"所包含的"自由、民主、人权"等观念也不是与人类生而并存的，是人类发展到特定的历史阶段才出现的。原始社会生产力极其低下，在这样的蒙昧时代，能够驱使人们进行劳动的唯一动力就是生存。在生存面临极大不确定性时，人们考虑的只有如何活下去，而不会考虑灵魂的自由、普选的民主和基本的人权保障。在我们为之奋斗的共产主义社会，"每个人的自由发展是一切人的自由发展的条件"②。在这一阶段"自由"已经成为人的一种属性，不再成为人们想要努力达到的状态，因为每个人都已经是自由的，因而"普世价值"便不具备时间上的永恒性。

---

① 《马克思恩格斯选集》（第一卷），人民出版社2012年版，第135页。

② 《马克思恩格斯选集》（第一卷），人民出版社2012年版，第422页。

同时，西方所谓的"普世价值"也实现不了空间上的普遍性。价值观作为社会文化的核心，是社会的思想上层建筑，而上层建筑是由社会经济基础决定的，不同的社会经济状况会形成不同的价值观，也就是说价值观的形成一定是具体的，而非普遍的。每一种价值观的形成都同其植根的社会经济状况紧密相连，都同其服务的政治制度形影相随，都同其生长的文化沃土息息相关，都同其相伴的民族特征密不可分。"不同民族、不同国家由于其自然条件和发展历程不同，产生和形成的核心价值观也各有特点。一个民族、一个国家的核心价值观必须同这个民族、这个国家的历史文化相契合，同这个民族、这个国家的人民正在进行的奋斗相结合，同这个民族、这个国家需要解决的时代问题相适应。"[①]"普世价值"作为资产阶级的"观念本身是资产阶级的生产关系和所有制关系的产物"[②]，正像资产阶级的"法不过是被奉为法律的"资产阶级"这个阶级的意识一样，而这种意志的内容是'由这个阶级的物质生活条件来决定的'"[③]。"普世价值"作为西方文化的核心价值观必然由西方社会的经济基础决定，必然受西方特有的政治、文化、历史、民族等条件的影响，因而是为西方社会服务的，这也决定了它与别种文化的相异性。正是因为每种文化都是具体的、相异的，因而也就不存在什么"普世"的文化。"普世价值"不仅无法在理论上确立自身的普遍性，在现实中也没有实现其普遍性。当今的世界文化版图，各种文化林立，黄河孕育的中华文化，恒河滋养的印度文化，尼罗河创造的埃及文化，沙漠承托的阿拉伯文化，以及西方所谓的"普世文化"都在相互交流和碰撞。"普世价值"虽然不断地将自身抽象化，乔装成脱离人间的，无视政治、经济、文化差异的普遍价值，在世界文化版图中争夺地盘，当然世界上的各种文化也在这种文化渗透下或多或少地发生了变化，但是它仍然没有实现在普天之下的文化认同。

---

① 《习近平谈治国理政》，外文出版社2014年版，第171页。

②③ 《马克思恩格斯选集》（第一卷），人民出版社2012年版，第417页。

（二）"普世价值"是什么

1. "普世价值"的实质是化特殊为普遍，为保持西方文化的主导地位谋求理论基础

前面提到，"普世价值"的产生和发展有其自身的政治、经济和文化条件，"普世价值"并非从来就有，亦非普遍适用。为什么西方非要将自己的价值观乔装成普世的形象呢？其目的不外乎"利益"二字。资本主义在西方经过几百年的发展，已经达到了发达的程度，近代以来，尤其是第二次世界大战以来，西方凭借其绝对的经济政治优势使西方文化成为世界的主导文化。但是随着冷战结束，世界朝着多极化方向发展，世界各国各地区的经济也日益发展起来，西方发达资本主义国家在经济上的比较优势已经在缩小，2008年金融危机后西方经济更是复苏乏力，经济优势的缩小"让最近几个世纪以来终成主导的西方文化感到自己的统治地位已经动摇，其原则、其法理正在受到挑战"①。当今世界在传播方式急剧变革的条件下，各种文化快速并且广泛地在全世界范围内交流、碰撞、渗透。其结果是两面的：一方面，文化在交流、碰撞和渗透的过程中相互融合和借鉴，既促进了文化的发展，同时也导致了文化趋同；另一方面，各种文化间的冲突也在不断加剧，各种文化都在保卫或是拓展自己的生存空间，甚至不惜以保卫自己的文化为借口而制造冲突。

西方文化为了保护生存空间，维持其在世界上的主导地位便抛出了"普世价值"，但是"普世价值"只是西方的价值，并不被全世界所认同，因此要为"普世价值"找到"普世"的理由。于是西方人借用基督教传播时的旧方法，从理论上将西方价值打造成"普世"的价值。使徒保罗在传播基督教的过程中，为了让更多人相信神迹从而信仰上帝使用了如下方法：一、"他公开

---

① ［法］朱利安：《论普世》，吴泓缈、赵鸣译，北京大学出版社2016年版，前言第1页。

切断一切从属关系（对环境、对语言、对社群的从属），要求以最极端的方式超越一切对人群的划分（比如说划分为犹太人与希腊人、选民与弃民等等），他坚持凡主体都须清心寡欲，弃绝执念与立场，进入一种为信仰所必需的虚内以待的空灵状态"①。二、"保罗将耶稣的思想翻译成希腊语，并根据希腊语在观念和句法上的期待进行了内容移植，切断了基督教与源语言之间的脐带，使基督教超越了源语言的边界，进而成为普世观念的推手。"②总结起来，保罗使用的方法可以归结为一点，就是将普世的观念抽象化，不管是切断其与语言、环境、社群的关系，还是使其超越源语言的边界都是企图将特殊的宗教形式演化为普遍的宗教形式，使其成为先验的、绝对的律令，保罗因而完成了以特殊代替普遍的任务，实现了基督教的"普世化"。

西方在强推"普世价值"的过程中，复制了保罗布道的老方法，将"普世价值"抽象为普遍的价值，以特殊代替普遍。这种强推是"普世"的逻辑，更是资本的逻辑。其实要驳斥这种逻辑很简单，只要回答"苹果是不是水果"即可。如果回答"苹果是水果"，也就是说"苹果=水果"，那么这种逻辑就跟"普世"逻辑一模一样，但显然，所有人都知道"苹果≠水果"。西方强推"普世价值"的目的是将全世界都涵盖在西方价值观的统领之下，以西方的价值为标准，以西方文化为主导，为西方文化的主导地位重新造势，从而为资本在全世界的继续增值打造空间。

2. "普世价值"是西方中心主义在价值观上的体现

价值观作为社会文化的核心，其所蕴含的价值内容就成为社会文化观的体现，"普世价值"也就成了西方中心主义在其价值观上的体现。"普世价值"能够成为西方中心主义的体现，不仅因为其产生于西方，还因为其与西方中心主义的内在逻辑和根本目的相一致。西方中心主义是在资本主义不断

---

① ［法］朱利安：《论普世》，吴泓缈、赵鸣译，北京大学出版社2016年版，第63页。

② ［法］朱利安：《论普世》，吴泓缈、赵鸣译，北京大学出版社2016年版，第64页。

发展的基础上，在资产阶级反对封建阶级的斗争中，在文艺复兴、宗教改革和工业革命等一系列资产阶级运动的推动下逐步形成和发展起来的，它借由时代变革的有利契机，成为几百年来西方称霸世界的文化基础，更成为世界文化的主导。西方中心主义一经确立，便展现了其"不容人"的特征，即西方中心主义具有强烈的排他性。这种特征的展现是与资本运行的轨迹相一致的。资本的不断增值不仅是在生产过程中实现的，也是在竞争中实现的，而在竞争中获胜的过程就是排他的过程，因而西方中心主义是排他的文化。这种内在的排他性与体现在价值观上的"普世性"根本上是一致的。在"排他"这一点上，"普世价值"甚至比西方中心主义做得更彻底。西方中心主义者至少将世界划分为两部分，即西方和非西方，在形式上为自己设定了一个对立面，形成一对矛盾，使西方中心主义在排他的过程中有明确的对象。而"普世价值"将这种形式上的划分都取消了，因为它是"普世的"，是先验的、绝对的，因而没有对立面，它甚至不在形式上给自己的对立面留下存在的空间。这种"普世"形式是普遍的，实质上却是彻底的排他。

"普世价值"与西方中心主义在目的上也是一致的。无论是形式上有对手的西方中心主义，还是没有对手的"普世价值"，其目的都是维护西方主导地位。"西方的所谓'普世价值'的陈词滥调，只不过是西方文化霸权的阴谋诡计，是要使其他民族的文化完全'归顺'西方文化。"①前面提到"普世价值"和西方中心主义内在的排他性与资本的运行逻辑是一致的。资本主义在从自由资本主义阶段发展到垄断资本主义阶段后，为了实现资本的继续增值，唯一的路径就是不断地对外扩张，从而使全世界都为资本的增值服务。在这样的社会存在基础上形成的文化必然是西方中心主义的，其价值观也一定是"普世"的。也就是说，"在历史上出现的一切社会关系和国家关系，一

① 刘福森：《马克思哲学的历史转向与西方形而上学的终结》，北京师范大学出版社2017年版，第14页。

切宗教制度和法律制度，一切理论观点，只有理解了每一个与之相适应的时代的物质生活条件，并且从这些物质条件中引申出来的时候，才能理解"①。"普世价值"和西方中心主义既是西方独特社会存在的反映，同时也是其维护世界霸权的工具。人类社会发展到今天，传统的武力夺取殖民地的方式已经不再奏效，除了利用经济上的比较优势攫取国际话语权外，就只能靠文化和价值观的输出作为抓手了。一旦承认了西方中心主义，认同了"普世价值"，人们就会站在西方立场看问题，以西方标准为标准，从而为西方霸权摇旗呐喊。事实上，西方已经通过这样的手段取得了一些成果，他们用"民主"的铁拳击碎了苏联和东欧社会主义国家，为西方资本主义的发展拓展了空间。因而西方中心主义和"普世价值"的根本目的是维护西方在世界上的霸权。法国学者朱利安说："每当提到普世观，我们必将听到各式各样的反应，这与整体环境不无关系：此等'普世'所致力于维护的难道不是已经动摇难以为继的西方理性的霸权吗？而站在霸权背后的难道不是某文明的帝国主义吗？"②

3. 从世界文化发展角度讲，"普世价值"的强势渗透是对世界文化体系的摧毁

正是因为"普世价值"体现的是西方中心主义，具有强烈的排他性和扩张性，因而从这一逻辑出发，我们才会得出以上的结论。从人类诞生起，不同部落、不同国家、不同种族的人们创造了不同的文化，构成了繁盛的世界文化之林，各种文化在世界文化之林中共生，构成了有机的世界文化体系。作为体系中的要素，各种文化相互联系并发生作用，既相互借鉴、相互渗透，又保持着自身的独立性，从而既促进了世界文化的整体发展，也促进了文化自身的发展。然而"普世价值"的强势渗透打破了这个体系的平衡，其

---

① 《马克思恩格斯选集》（第一卷），人民出版社2012年版，第8页。

② ［法］朱利安：《论普世》，吴泓缈、赵鸣译，北京大学出版社2016年版，第10页。

目标是将全世界纳入其价值观范围，将其价值观复制粘贴到世界每一个角落，使世界上的价值观单一化。这将在体系中造成只剩单一要素的局面，"单一"意味着没有"其他"，亦即"孤立"，因而单一要素无法与其他要素联系并发生作用，单一要素取消了自身与其他要素间的差异，没有差异也就没有矛盾，从而使其不能在矛盾运动中变化和发展。取消矛盾也就取消了发展，这意味着"普世价值""普世后"世界文化将不能向前发展，其自身也难以发展，只能在"普世价值"内部循环。也就是说从共时态讲，"普世价值"离不开与其他文化的共生，同时从历时态讲，"普世价值"离也不开其他文化。有人会说"普世价值"不是在西方内部产生发展起来的吗，没有与外部文化相互作用便成了世界文化的主导。事实上"普世价值"虽然不是同世界上其他与之并存的文化价值观在直接的联系和相互作用下产生的结果，但是从其自身产生发展过程看，它是在同欧洲中世纪的封建价值观的斗争中逐渐形成的，因而它还是在同其他价值观相互联系、相互作用下产生和发展的。

然而，"普世价值"在资本利益的驱动下，并不关心其他文化的生存需要及其他文化对其自身发展的意义，不断进行价值观渗透，企图在其所到之处成为主导。事实上"普世价值"的主动渗透已经造成了文化趋同现象的产生，从这一角度看，这是对世界文化体系的摧毁。随着经济全球化的日益深入和信息交流方式的加速变革，这一过程变得越来越迅速。在"普世价值"的塑造下，花木兰已经不再是替父从军、彰显孝心的东方巾帼，而是能够凭借自身努力拯救颓废战局的西方英雄，在体现西方个人英雄主义这一点上，她同超人和蜘蛛侠并无不同。据统计，诺贝尔奖获得者多数是西方人，其文化背景大致相同，评奖标准也是西方标准，因而其他文化的成果想要获得此奖只能用西方话语对成果进行诠释。其实其他文化成果尤其是社会科学成果获得诺贝尔奖的过程已经是西方文化对其他文化进行改造的过程。其一，其价值观要与评委的价值观相契合才有获奖的可能。其二，其语言表述方式及逻辑思维方式也要与评委契合才能获得他们的理解和认同。在这两个条件的约束下，想要获奖必然要按照西方标准来改造自己的文化成果。经过改造的文化已经失去了原有的独特性，不管它是用哪种文字表述或者发表于哪个国家，其实都已经成为西方文化的一部分了。经历了这样的变革，世界文化的发展趋势必然是趋同，而如果这种西方中心主义的强势话语体系没有变，那么世界文化多样性的有机体系也必然遭到摧毁。

（三）人类的共同价值

当然，我们在否认绝对化、无条件、经过伪装的西方"普世价值"的同时并不能否定人类向往美好生活的共同愿望。我们可以把这种愿望看成是人类的"共同价值"。"'共同价值'是'人类命运共同体'的价值"，"所谓'人类命运共同体'，也就是基于对'全球问题'的共识和解决'全球问题'的共同努力，而形成的世界各国和国家间组织，以及各种非政府、超国家间组织形态和个人与生态环境间的关系体系"[①]。"共同价值"不同于"普世价值"。"普世价值"是一个抽象概念，它脱离了具体的社会经济、政治、文化现实，屏蔽了各种社会经济、政治、文化的差异。这样"普世价值"就成了先验的逻辑律令，也就是说普天之下皆应遵守。"在这一法令下，文化的多样性不再有任何位置"[②]。而"共同价值"则是一个具体价值，是实实在在的人类命运共同体的价值。有人会说"普世"是指整个世界，"人类命运共同体"难道不是整个世界吗？在这里应对"普世"和"共同"加以区分。"普世"是绝对的、无条件的，而"共同"是相对的、有条件的。"共同"概念首先包含一个范围的含义，即谁与谁共同，由此可以与引申出"共同"在含有相同意味的同时还意味着不同，也就是说"共同"将世界分为两部分：一部分是

---

① 叶险明：《"共同价值"与"中国价值"关系辨析》，载《哲学研究》，2017年第6期。

② ［法］朱利安：《论普世》，吴泓缈、赵鸣译，北京大学出版社2016年版，第6页。

"共同"，一部分是"不同"。"人类命运共同体"概念将整个人类纳入"共同"范围内，在"不同"的范围内为零，而这一范围恰巧与"普世"所标记的范围重合，也就是说"人类命运共同体"概念与"普世"概念在外延上刚好重合，因此会给人造成"人类命运共同体"是"普世"的另一种说法的错觉。

既然"共同"本身隐含着"不同"的意义，那么"共同价值"之外应有"非共同价值"，因此"共同价值"实际上就变成了一个利益问题，即"共同"范围内的人的利益。习近平总书记在经济全球化的背景下倡导构建人类命运共同体，实现人类共同价值，也就是实现人类的共同利益。这与马克思主义理论的基本观点是相互契合的。马克思致力于实现的共产主义是自由人的联合体，在那里人们能够获得自由而全面的发展。自由而全面的发展是人类的共同价值，从这个意义上讲，共产主义甚至可以说是人类的"普世价值"，但共产主义的这种"普世"却不是绝对的、无条件的，而是具体价值。共产主义没有将自身上升为脱离人类具体社会实践的抽象概念，相反却是人类不断进行的具体社会实践的必然结果，共产主义的实现是要在与之相适应的生产力和生产关系基础上的，而生产力和生产关系是具体的、历史的，因而共产主义是具体的人类共同价值而非抽象的"普世价值"。习近平总书记倡导的人类命运共同体正是为实现人类这一共同价值而提出的。他在第七十届联合国大会上发表了《携手构建合作共赢新伙伴 同心打造人类命运共同体》主题演讲，在演讲中阐述了人类"共同价值"的基本内容，即"和平、发展、公平、正义、民主、自由"等。在党的十九大报告中，习近平总书记再次提到要"坚持推动构建人类命运共同体。……坚持正确义利观，树立共同、综合、合作、可持续的新安全观……促进和而不同、兼收并蓄的文明交流"。随着科技的进步和经济全球化程度的进一步深化，人类正面临着许多需要共同面对的危机——全球性问题，例如粮食问题、人口问题、能源问题、生态与环境问题、恐怖主义，等等。所有这些问题都关乎人类的生死存亡，因而作为有共同利益诉求的共同体，人们应该团结。他认为人类在联系日益密切的今天，为了解决共同面临的困境，同时为了实现人类的共同发展应该相互依赖、相互扶持，而不应相互撕扯，在当今的世界格局下，只有合作才能共赢，而不应再谋求霸权地位，企图控制全球。"人类命运共同体"倡议的提出实际上是在为人类共同价值的实现创造条件。

三、为什么要把历史引入"虚无主义"

历史凝结着一个民族的集体记忆，承载着培养文化认同、民族认同和国家认同的社会功能。牢记历史，不忘使命，是一个国家和民族历久弥新、绵延不绝的重要原因。龚自珍《古史钩沉论》有言，"欲知大道，必先为史"，"灭人之国，必先去其史；隳人之枋，败人之纲纪，必先去其史；绝人之材，湮塞人之教，必先去其史；夷人之祖宗，必先去其史"。因此，只有正确地认识历史，才能增强民族认同感和民族凝聚力；只有树立正确的历史观，才能更好地认识过去、映照当下、走向未来。改革开放以来，随着国外各种思想的涌入，我国思想文化领域中兴起了一股历史虚无主义浪潮。它站在所谓重评历史、学术研究、价值中立的立场之上，通过臆想、曲解、解构历史的方式，有意否定中国共产党领导开辟的革命道路，刻意丑化党的革命领袖和英雄人物，完全否定中国传统文化，进而从根本上要达到否定中国发展道路、否定马克思主义根本指导、否定中国特色社会主义制度、否定中国共产党领导的目的。

历史虚无主义坚持唯心主义的历史观，它用主观代替客观，用片面代替整体，放大镜式地过度解读中国革命、建设和改革实践中的所谓阴暗面，极力夸大西方资本主义社会所谓的人道主义和"普世价值"，进而消解人们的民族意识和国家认同感。它通过冲击我国社会主流价值观，妄图实现全盘西化的政治目的，其本质是一种错误的社会政治思潮。习近平总书记深刻反思苏联解体、苏共亡党亡国的惨痛教训,清醒地指出历史虚无主义对一个国家、政党和人民造成的极端危害性。他指出:"苏联为什么解体?苏共为什么垮台?一个重要原因就是意识形态领域的斗争十分激烈,全面否定苏联历史、苏共历史,否定列宁,否定斯大林,搞历史虚无主义,思想搞乱了,各级党组织几乎没任何作用了,军队都不在党的领导之下了。"[①]因此,我们在深刻认识到历史虚无主义的极端危害时,更要深入探究虚无主义走进历史领域的演进历程,了解不同时期历史虚无主义的各种言论和具体表现,剖析历史虚无主义使用的各种眼花缭乱和层出不穷的手法。反思历史虚无主义形成和发展的缘由和动机,养成辩证唯物主义和历史唯物主义的思维方法,以此能够自觉辨识和批驳形形色色的历史虚无主义,才能坚定中国特色社会主义道路、理论、制度和文化自信。

(一)历史虚无主义仅仅是学术是非问题吗

马克思曾指出:"一定意识形态的解体足以使整个时代覆灭。"[②]历史虚无主义作为一种错误的历史观,绝不是书斋里的学术问题,而是打着学术研究的旗号,以掩饰其不可告人的目的,其背后具有深层次的价值指向。历史虚无主义思潮绝不是任何一种学术思潮和文化思潮,而是抱有明确的政治意图,本质上是一种从根本上否定中国共产党领导的人民革命和社会主义建设的成就,反对中国共产党的领导和走社会主义道路的政治思潮。

"虽然中国的学术土壤中并未曾独立孕育出历史虚无主义,但中国走向现代化的过程中却不止一次地遭遇历史虚无主义的挑战。"[③]在近代中国,历史虚无主义脱胎于20世纪30年代的全盘西化论,这时的历史虚无主义主要表现

---

① 中共中央文献研究室:《十八大以来重要文献选编》(上),中央文献出版社2014年版,第113页。

②《马克思恩格斯文集》(第八卷),人民出版社2009年版,第170页。

③ 韩炯:《历史事实的遮蔽与祛蔽——现时代历史虚无主义理论进路评析》,载《毛泽东邓小平理论研究》,2013年第3期。

为对民族文化、历史遗产的虚无，如陈序经和胡适皆主张西方文化相对于我国传统文化的先进性和优越性，认为中国文化的出路是实现西方化。"文化大革命"结束以后，在我们党进行大规模的拨乱反正和开启改革开放新时代的背景下，一些否定党的领导和毛泽东思想，鼓吹"西化"的资产阶级自由化思潮不断涌现。一些别有用心的人以"重评历史""反思历史"为名，全盘否定毛泽东同志在中国近代历史中的伟大地位和历史贡献，诋毁毛泽东思想；刻意渲染社会主义生产的落后性，夸大资本主义的优越性；虚无民族传统文化，主张全盘西化，历史虚无主义者的政治诉求昭然若揭。20世纪90年代以来，历史虚无主义逐步渗透到人们的社会生活当中。特别是近年来呈现愈演愈烈之势，历史虚无主义思潮不仅波及历史研究领域，还涉及文艺、教育领域，影响非常恶劣。如在史学研究领域中某些别有用心的人批评近现代中国革命和阶级斗争理论，荒谬地认为西方国家侵略有功；主张"告别革命"，力主改良；竭力贬损中国共产党领导的革命、建设和改革的伟大实践，而闭口不谈中国社会发展进步的功绩；为反面人物翻案，丑化庸俗化革命英雄。新时期以来，历史虚无主义思潮从未退场，或时隐时现。当我国面临新时代的社会转型和价值重建，社会主义制度在我国焕发勃勃生机的时候，历史虚无主义思潮就会以极端的、扭曲的形式表现出来，企图扰乱人民的价值取向。我们应当看到，历史虚无主义在其历史沿革中始终别有用心地反映了某些政治企图和政治要求。所以我们要认清当代中国历史虚无主义所具有的政治阴谋，其本质是一种否定党的领导和社会主义道路的政治思潮。

历史虚无主义思潮与新自由主义思潮、民主社会主义思潮和"普世价值"观等反马克思主义思潮进行某种程度上的联姻，且具有同质性和相通性。在阶级性上，它们都宣扬资产阶级的意识形态，都坚持历史唯心主义，政治上都反对马克思主义和中国特色社会主义道路、理论、制度和文化，反对中国共产党的领导。这种相通性使它们在行动上相互配合、相互为用。在我国意识形态领域，历史虚无主义通过对党史国史的重新评价来解构中国共产党领导人民进行革命和现代化建设的合法性。新自由主义崇拜市场，反对对市场的任何干预，主张全盘私有化。民主社会主义往往表现为不加区别、不顾国情地鼓吹西方式民主。总的来说这些社会思潮虽主张不同，发挥作用的领域也有别，但有着共同的政治目标，本质是反对四项基本原则，企图对我国发展道路所作出的选择进行有意的贬斥与抨击，宣扬西方资本主义的发展模式的普世意义。历史虚无主义、新自由主义和民主社会主义等思潮的合流曾经是苏联社会主义走向终结的重要原因。1956年赫鲁晓夫在苏共二十大上全盘否定斯大林，一定程度上否定苏联历史和社会主义制度，当历史虚无主义在社会主义苏联逐渐蔓延的时候，苏联就埋下了日后解体的隐患。以历史虚无主义蔓延为突破口，西方国家恶意攻击，不断掀起反苏反共的浪潮。随后戈尔巴乔夫进行改革，加快了向资本主义转轨的历史进程。在西方和平演变的背景下，苏联受新自由主义主张的影响，经济上实行全面私有化，建立由以公有制为基础逐渐转向以私有制为基础的经济制度，政治上实行多党制，最终导致苏联解体的命运。此后，俄罗斯仍不正视历史，继续坚持新自由主义，搞休克疗法，国民经济陷入严重危机，人民生活痛苦不堪。历史的教训令人深思，通过对苏联解体东欧剧变历史的分析，可以进一步看出历史虚无主义反党反社会主义的政治诉求。

（二）把历史引入"虚无主义"有何诉求

历史虚无主义的生成和在各个时期的发展，绝非是单纯"去政治化"的学理性讨论，它反映的不仅是历史或文化问题，而是一种有着明确目的的政治思潮，并且关涉我国未来发展道路与意识形态话语权的争夺，给我国主流意识形态安全带来严峻挑战。因此，把握历史虚无主义问题必须明确其背后的政治倾向和政治意图。

1. 否定马克思主义在中国的根本指导地位，颠覆主流意识形态

习近平总书记在党的十九大报告中指出："意识形态领域斗争依然复杂，

国家安全面临新情况。"①历史虚无主义否定革命、歪曲党史国史，向社会大众提供一套与社会主义主流意识形态完全相背离的关于中国近现代历史的话语体系，引诱人们对社会主义意识形态产生怀疑，从而削弱人民群众对马克思主义的认同，尤其是消解对马克思主义中国化和中国化马克思主义的认同。

首先，动摇马克思主义在我国的根本指导地位。作为一种反马克思主义思潮，历史虚无主义者在历史观上是唯心主义的。他们将历史建立在主观假设的基础上，用主观臆想代替历史真实，考察历史不是从历史史实出发，而是截取自己所需要的"细节"，随意拼凑，对历史进行歪曲解读。他们排斥马克思主义阶级分析法，主观上盲目地认为阶级分析就是一种极左的表现，把"阶级斗争"和"阶级斗争为纲"混为一谈，进而把"文化大革命"时期的党史说得一无是处、漆黑一片。一些历史虚无主义者标榜超阶级的历史观，企图用抽象人性论来代替阶级分析法，宣扬"普世价值"，对马克思主义进行道德绑架，否定社会主义的人性论和价值观。同时，历史虚无主义经常使用一种形而上学的方法论，呈现出极为狭隘的历史偏见。他们故意遮蔽当时的整体社会背景，只拾取部分历史"碎片"，揪住个别细节，刻意放大，不断渲染，对其大加批判，企图以偏概全，达到抹黑历史的目的。历史虚无主义者用孤立、片面和静止的方法来分析历史人物和历史事件，没有把其放在长时间段的历史进程中考察，而是仅仅从某个节点某个方面去评价。这样得出的结论必定是片面的。如，他们只关注党在革命斗争中存在的过急过火的现象，却对中国共产党领导的新民主主义革命和社会主义革命的历史必然性和历史成就避而不谈。不仅如此，他们还直接攻击马克思主义，把反历史虚无主义的马克思主义说成是真正的历史虚无主义，散布"意识形态终结论"，渲染"马克思主义过时论"。其实质就是企图动摇人们对马克思主义的信仰，否

---

① 习近平：《决胜全面建成小康社会 夺取新时代中国特色社会主义伟大胜利》，人民出版社2017年版，第9页。

认马克思主义思想的指导地位。我们必须认清历史虚无主义思潮的本质，坚决彻底地反对历史虚无主义思潮，巩固马克思主义在我国的根本指导地位。

其次，消解中国化马克思主义理论的时代价值。历史虚无主义不仅抨击马克思主义在意识形态领域的指导地位，近年来更是把矛头指向中国化马克思主义理论体系，对之展开全面的消解和解构。历史虚无主义思潮否定毛泽东思想体系的历史贡献和时代价值。他们污蔑毛泽东所写的《实践论》和《矛盾论》是抄袭苏联教科书的结果；把毛泽东阐述的对立统一规律歪曲为斗争哲学；宣称以毛泽东思想为指导只能导致"以阶级斗争为纲"。他们割裂毛泽东思想和中国特色社会主义理论体系的关系，认为前者是计划经济的产物，后者是市场经济的产物，前者不能成为后者的基础。一些人借毛泽东在社会主义建设探索时期产生的失误来全盘否定这一时期提出的伟大创见和思想火花，进而将其排除在毛泽东思想之外，并提出重新评价毛泽东思想的主张。历史虚无主义者否定毛泽东思想及其历史地位，其实质是在否定中国共产党领导的革命和建设取得的成就，割裂党的历史，进而使既一脉相承又与时俱进的中国特色社会主义理论体系失去理论根据和历史基础。此外，历史虚无主义还肆意弱化人们对中华优秀传统文化的价值认同，消解社会主义主流意识形态的文化根基。我们知道，中华优秀传统文化凝聚着中华儿女的道德共识、精神品格和价值诉求，是社会主义核心价值观内化于心外化于行的根本精神滋养。针对一些人肆意歪曲和否定中国传统文化以及鼓吹"普世价值"的历史虚无主义价值取向，我们要坚持社会主义核心价值观，自觉抵制历史虚无主义背后的错误价值导向。

马克思主义和中国特色社会主义理论体系是一脉相承又与时俱进的科学体系，是全党的指导思想和国家意识形态的核心。否定马克思主义、否定中国化马克思主义，就会搞乱人心，动摇全国人民团结奋斗的思想基础。习近平总书记曾警告说："马克思列宁主义、毛泽东思想一定不能丢，丢了就丧失根本。"①我们必须认清历史虚无主义的反马克思主义本质，"落实意识形态工作责任制，加强阵地建设和管理，注意区分政治原则问题、思想认识问题、学术观点问题，旗帜鲜明反对和抵制各种错误观点"②，警惕其对我国主流意识形态的消解。

2. 否定革命，否认中国选择社会主义道路的历史必然性

20世纪90年代中期以来，国内外学者出现了否定革命的思潮，成为历史虚无主义思潮最集中的体现。历史虚无主义者竭力贬损和否定革命，恶意诋毁中国人民进行的反帝反封建斗争，攻击我国人民进行的社会主义革命及其取得的伟大成就。我们知道，社会主义革命是中国近现代社会发展的必然选择。历史虚无主义思潮全面否定社会主义革命，其实质在于通过否定革命来否定中国共产党引领中国人民选择的社会主义道路。宣扬"告别革命"，不仅消解着近代以来中国人民为争取民族独立、国家富强、人民幸福而作出的所有努力，其深层目的是想证明西方资本主义道路是中国社会发展无法抗拒的"必然选择"，从而将中国拉入资本主义世界体系。举什么旗、走什么道路是关乎我国发展的重大原则问题，面对历史虚无主义思潮虚无中国革命，否定社会主义道路的图谋，我们必须加以辨别和批判。

在近代中国革命的起源问题上，历史虚无主义者宣扬"革命制造论"，把中国近代以来进行的伟大的民族民主革命简单地说成是少数职业革命家的主观意愿，是"激进思潮的产物"，是强加给中国人民的。很显然，这是从唯心史观出发得出的错误结论。近现代中国革命的发生有其历史合理性。当上层建筑和经济基础出现严重不适应的状况，生产关系也极其不适应生产力发展要求时，必然会出现要求变革甚至是革命的呼声。在近代中国，不论是民族资产阶级还是无产阶级都曾要试图承担救亡图存的历史使命。但是，面对帝

---

① 《习近平谈治国理政》（第一卷），外文出版社2014年版，第9页。

② 习近平：《决胜全面建成小康社会　夺取新时代中国特色社会主义伟大胜利》，人民出版社2017年版，第42页。

国主义、官僚资本主义和封建主义的严重压迫，只有中国共产党领导人民进行新民主主义革命和社会主义革命，改变了半殖民地半封建社会的状况，建立了中华人民共和国，实现了民族独立和人民解放，使中国人民从此站立起来。正如恩格斯认为的，"把革命的发生归咎于少数煽动者的恶意那种迷信的时代，是早已过去了。现在每个人都知道，任何地方发生革命动荡，其背后必然有某种社会要求"[①]。中国革命的发生是中国社会发展的必然结果。历史虚无主义不愿承认革命是历史的火车头，一味强调革命的破坏性，认为革命只能破坏生产力发展而不能推进国家有序建设。他们把革命同现代化对立起来，认为革命阻碍了中国现代化进程，成为近代中国落后的"原罪"。这些观点严重背离了历史实际，完全是主观臆断。革命是破坏和建设的统一。首先，革命破坏的是腐朽反动的上层建筑和生产关系，是为了扫清社会发展的障碍。通过近代以来的革命，扫除了各种破坏性的因素，苦难的中国人民站起来了。其次，革命为现代化建设创设了前提条件。当时，中国社会的主要矛盾是帝国主义和中华民族的矛盾，封建主义和人民大众的矛盾。由此，决定了中国革命的首要任务是争取民族独立和人民解放。在半殖民地半封建的近代中国，中外反动势力不会自动放弃统治地位，所以只能通过革命来完成。因此，革命非但没有阻碍我国社会发展，还开拓了中国通向现代化的道路。

为了否定革命，历史虚无主义思潮又提出"误入歧途论"。他们认为中国人民选择马克思主义、选择走社会主义道路是误入歧途，认为这使得当时的中国脱离"近代文明主流"，偏离了西方资本主义发展道路的轨道。中国百年历史事实表明，中国走资本主义道路行不通，不管是地主阶级改革派领导的洋务运动，还是资产阶级革命派领导的辛亥革命，均以失败告终。而中国共产党领导人民完成三大伟业：一是进行新民主主义革命，并最终建立新中

---

① 《马克思恩格斯文集》（第一卷），人民出版社2009年版，第566页。

国；二是进行社会主义革命，建立了社会主义基本制度，为当代中国的一切发展奠定了根本前提和制度基础；三是进行了改革开放新的伟大革命，开创和发展了中国特色社会主义。历史虚无主义否定近代以来中国革命的合理性和正当性，"是釜底抽薪，要害是从历史根据上抽掉中国走社会主义道路的必然性"①。事实证明，中国走社会主义道路符合人类社会发展规律，是近现代中国革命发展的必然选择。任何企图否定我国社会主义道路的观点都是不成立的，是根本错误的。

3. 否定中国共产党的领导，企图削弱中国作为社会主义大国的制度自信

自从资本主义制度建立起来，无产阶级与资产阶级的斗争就没有停止过。社会主义从理论变为现实之后，社会主义国家面临的一个重大问题就是坚持社会主义方向，抵御西方资本主义国家的和平演变。历史虚无主义思潮是西方"和平演变"战略的重要组成部分。西方敌对势力妄图向我国新生代青年灌输历史虚无主义思想，使他们忘记历史、忘记传统、忘记使命。因为历史虚无主义是对民族历史、革命传统的否定，西方敌对势力通过历史虚无主义思潮的传播，虚无我国文明史、党史、国史，丑化革命领袖，妖魔化社会主义制度，打击我国作为社会主义大国的制度自信。

一方面，将历史引入虚无主义就是否定中国共产党的领导。历史虚无主义对历史采取选择性虚无，常常借助一些精挑细选的历史"碎片"来随意歪曲、篡改和伪造历史。通过狂妄地污蔑近代中国革命史、歪曲中共党史，意图否定中国共产党的执政地位；通过攻击中华人民共和国国史，意图否定中国共产党的执政能力；通过贬损无产阶级领袖，意图否定我们党的政治品格。历史虚无主义妄图从历史根据上诋毁和否定中国革命的历史必然性，否定我国社会发展的社会主义方向，妄图颠覆共产党领导的合法性，从而达到推翻共产党领导的目的。从五四运动到中国共产党成立，再到中国共产党领

---

① 梁柱、龚书：《警惕历史虚无主义思潮》，人民教育出版社2006年版，第44页。

导人民进行革命、建设、改革的伟大进程，几乎在每一阶段中都有历史虚无主义者挑选甚至伪造历史细节的表演。这些精心设置的陷阱虽然打着"学术研究""理论创新"尤其是历史学研究的旗号，在所谓"还原历史真相""解密""揭秘""发现新资料"的背后，都掩盖着一个众所周知的深层逻辑，这就是刻意攻击和诋毁中国共产党。其中，尤其是抹黑党的领袖，否定中国共产党对中国发展的历史贡献，借此恶化党群关系，瓦解人们对党的信任，激起人们对共产党执政合法性的怀疑。除此之外，历史虚无主义还积极为汪精卫、蒋介石等反动派、卖国贼翻案，以"重新评价历史人物"为名来洗白他们的历史。历史虚无主义或攻击或吹捧，看似是分开的两个方面，其实殊途同归，在实质上都致力于推翻共产党在中国的领导地位。

另一方面，将历史引入虚无主义就是反对中国特色社会主义制度。历史虚无主义为和平演变制造有利的舆论环境，成为它们西化、分化我国的重要工具。以美国为首的西方发达资本主义国家从未放弃对我国发动意识形态攻势和进行"颜色革命"。当他们在军事进攻上无法奏效时，转而进行"和平演变"，妄图在没有硝烟的战场上颠覆我国社会主义制度。灭人之国，必先去其史。这一规律曾在苏联得到验证，苏联解体就是西方国家"和平演变"图谋得逞的现实印证。苏联解体之后，中国作为最大的社会主义国家，成为西方资本主义国家攻击的主要目标。历史虚无主义思潮妄图使中国重蹈苏联的覆辙，不仅宣扬资本主义制度优越，大肆传播西方资产阶级的政治制度、经济模式、价值观念和生活方式，而且还矮化、妖魔化社会主义国家的历史和现实，把发展中的挫折和问题都归因于制度问题。比如借批评"文化大革命"，来否定改革开放前30年的发展历史；认不清新民主主义时期与社会主义初级阶段的差别，认为中国所进行的改革开放、发展非公有制经济是补资本主义的课；把改革开放后社会上出现的贫富分化现象、腐败问题、环境问题等归咎于我国经济制度和改革开放本身等。此外，历史虚无主义还连同"普世价值"、新自由主义、宪政民主等错误思潮一起，从各个方面，攻击中国现行政治制度和经济制度，试图达到瓦解中国特色社会主义制度的图谋。

事实证明，历史虚无主义思潮有着现实目的的政治诉求，其企图就是通过歪曲革命领袖，否定中国共产党及其在各个时期的历史贡献，而达到其从根本上否定中国共产党领导合法性，反对社会主义制度的目的，对此我们必须高度警惕。我们知道，中国共产党的领导是历史和人民的选择，是中国特色社会主义最本质的特征，也是实现中华民族伟大复兴的根本保证。习近平总书记在党的十九大报告中指出："中国特色社会主义制度是当代中国发展进步的根本制度保障。"①中国特色社会主义制度具有巨大的优越性，具有旺盛的生命力，"全党要更加自觉地坚持党的领导和我国社会主义制度，坚决反对一切削弱、歪曲、否定党的领导和我国社会主义制度的言行"②，任何企图否定党的执政地位、否定中国特色社会主义制度的做法，都是根本错误的。

4. 抹杀中国历史文化，消解人们的民族认同

中华文明历史悠久，源远流长，是世界历史上唯一一个没有中断的文明。中华民族在五千年文明发展中孕育了优良的文化传统，积累了宝贵的文化资源，并随着时代变迁和社会进步不断得到发展，最终形成了以中国传统文化、党领导人民创建的革命文化和社会主义先进文化三个方面为主的文化内容。中华文明不仅深刻影响着今天中国人的价值观念和生活方式，成为凝聚"中国力量"的重要精神纽带，而且还对西方资本主义以及世界文化的发展作过巨大贡献。习近平总书记在党的十九大报告中指出："文化自信是一个国家、一个民族发展中更基本、更深沉、更持久的力量。必须坚持马克思主义，牢固树立共产主义远大理想和中国特色社会主义共同理想，培育和践行

---

① 习近平：《决胜全面建成小康社会　夺取新时代中国特色社会主义伟大胜利》，人民出版社2017年版，第17页。

② 习近平：《决胜全面建成小康社会　夺取新时代中国特色社会主义伟大胜利》，人民出版社2017年版，第15页。

社会主义核心价值观，不断增强意识形态领域主导权和话语权……"①而历史虚无主义者对待自己民族的历史都采取轻蔑、全盘否定的态度，极力歪曲自己民族的历史、贬损自己民族的文化乃至民族本身，把伟大的中华文明史说得一无是处。在一些人笔下，中华民族是蒙昧没落的民族，传统文化是粗鄙病态的文化，中国人不仅愚昧迷信，而且丑陋狡黠，充满奴性，如此等等。比如，1988年电视纪录片《河殇》播出，鼓吹西方"蓝色文明"，全盘否定整个中华传统文化，否定民族历史，给当时的文化市场造成一定程度的混乱。再如，戏谑历史人物，有人在网上曲解孔融让梨为"惧打让梨"；在话剧中把包拯恶搞成垂涎美色的无耻之徒；把花木兰说成是满嘴胡话的大傻子；关羽在网络游戏中的形象竟成了性感女性，等等。否定我国传统文化的深层目的是为了否定我国的历史。

一个民族的文化传统是其传统文化、民族文化的精髓，它通常是该民族基本精神和价值观的反映，是该民族自立于世界民族之林的精神基石。历史虚无主义解构中华民族的灿烂文明，消解了民族精神，是为了抹杀中国历史文化，打击中华民族的文化自信。与此同时，历史虚无主义还诋毁党带领人民进行伟大斗争的红色革命文化，把中国革命描绘得血雨腥风、毫无人道。一方面，虚无化革命历史，认为革命文化已经过时，甚至直接否定革命文化。如在抗战历史中，说我党"游而不击"，突出和夸大国民党正面战场作用而忽略甚至贬低我党敌后战场的言论。另一方面丑化革命人物，以娱乐化心态戏说革命文化。如污蔑革命领袖，抹黑革命英雄，攻击毛泽东同志，诋毁其个人形象；一系列违背史实的"抗战神剧"不断涌现，把小英雄潘冬子调侃成一个整天做明星梦的富家子弟，污蔑刘胡兰、董存瑞；网络上还兴起替李鸿章、袁世凯等中国近代统治阶级人物的大量翻案；等等。历史虚无主义

---

① 习近平：《决胜全面建成小康社会　夺取新时代中国特色社会主义伟大胜利》，人民出版社2017年版，第23页。

表面上是否定革命英雄人物本身，其目的是否定其所承载的革命信仰和价值观。除此之外，还存在将革命文化形式化的问题。比如一些地方官员对革命文化的内在价值认识不足，搞形象工程，只重形式，不重内容，实际上是抽空了红色文化的精神内核。抹杀革命文化、革命传统，不仅危害了人民群众的历史认知，也在实质上否定了我党的执政合法性。20世纪90年代中期以来，历史虚无主义更是企图以大众文化为掩护，否定马克思主义的指导地位，否定社会主义核心价值观来消解社会主义先进文化，并对支撑我们民族文化价值和规范的民族共识进行虚无化，使得一些人在价值观上出现散乱和迷失，致使大众失去民族认同感和民族自信心。

历史虚无主义把中华五千年的文明史虚无得百无一是，把中国的革命描绘得血腥暴力、惨无人道，把改革开放前后的两个历史时期割裂对立起来，以此来否定中国传统文化，否定革命文化，否定社会主义先进文化的内涵及其存在价值。其目的是为了否定这些文化在中华文明传承中的历史意义，否定中华民族自强不息、不懈奋斗的伟大历史和民族精神。历史虚无主义者也将矛头指向现代：我们现代的文化不如西方，所以必须彻底消灭中国文化，追随西方，全盘西化。关于如何对待本国的历史文化遗产，习近平总书记指出："无论哪一个国家、哪一个民族，如果不珍惜自己的思想文化，丢掉了思想文化这个灵魂，这个国家、这个民族是立不起来的。"历史虚无主义否定中华民族共同的集体记忆，严重伤害中华民族自尊心和自信心，这也会影响国民对中华民族的文化认同，破坏中华民族团结奋斗的共同思想基础。习近平总书记在党的十九大报告中指出："全党要更加自觉地增强道路自信、理论自信、制度自信、文化自信，既不走封闭僵化的老路，也不走改旗易帜的邪路，保持政治定力，坚持实干兴邦，始终坚持和发展中国特色社会主义。"①

---

① 习近平：《决胜全面建成小康社会　夺取新时代中国特色社会主义伟大胜利》，人民出版社2017年版，第17页。

因此，我们必须敢于向历史虚无主义亮剑，以高度的历史责任感和使命感来旗帜鲜明地批判历史虚无主义。

（三）历史虚无主义思潮的理论形态考察及其批判

历史虚无主义思潮散播错误观点，影响社会认知，已经成为扭曲和破坏人们科学历史观的重要因素。其政治诉求以及产生的巨大危害已经无须赘述，关键是如何采取应对措施。当前唯有从历史唯物主义立场、观点和方法出发，剖析和揭露历史虚无主义谬误的内在理论逻辑，才能澄清人们的历史认知，从而坚定"四个自信"，最终走出历史虚无的幽谷。

戳穿历史虚无主义的理论陷阱，就必须明晰如下两个重要问题：历史虚无主义的基本问题和历史虚无主义思潮的理论形态考察及其批判。

1. 何谓历史虚无主义

首先，历史虚无主义是一种虚无主义。"虚无"是历史虚无主义的中心概念，"虚"指模糊歪曲，"无"指否定消除。作为一种"思潮"，"虚无"既是其手段，又是其目的。"虚无主义"则意指什么都没有。雅格比在1799年《给费希特的信》中，首次使用"虚无主义"一词，他认为费希特把知识的唯一来源当作理性的观点必将导致一种主观主义，所以他批评费希特哲学是虚无主义。尼采进一步分析虚无主义的问题，他指出"虚无主义否定了真实的世界存在和神圣的思维方式"[1]，人们常借助他的这段论述来理解虚无主义的含义："虚无主义意味着什么？意味着最高价值的自我贬黜。没有目的，没有对目的的回答。"[2]从这个意义上讲，应将历史虚无主义理解为最高价值本身逐渐自我否定的过程。不同于尼采的价值论立场，海德格尔对虚无主义做了存在论的分析。他否定终极预设，更加强调人的本真存在。总的来说，虚无

---

① [德]尼采：《权力意志：重估一切价值的尝试》，张念东、凌素心译，商务印书馆1991年版，第277页。

② [德]尼采：《权力意志：重估一切价值的尝试》，张念东、凌素心译，商务印书馆1991年版，第280页。

主义可以看作怀疑主义的极致表现，它认为世界和人类的存在及活动没有目的、意义和价值。根据对虚无主义的这种理解，抽象来说，我们可以得出两方面的结论：其一，历史虚无主义认为历史无规律性和进步性；其二，历史虚无主义否定历史的神圣和意义。

其次，历史虚无主义虚无"历史"本身。这是历史观上的根本问题，历史虚无主义不是对历史的某一部分的虚无，而是对历史本身的全然否定。然而，在苏联曾经出现的历史虚无主义思潮和当前我国重新泛起的历史虚无主义思潮却揪住特定阶段的历史不放，只关注局部的、碎片化的历史片段，剑指执政党的执政合法性。他们常常大加赞赏西方的文化价值观，膜拜西方的历史研究方法，而对本国历史尤其是执政党的历史进行虚无。这充分暴露出他们对待历史的双重标准，因此，这样的历史虚无主义不可避免地陷入逻辑矛盾。究其原因，或者单纯出于政治利益而有意为之，或者是历史认识论上的错误，对此必须从理论上加以澄清。

总之，历史虚无主义的实质在于虚化价值和规律，否定客观存在的历史真理，解构整体的历史观。作为一种价值观的冲突，它常常沦为意识形态斗争的工具。因此，我们必须从理论的高度对其进行深入剖析，从而揭露其本质和思想根源。

2. 历史虚无主义的思想史考察及其批判

（1）形而上学的历史虚无主义

形而上学的历史虚无主义主要源于以柏拉图为代表的古希腊形而上学的文化传统。在古希腊文化和基督教神学中有着共同的形而上学观点：其一，有两个世界同时存在，一个是真实永恒的真善美世界，还有一个虚假变化的假恶丑世界。前者是理想的彼岸，后者是现实的此岸。神和人开始异化，宗教中的"上帝"成了神圣的偶像，是真善美的化身，它们的故事构成了真实的人类历史，而现实生活中的劳动大众的苦难历史却成了虚无。其二，认为历史和现实世界是虚幻世界，难以捕捉，是不可靠的；只有那些由心灵所能把握的自由的理念世界才是真实的。其三，怀疑社会大众的理性能力。认为他们只能通过感觉认知产生"意见"，而不能借助理性思维通达"真理"。其四，否认世界和人类历史有时间上的起源，从而只寻求其逻辑起点。古希腊思想家认为人类无法跨越经验的局限，只能通过理性逻辑推理出世界历史的起点。赫拉克利特把世界划分为真实的逻各斯世界和虚幻的万物界，他认为变化的现实事物是虚幻的，在其背后必定有一个永恒的真实的逻各斯世界。在此之后，巴门尼德进一步论证这一观点。柏拉图承继了巴门尼德的观点，创立了理念论，他把世界划分为理念界和现象界，其中理念界是绝对存在的，是真实的世界，而现象界则是虚幻的。这样，现实世界成了虚无的存在，历史更被虚无化。整个历史就成了人们追求真实理念世界的历史，而真实的人类历史则成了虚无的历史。

这种非历史的、形而上学的历史虚无主义与宗教形而上学的虚无论在本质上是一致的。马克思通过批判后者也实现了对前者的批判。马克思认为，宗教是一个颠倒的世界，是人创造神，而不是神创造人。人只期望在虚幻的世界中找来世幸福，而背离了真实的历史。他在《〈黑格尔法哲学批判〉导言》中指出，"宗教是人的本质在幻想中的实现"[1]，"宗教是人民的鸦片"[2]。所以，真正人的本质的实现，就是要放弃对宗教虚无主义的幻想，追求现实的幸福。值得注意的是，这里历史唯物主义对形而上学的批判并不是彻底的否定，而是强调脱离历史和现实基础的形而上学把幸福建立在超验幻象的基础上，无法解决劳动人民的疾苦问题。在进行批判和扬弃的同时，马克思主义的唯物主义把形而上学的理想追求建立在历史和现实的基础上，确立了共产主义的伟大信仰。

（2）理性至上的历史虚无主义

启蒙运动后，"上帝死了"，理性主义时代到来。人取代了神，理性代替

---

[1][2]《马克思恩格斯文集》（第一卷），人民出版社2009年版，第3页。

上帝主宰人类的命运。人们开始用理性的原则来解释历史。一方面，理性主义者用形而上学的理性直觉方法来寻找永恒的公理，然后用这些教条化的理性结论来评判历史和现实。历史被区分为好的和坏的，进步的和落后的。另一方面，自由原则使个体独立性得到空前的彰显。人人可以自由自觉地运用理性，每个个体也都具有"祛魅"的能力。这种不受制约的纯粹"理性"个体，把历史和现实都变成可以自由处置的对象，一切以自我为中心，其他都"虚无"。这样，理性成为目的，真实的历史则沦为可随意裁剪的用来佐证永恒理性的手段。对历史事实的虚无成为理性至上历史观的基本特征。

马克思对理性主义代表黑格尔的批判中蕴含着对理性至上历史虚无主义的扬弃。马克思从根本上反对黑格尔精神至上的哲学及其历史哲学，他指出："世界上过去发生的一切和现在还在发生的一切，就是他自己的思维中发生的一切。因此，历史的哲学仅仅是哲学的历史，即他自己的哲学的历史。没有'与时间次序相一致的历史'，只有'观念在理性中的顺序'。他以为他是在通过思想的运动建设世界；其实，他只是根据绝对方法把所有人们头脑中的思想加以系统的改组和排列而已。"①理性至上的历史虚无主义谬误的关键在于它对历史事实的随意践踏、过分强调理性和精神的作用，把历史说成是思想或英雄创造的历史。我们看到，崇尚理性至上的历史虚无主义者，他们妄图以理性的法则来审视一切历史事实，他们反对传统历史研究中对史料进行收集和考察的做法，认为历史研究的意义在于通过理性直观直接把握时代背后的精神和理念。理性可以引领我们认清现实，作出正确的事实判断和价值判断。因此，真实的历史不见了，只剩下永恒不变的理性原则。这种理性至上的历史观必然导向历史主观主义和相对主义，从而走向历史虚无主义。

无论是形而上学的历史虚无主义还是理性至上的历史虚无主义，它们都表现为主观主义的唯心史观。因此，马克思总结道："迄今为止的一切历史观

---

① 《马克思恩格斯选集》（第一卷），人民出版社1995年版，第141页。

不是完全忽视了历史的这一现实基础，就是把它仅仅看成与历史过程没有任何联系的附带因素。因此，历史总是遵照在它之外的某种尺度来编写的；现实的生活生产被看成是某种非历史的东西，而历史的东西则被看成是某种脱离日常生活的东西，某种处于世界之外和超乎世界之上的东西。"①

（3）科学实证的历史虚无主义

科学实证的历史虚无主义主要是彻底否定一切历史价值。它有两个基本观点：其一，坚持历史事实和历史价值分离，主张"价值中立"。其二，强调历史的可实证性。科学实证的历史观推崇历史研究的科学范式，强调对主观性的克服，要求按照科学精神的要求来考察和描述人类历史和现实，只探究"怎样"而不作任何价值判断。科学实证主义历史观最典型的代表是19世纪德国历史主义思潮。比如，兰克史学派强调史学研究的科学化，要求严格控制意见和偏见，秉持客观原则来考察和处理史料，以便达到对历史的客观叙述。他们认为，历史学的任务在于还原历史的本来面目，即"如实直书"。为了追求历史真实，实证主义历史观把一切价值因素排除在历史之外，最终导致对历史价值的虚无。

这种对历史价值进行虚无化的实证主义受到马克思的尖锐批判，一方面，他指出："历史学派的最主要特征是'轻佻'，即对理性价值的不严肃的态度和庸俗怀疑论。"②另一方面，马克思认为非反思非批判是科学实证的历史虚无主义谬误的另一特点。历史实证主义者总是拿史料的真实性去说明历史的客观性。他们不加区分，认为凡是历史上存在的一切事物都是权威。历史实证主义者"亵渎了在正义的、有道德的和政治的人看来是神圣的一切，可是，他破坏这些神圣的事物，只是为了把它们作为历史上的圣人遗物来加以崇敬，他当着理性的面玷辱它们，是为了以后当着历史的面颂扬它们，同

---

① 《马克思恩格斯选集》（第一卷），人民出版社1995年版，第93页。

② 《马克思恩格斯选集》（第一卷），人民出版社1995年版，第232页。

时也是为了颂扬历史学派的观点"①。如此，他们对待历史事实的崇敬态度暴露出虚伪的本质。也就是说假手细节来虚无历史，有些历史阐释完全可以用全部历史事实的真实性来伪造历史，即用各种历史细节把本质和必然的东西掩盖起来。比如有些人试图通过客观史料，来消费娱乐革命领袖的私人生活。且不论史料本身是真是假，单就研究者的主观意图就有问题。革命领袖的价值主要体现在领导革命实践过程中，所以研究他们，需要关注其在革命事业发展中的作用，而非拿所谓"史料"来证明他们的私人生活。马克思唯物史观是实证与批判的统一，其中批判主导实证，落实为实证，实证支撑批判。科学实证强调史学研究的方法，批判侧重对实践原则的贯彻。克罗齐也批判了这种实证主义历史观，他提出"一切历史都是当代史"这一著名命题，旨在强调历史学家的思想活动在历史认识过程中的主导作用，认为他们考订史料、重建事实，总是不可避免地以自己的精神活动为基础，由此呈现对历史某个细节的理解。

总之，历史事实只是单纯的实存而非现实，这种以史料为事实，单纯追求精确性的朴素的经验主义做法，必然会拒斥对历史价值的认同，陷入价值虚无的泥潭。在史学研究中，由于缺少价值观的指导，面对数量巨大的历史资料，往往会导致或者对史料随意选择、轻易立论，或者深陷其中不能自拔。历史失去了应有的价值关怀和育人功能。因此，即使有史料，也能导致虚无。当代史学上的科学实证主义其实包含深深的价值迷失，也越来越受到人们的质疑。

（4）后现代历史虚无主义

后现代主义从历史怀疑主义、历史相对主义和历史主观主义走向了彻底的历史虚无主义。其具体观点表现有：其一，割裂历史存在客观性和历史认识主体性的关系，抛弃客观性。后现代主义认为历史学家无法突破史料和文

---

① 《马克思恩格斯选集》（第一卷），人民出版社1995年版，第231页。

本性的限制而触及历史本身。一方面，在时空维度上，历史的生成和发展是一维性的存在，发生后就成为过去，没有办法复制或重新再来。历史事物在历史研究中的"不在场"和"缺席"为后现代主义虚无历史提供了可能。另一方面，后现代主义认为"历史文本"不同于真实历史。因为历史文本的书写受到了作者政治立场、价值观念和当时社会条件的影响，只能是其个人的主观阐释和历史内容的片段，而非对过往历史的忠实再现。"人人都是他自己的历史学家"，"历史的话语，不按内容只按结构来看，本质上是意识形态的产物，或更准确些说，是想象的产物……正因如此，历史'事实'这一概念在各个时代中似乎都是可疑的了"①。如此，历史解释主导和支配历史事实，历史认识的主体性和相对性被夸大，丧失了客观真理性。真实的历史不仅不存在，也不可知。其二，解构传统的历史价值。解构主义是后现代主义的代表，后现代主义以往的历史价值持绝对否定的态度，主张解构和否定传统，把传统的历史价值虚无化。其三，否定历史本质和规律。后现代主义思想家过于强调历史主观性，认为不同时代的历史学家的任务是按照自己的价值和利益要求构建历史。它们反对历史规律的因果必然性，强调历史发展的偶然因素；反对历史研究中的"宏大叙事"，主张对历史做微观的碎片式的分析；反对进行理性逻辑分析，宣扬感官直觉。由此，它势必在一定程度上取消历史之本质与规律性。后现代主义对历史的彻底虚无导致了这样的后果：相对主义历史观取代了传统的历史观；史学研究逐渐偏向微型叙事，选题也以市场为基准，各种"戏说""奇闻"成为"时尚"，"历史成了任人打扮的小姑娘"。

对于后现代主义历史虚无的荒谬性，我们可以通过马克思历史唯物主义的正面阐述来进行反思。首先，马克思唯物史观坚持历史价值与历史事实的统一。历史唯物主义明确自己的价值立场是无产阶级的利益乃至全人类的解

---

① [英]汤因比等：《历史的话语——现代西方历史哲学译文集》，张文杰编，广西师范大学出版社2002年版，第124页。

放。其次，马克思唯物史观是实践的。人通过实践创造历史，二者具有内在的统一性。马克思认为历史本身必然是一种客观自然过程，即"整个所谓世界历史不外是人通过人的劳动而诞生的过程，是自然界对人来说的生成过程"①。再次，马克思唯物史观是辩证的。辩证的历史观不会回避社会发展的矛盾，正相反，认为阶级矛盾是历史发展的直接动力，不从虚幻的天国和抽象的理性中寻找历史发展的动力，而是从现实生活中寻找问题的原因和解决方案。辩证的历史观还反对割裂历史连续性和否定历史发展因果必然性的做法，肯定历史发展具有规律性。

从上述我们可以看出，从形而上学的历史虚无主义、理性至上的虚无主义、科学实证的历史虚无主义，到后现代主义对历史的彻底虚无，这是历史虚无主义在理论层面从产生、发展到成熟的过程。马克思深刻认识到历史虚无主义各种理论形态的反历史性，通过批判和克服它们的缺陷，创立了科学的历史唯物主义，为科学地认识历史提供了世界观和方法论。在当代中国，我们更要以唯物史观为指导构建具有中国特色、中国风格、中国气派的历史学理论体系，不断克服历史阐释中出现的主观主义和相对主义，从而彻底走出历史虚无主义的窠臼。

四、谁是价值观冲突的制造者

19世纪末20世纪初，西方资本主义发展已经充分暴露出了其剥削本质，垄断组织形成，民族矛盾、阶级矛盾等社会各种矛盾空前激化。而后，俄国十月革命的一声炮响为世界带来了社会主义，使苦难中的人民看到了希望，社会主义成功登上历史舞台，从而打破了资本主义独噬的世界格局。继而，社会主义阵营越发强大起来，资本主义世界则陷于矛盾重重危机四伏的困

---

① 《马克思恩格斯文集》（第一卷），人民出版社2009年版，第196页。

境。然而，资本主义依然难掩丑恶嘴脸，不断地对社会主义、对人民进行打压。简言之，除了政治、经济等方面的疯狂扩张，同时也不断地进行意识形态的扩张，企图用"西方普世价值""自由主义"等西方价值观对社会主义国家进行渗透，制造价值观冲突，直至今天后冷战时期，这种意识形态斗争仍然是没有停止的，意识形态领域中"没有硝烟的战争"成为西方资本主义国家为了实现资本主义扩张的重要工具之一。总之，西方资本主义国家是价值观冲突的始作俑者，只要资本主义存在，价值观冲突就一定不会消失。

（一）价值观冲突根源自西方资本主义国家意识形态的扩张

1. 何谓"意识形态"

马克思主义历史唯物论认为，社会存在决定社会意识，社会意识是代表着其特殊的社会存在而存在的，而在社会中的特定的阶级、阶层为了维护阶级利益，要求将特殊的阶级利益上升为整个社会的普遍利益时，意识被要求成为"普遍意识"，意识形态即出现了。意识形态在本质上是一种"观念上层建筑"，是代表特定阶级利益的政治制度、价值观念、生活方式、文化习俗等思想体系的总和[①]。在阶级社会中，意识形态具有阶级性，并为一定的阶级服务。在《德意志意识形态》一文中，马克思便指出："统治阶级的思想在每一时代都是占统治地位的思想。这就是说，一个阶级是社会上占统治地位的物质力量，同时也是社会上占统治地位的精神力量。……占统治地位的思想不过是占统治地位的物质关系在观念上的表现，不过是思想的形式表现出来的占统治地位的物质关系。"[②]可见意识形态的阶级属性，是其基本属性。在马克思、恩格斯的经典著作中，即可见"意识形态"一词始终被使用于对资产阶级意识的批判。

---

① 《马克思恩格斯全集》（第一卷），人民出版社1995年版，第276页。

② 《马克思恩格斯选集》（第一卷），人民出版社2012年版，第178页。

此外，历史唯物主义还提出，社会意识又可以塑造与改变社会存在，即意识形态对物质世界具有能动的反作用。马克思恩格斯在《德意志意识形态》《关于费尔巴哈的提纲》和《反杜林论》等论述中，对意识形态反作用与社会存在的功能进行了揭示，这些功能和作用主要体现在：意识形态具有维护阶级利益的功能，意识形态具有维护统治阶级政治合法性的功能，意识形态具有社会整合功能，意识形态具有先导性功能等方面。资本主义是残酷的、剥削的社会制度，而资本主义意识形态正是为了维护资产阶级狭隘的剥削利益而存在的，不仅可以维护资产阶级政治统治合法性，还能够通过国家政治力量和思想文化等诸多方面实现对资本主义剥削的社会关系和思想文化进行聚合和统领，实现反作用于物质基础即社会形态。西方资本主义国家始终将意识形态的扩张作为资本主义扩张的重要环节，利用意识形态的变革与扩张，为社会物质基础变革提供条件，蒙蔽无产阶级，推翻无产阶级政权，最终实现资本主义侵略的倒逆目的。

2. 价值观冲突的本质

普遍地讲，价值观冲突是人类社会进步和发展过程中最为普遍存在的社会现象，也是人类在创造、实现社会进步和发展过程中不可避免的社会现象。价值观冲突即指不同的价值之间的冲突，一般包括价值观念的冲突、价值取向的冲突、价值评价的冲突、价值实现之间的冲突等，具有广泛性、复杂性、深刻性和普遍性。价值观冲突并非现代产生，工业革命前，由于交往的不普遍，人们还没有对价值观冲突存在认识。工业革命之后，人们生产生活方式、思维方式发生很大变化，价值冲突也变得复杂起来。而后，随着社会的不断进步和发展，全球一体化进程加快，多种价值观的融合与碰撞日益普遍与繁多，价值观之间的交织与冲突也日益复杂。价值观冲突的变化往往不是由社会道德的冲突所导致，而是以经济体制方面的变革为主要决定性根源。不仅能够促进当前的社会思想体系的变化发展，并将反作用于社会经济生活。

由此，价值观冲突的本质是由物质生产关系差异决定的意识形态领域的冲突。除了普遍性的价值观的冲突，西方资本主义国家还存在一些有蓄谋的、有计划的价值观渗透。通过制造价值观冲突，传播虚假的、腐蚀的价值观内容，实现资本主义意识形态领域的侵略与扩张，即成为扭曲的价值观冲突的新形式。其中包括随着全球一体化进行的加快，中国的改革开放与崛起，社会主义市场经济体制的建立和完善，我国社会日趋呈现多元化趋势发展，西方资本主义国家与中国社会主义核心价值观等各种价值观的冲突呈现出一种纵横交错的局面，这是新的时代特征和历史必然。这需要我们从这种纵横交错的局面中，把握冲突的实质，即认清明辨出西方资本主义国家一些有蓄谋、有计划的价值观渗透。

3. 资本主义的"功利"性本质

资本主义社会制度建立在生产资料私人占有以及资本剥削雇佣劳动基础之上，马克思、恩格斯对资本主义本质有着深刻的研究和全面的论证。马克思站在无产阶级立场，通过唯物辩证的科学方法，对资本主义社会关系进行全面分析。马克思认为资本主义本质关系是资本和劳动的对立，两者对立的关系"决定着这种生产方式的全部性质。这种生产方式的主要当事人，资本家和雇佣工人，本身不过是资本和雇佣劳动的体现者，人格化"①。资本与劳动的对立关系是马克思资本主义本质理论的核心。马克思围绕这一核心，深刻地阐明和揭露了资本主义社会剥削的秘密，以及在此基础上资本主义社会统治阶级与广大无产阶级劳动人民的对立与斗争的实质。

科学地认识人类社会发展历史，明辨资本主义与社会主义的本质区别，是为最终实现共产主义提供必然认知基础，也是能够使我们坚守马克思主义阵地的理论前提。正是由于资本主义的剥削本质，资本主义社会发展才会出现为统治阶级服务的一系列意识形态。在功利的市场经济条件下，各阶级利益出现断层，资本主义统治阶级越来越难以满足的剥削欲望，为了扩大其剥

---

① 《马克思恩格斯选集》（第二卷），人民出版社2012年版，第649页。

削利益，榨取更多剩余价值，使得其利用一系列可以利用的手段，压榨和剥削无产阶级劳动人民，由这种社会关系，导致资本主义将意识形态领域的扩张作为资本主义扩张的"工具"。

西方资本主义国家大多奉行唯心主义的意识形态可以独立于历史而存在，意识第一性，物质第二性，物质依赖意识而存在，物质是意识的产物。所以，在实际的资本主义扩张行径中，更可证西方资本主义对其意识形态领域扩张的重视。直至今日，世界局势相对和平且社会主义蓬勃发展，资本主义社会仍然试图通过价值观的冲突与渗透，来实现意识形态的扩张，最终达到剥削无产阶级世界，实现资本扩张的目的。各种由阶级利益、物质利益诱发的不道德的、错误的价值观的萌芽和发展，从而诱发的各种价值观冲突即根源于资本主义社会制度，价值观渗透被作为资本主义"工具性"而存在。

（二）改革开放以来"没有硝烟的战争"甚嚣尘上

自改革开放以来，我国日益敞开国门，实现了参与全球化共同发展的新目标。然而，伴随着改革开放的深入和社会转型的不断深化，不同社会价值之间的碰撞与冲突也日益浮现，并日趋激烈。尤其是以"个人主义""功利主义""自由主义""拜金主义"等为代表的价值观的入侵，提出"中国威胁论"等谬误的论断。随着各种思潮不断涌入，当代价值观冲突不仅仅是某一个观念的问题，而是关系到社会经济、政治、文化乃至社会制度的发展，是西方一些国家采取的意识形态渗透，搞起的"没有硝烟的战争"。对资本主义价值观的批判是建构当代中国社会转型期价值观的重要逻辑前提，尝试剖析解读资本主义主要价值观，才能够使我国更好地解决价值观冲突，令资本主义扩张者无处遁形，最终取得"没有硝烟战争"的胜利，实现社会主义核心价值观屹立不倒，中国社会主义制度不断完善，中国社会主义事业不断进步。

1. 西方个人主义冲击集体观念

"个人主义"又被称作"个人本位"，是资本主义私有制制度的产物，认为个人利益是决定行为的最主要因素，强调个人的自由和个人权利的重要性。个人主义提倡反抗一切试图控制个人的行为，尤其是那些由国家或社会施加的强迫力量，因此，个人主义反对将个人置于社会或共同体之下的集体主义。可以说，个人主义根植于西方传统文化之中，淋漓尽致地体现了资本主义私有制基础上的商品经济关系，是资本主义价值观念的思想基础和立足点，也是资本主义价值观念体系的核心。诚然，个人主义价值观在资本主义上升阶段起到过反封建的历史作用，它重视个人利益，维护个性发展，肯定个人价值，从抽象意义上，具有一定的积极作用，不应简单否定。但是，个人主义肆意妄为、不顾集体和他人的极端个人主义是不可取的，不利于和谐社会建设，必须坚决反对。早在晚清时期，个人主义便从西方传入日本，又经日本传入中国，引发国内的广泛讨论。从民主革命时期、社会主义建设时期，到改革开放以来国内市场经济的日益成熟，对个人主义的辨析愈加激烈，直至如今，学者们仍会从不同角度对个人主义的理解加以辨析。习近平总书记在党的十九大报告中指出："要加强思想道德建设……加强集体主义教育。"[①]也充分证实了坚守集体主义，正确明晰个人主义的重要性。

2. 功利主义企图吞噬社会的健康生态

西方功利主义价值观，是资本主义社会关系尤其是经济利益关系的反射。在社会经济生活之中，功利主义集中强调客观结果，即客观的经济效益以及实际效果。在一定意义上不承认人的主观动机和心理结果，而只以客观效果作为评判价值的标准。有学者认为，马克思是一个受到功利主义影响的非功利主义者，在其著作《德意志意识形态》中，马克思不仅对历史唯物主义的现实基础和逻辑前提进行了分析，还对功利主义进行了批判。马克思和

---

① 习近平：《决胜全面建成小康社会 夺取新时代中国特色社会主义伟大胜利》，人民出版社 2017 年版，第 42 页。

恩格斯直截了当地揭示了功利主义的内在矛盾以及实质内容，指出"功利关系具有十分明确的意义，即我是通过我使别人受到损失的办法来为我自己取得利益"①。在以私有制为基础的各种社会关系体系中，人与人之间存在着明显的利益的对抗，而随着私有制的发展，愈发刺激人们企图通过损害别人利益来赢得自己私利。由此，功利主义不仅仅要证明个人功利至上的论点，而且还要证明自由竞争下损人利己的合法性。

简言之，西方功利主义的价值观将经济关系看作其他一切社会关系的决定因素，把利益看成是至高无上的，甚至是道德的决定因素。通过马克思和恩格斯对功利主义局限性的分析，不难看出除了承认功利主义对封建社会人对人的剥削的批判以及空泛的道德原则外，在资产阶级发展条件下，功利主义已然成为为资产阶级剥削辩护的理论。崇尚发财致富的私有者，排斥无产者。这种理论传播到我国无疑是想为资本主义做辩解，冲刷传统道德观，企图扰乱我国中国特色社会主义道路的前进。

3. 西方自由主义企图动摇国民政治信仰

自由主义是一个错综复杂的综合体，在西方，自由主义思想深入地渗透于社会生活的各个方面，自由主义意识形态已经内化到公众自觉生活的准则和价值观中，自由主义密切地与人们生活息息相关，以至于已经不能够将其作为一种独立的意识形态与社会实践相区别开来，自由主义思想溶于西方人们的血液之中。

新自由主义积极主张经济领域中的国际合作，积极推动发达国家进行的全球化努力，试图通过建立全球统一的市场，构建自由主义的世界体系。通过资本、技术等渗透，构建各国间相互依存的紧密关系。用经济全球化、市场化和资本国际化来对抗民族国家的主权，把世界各国吸纳到其建立的世界经济体系之中，从而通过"经济纽带"，加强军事政治和文化的交流，进而达

---

① 《马克思恩格斯全集》（第三卷），人民出版社 1960 年版，第479页。

到渗透的目的，把自由主义传播到世界的各个角落，达到传播、渗透其意识形态的目的。

由于美国推行新自由主义，使得世界上许多国家在推行政治和经济改革中都受到了极大的影响，不仅走入了种种失败的误区，还造成了思想意识的混乱，俄罗斯和其他东欧国家、部分亚洲国家以及拉丁美洲国家都为之付出惨重代价，影响了其国家经济的健康发展。在中国经济改革中，虽然并没有遭受到其如此严重的影响，但是，从客观角度看，也受到了一定程度的影响。不论是经济改革，"看得见的手"与"看不见的手"作用比例，市场调节与政府调控的关系；还是当前的一些医疗改革、教育改革等领域，如果不能够明确地辨别西方自由主义的本质特征，在其影响下，就很可能弱化或动摇马克思主义理论的主导地位。这是必须加以重要警惕的。正如邓小平所说："如果我们的政策导致两极分化，我们就失败了；如果产生了什么新的资产阶级，那我们就真是走了斜路了。"[1]

4. 拜金主义、享乐主义等企图腐蚀国民价值理想

拜金主义、享乐主义等思想都是西方资本主义制度条件下萌芽和发展的扭曲的社会思潮。随着改革开放的展开，市场经济在我国的蓬勃发展，伴之而来的一系列西方思潮中，便夹带着拜金主义、享乐主义这样的消极价值观。然而，想要彻底地清除拜金主义、享乐主义等消极价值观对我国社会经济生活、政治生活、文化生活等各方面领域的不良影响，就必须透彻地揭示拜金主义、享乐主义的实质，从根本上剔除其对中国社会的影响。

拜金主义，从字面上讲即崇拜金钱，也被称为"金钱拜物教"。源于商品经济，根植和发展于资本主义商品经济环境之中，是以资本主义商品经济为基础的，资本主义利己主义、功利主义、自由主义等衍生出的具备资本主义本质属性特点的价值观，只要商品经济存在，就始终会产生拜金主义现象。

---

① 《邓小平文选》（第三卷），人民出版社1993年版，第111页。

马克思主义对拜物教的批判，贯穿于整个《资本论》，其能够充分展现出对资本主义经济基础的批判。可以说，拜金主义是"拜物教"在当代的具体体现。对个人来讲，拜金主义、享乐主义等扭曲的价值观直接导致个人精神世界的空虚以及造成对人的命运的歪曲支配；对社会来讲，则会混乱市场秩序，影响社会正常有序地发展。

然而，拜金主义和享乐主义的入侵和发展，与我国社会主义核心价值观是恰恰相对立的。那些企图利用拜金主义、享乐主义控制人们思想，扼制经济发展，冲击我国社会主义核心价值观的行径，在我国社会主义精神文明建设取得优异成果的进程中也会无处遁形的。

五、抵御意识形态渗透永远在路上

由于东西方意识形态存在鲜明的差异，作为为资产阶级服务的意识形态渗透、扩张仍然被西方资本主义国家刻意地持续进行中，在如今后冷战时代，这种意识形态的斗争仍然是没有停止的。正如前文所述，只要资本主义存在，那么这种价值观的渗透、反渗透就会一直存在下去。由此，我们必须认清意识形态渗透的实际形势，始终保持对意识形态渗透的警惕与防御，明确抵御意识形态渗透的无比的艰巨性、斗争性和长期性。

（一）抵御意识形态渗透具有无比艰巨性

1. 守卫意识形态即是守卫人之归宿

人生在世，面对纷繁复杂的物质世界，如同一个漂泊在路途中的行者，每个人都需要一份"精神家园"的归宿。"人不可没有精神需要，'人需要美正如人的饮食需要钙一样'不可或缺。完全可以说，人的精神需要就像人体需要维生素一样，没有意识、理性、意志等精神活动的生命就是缺乏人性的动物的生命。"①探讨和追寻人的精神家园也是哲学的终极关怀之体现。单就个体存在者而言，精神家园无外心灵真、善、美的寄托，然而，就社会存在而言，尤其是资本主义引发的意识形态出现以后，社会意识已不单单是对纯粹真理的向往。相反，往往受阶级利益驱使，形成资本主义意识形态扩张，侵略无产阶级人民精神家园的世态。由此，抵御意识形态渗透，亦是守卫社会主义意识形态，守卫人们的精神家园。

精神家园具有民族性、价值向导性以及与社会发展的统一性等基本特征。精神家园不但具有思想价值，亦具有不可替代的社会价值。精神家园作为社会意识，不仅因社会存在而存在，并且对社会发展具有重要的能动作用。精神家园在社会共同体价值认同与目标认同的基础上，会产生强烈的凝聚力与内聚力，精神家园在价值参照系中批判现实，在充分理解、适应现实的前提下改造、扬弃和超越现实。人的精神家园作为意识领域的存在，其重要性往往不仅体现在它对社会存在和发展的促进作用，还体现在导向作用。人与社会的和谐发展、人自身的道德价值重建都需要精神家园的积极推动。人的存在就是寻找意义，在寻找到精神家园的时候，人通常会围绕其展开各自的社会活动。抵御意识形态渗透也是帮助人们找到最正确的归宿，只有人坚守在正确的精神家园，找到生命的正确意义，才能够使我们的个人以及社会健康有序地发展。科学的精神家园会成为人之安身立命之本。由此，守卫社会主义意识形态，守卫人们的精神家园，亦是守卫人之归宿。

2. 坚守马克思主义阵地是实现全人类解放的基石

马克思主义是具有科学性的理论体系，在整个人类发展史上，是最全面、最科学的理论体系。马克思主义理论是发展的、实践的社会理论，正如恩格斯所言，"我们的理论是发展着的理论，而不是必须背得烂熟并机械地加

---

① 袁贵仁：《人的哲学》，工人出版社1988年版，第102页。

以重复的教条"①。马克思主义之所以能够成为人类思想史上最科学的信仰，主要是因为其为世界带来的巨大理论变革，"就其实质内容和社会功能而言，马克思的学说就是关于人类解放的学说，也就是关于实现人的全面发展的学说"②。

在马克思主义实现人类自由解放的理论中，对自由与平等的追求，是马克思人类解放思想的核心内容。在这里，马克思主义的自由观是与资本主义的所谓"自由"具有本质上的区别的，甚至讲，马克思的自由观实际上体现了对资产阶级自由、平等理念的否定，体现了科学的思想观念和对资产阶级自由、平等理念的根本否定与超越。自由与平等，是实现人类全面解放的基石，应作为人们的基本价值追求，应当是普遍享有的权利，然而这一权利在资本主义社会中是根本没有实现性可言的，而只有在马克思主义的指导下，实现普遍性与现实性的统一，才能够实现。

马克思主义对人的存在与价值的关注是对人类精神层面的终极关怀，是人类社会价值观念、基本道德理念与个人理想形成的引导力量；根据人们的实践需要，在科学与信仰的统一中发掘人的生存意义；在寻求科学发展，追求工具理性，满足人们物质需要的同时，注重对于人类社会和自然环境的人文关怀；人们在追求自然科学真理的同时也不要抛弃中华传统文化中真善美的优良成分。简而言之，坚守马克思主义阵地，坚持新时期马克思主义关于每个人自由而全面的发展理论，是从根本上解决人的存在与发展的出发点，是实现全人类解放的基石。

3. 西方意识形态渗透的危害

一直以来，西方资本主义从未停止对中国意识形态的渗透，在经济全球化和信息全球化的今天，西方资本主义国家更是抓住全球化进程的机遇，借

---

① 《马克思恩格斯选集》（第四卷），人民出版社 1995 年版，第 681 页。

② 孙正聿：《人的解放的旨趣、历程和尺度——关于马克思的人的全面发展学说的思考》，载《学术月刊》2002 年第 1 期。

全球化之风，不断加大对中国意识形态渗透的力度。采取各种手段，从政治、经济、文化、日常生活等诸多方面"见缝插针"，不放过一切进行渗透的可能性。中西方意识形态冲突在我国也日益凸显，可以说是达到了历史以来最尖锐的时期。

由此，在当前新的舆论环境下，西方意识形态不断冲击我国社会主流意识，导致广大群众人生观、价值观都出现了不同程度的动摇及怀疑，这是不容小觑的。受西方资本主义市场经济的冲击，社会主流意识形态的认同面临逐渐被消解，从政治、经济多方面削弱人们对社会进步所带来的喜悦，而扭曲加大对社会矛盾的渲染，磨灭社会进步所带来的成果，攻击我党的执政权威性，歪曲伟人以及历史事实，进行新自由主义的煽动，掩盖新自由主义所带来的危害，以及资本主义的剥削本质，党的执政权威性遭受重大挑战。其次，在文化方面进行潜移默化的、隐蔽的渗透，从而消弭我国经典文化、传统文化的地位和影响，利用文化产品、媒体等多方面多渠道向国内输入西方价值观，导致我国传统文化的影响力深受影响。另外，制造一些危言耸听的不实舆论，通过控制挑唆舆论导向，误导广大群众的视听，扩大和夸张正常的民族内部矛盾，介入我国内部事务，制造"台独"等一系列企图分裂主权国家的事件，趁机打击中国社会主义核心价值体系，直接影响政府的公信力，动摇人们对社会主义的坚定信念。这种意识形态渗透危害极大，给我国社会主义核心价值体系带来了巨大的冲击，坚决不容松懈对待。

（二）抵御意识形态渗透具有斗争性

习近平总书记曾多次在不同场合阐述和强调理想信念的重要性，也曾多次强调意识形态工作是党的一项极端重要的工作。习近平总书记曾在全国宣传思想工作会议上明确表示，"坚持团结稳定鼓劲、正面宣传为主，是宣传思想工作必须遵循的重要方针"。"我们正在进行具有许多新的历史特点的伟大斗争，坚持正面宣传为主，决不意味着放弃舆论斗争"。充分可见在对抗意识形态渗透上，是始终具有斗争性的。在意识形态领域，资本主义与社会主义的斗争从未停止过，在西方国家有预谋地蓄意地向我国进行意识形态渗透之时，我们必须做好充分的斗争准备，坚定地占领意识形态高地。

1. 中西方意识形态的差异性

中西方意识形态、思想文化的差异性是能够使意识形态形成斗争性局面的先决条件。中西方意识形态、思想文化都是人脑中的意识对其所处社会关系的一种映象。社会存在决定社会意识，中西方意识形态的差异均源自其各自所处社会环境。资本主义社会在资本主义私有化的剥削、垄断环境下，奉行资本主义思想，信仰唯心主义、宗教主义，衍生出自由主义、个体主义等一系列西方意识形态。中国在社会主义制度下，推行马克思主义，奉行社会主义思想，信仰历史唯物主义。生产力形态的不同，造成了中西文化的本质不同。

西方资本主义制度建立后，历经文艺复兴、宗教改革和启蒙运动，最终形成资产阶级思想文化，以自由主义、个人主义以及科学精神为核心，并逐渐成为世界主流思想文化。而我国自古以来，以儒家、道家为主中国封建文化与外来传入的佛教文化构成了几千年封建社会的主流文化。1917年俄国十月革命为中国带来了马克思主义，带来了社会主义。随着全球一体化进程的衍生和发展，形成了近代中西方思想文化交汇的高峰，直至现代、后冷战时代，全球经济一体化进程加深，中西方思想文化开始更加深刻且全面地互相了解，随之，意识形态领域的冲突也呈现出有史以来最大化的碰撞。

2. 西方虎视眈眈的吞噬欲

如前文所述，资本主义本性决定了西方国家有蓄谋有计划的意识形态渗透行径。除却中西方文化的正常交往与合作，西方的一系列意识形态渗透动作也从未停止。民族间的文化差异性并不是西方资本主义国家进行意识形态渗透的决定性因素，决定性因素在于西方资本主义国家的剥削、垄断、霸权的本质，始终企图独霸世界，对日渐崛起的中华民族虎视眈眈，试图蓄谋从各个方面对社会主义进行打压与吞噬。

纵观西方发达国家意识形态渗透的历史，不难发现，西方国家对意识形态的渗透的终极目的，便是消灭社会主义制度。西方国家对社会主义制度的攻击从未停止过，目标始终如一。之所以从意识形态渗透角度看，貌似西方始终对社会主义价值体系一直如此虎视眈眈，实质上是因为西方资本主义在历史上经历了武装干预失败后采取的"和平演变"意识形态渗透战略。经过第一次世界大战后的经济发展以及第二次世界大战的较量，社会主义和资本主义之间的力量对比有了新的变化，以美国为首的资本主义世界与以苏联为首的社会主义两大阵营在世界格局上形成了矛盾的对立。资本主义国家开始采取"遏制战略"，出现"和平演变"萌芽。再到后来"遏制战略"失败后，"和平演变"持续发展和完善。直到20世纪90年代初，国际形势由紧张趋向缓和，由对抗转为对话，国家间交往扩大，在没有战争的年代，西方资本主义国家便对社会主义国家展开"猛烈的和平演变"，直至后冷战时期的今天，西方通过制造一些中国威胁论等言论，试图瓦解中国价值观的狼子野心不减，意识形态渗透成为资本主义扩张的重要手段和工具。

3. 西方国家不断在中国寻找培育意识形态的土壤

在西方资本主义始终不变的资本主义扩张目的下，西方资本主义国家也始终没有停止对国际社会的意识形态的渗透与扩张。不断地试图在社会主义社会寻找"缝隙"与"机会"，总是试图找到突破口来充当进行培育资本主义意识形态的沃土。通过各种渠道、环境、手段，将意识形态渗透的斗争引向社会生活之中，将意识形态渗透落入实际生活之中。例如，外媒经常会拿一些中国"雾霾""污染"等话题，展开"生态环境"领域之中资本主义的"伪优越性"。即通过对实际生活的歪曲和夸大，来实现各个领域的意识形态渗透。面对这种虚伪的做法，抵御对抗刻不容缓。

培育意识形态的"土壤",决定了意识形态渗透的领域,这其中便包括渗透话题的变化、渗透载体的变化以及渗透手段的变化等。

(三) 抵御意识形态渗透需长期坚守

西方国家的意识形态渗透,萌发于苏维埃政权建立,经历了第二次世界大战后的"和平演变",直到当前后冷战时期,新的历史条件下,西方国家意识形态渗透的调整。可见,意识形态领域的"没有硝烟的战争"是长期存在的,即只要资本主义存在,就不会结束。

1. 西方国家意识形态渗透历史过程

西方国家意识形态渗透战略的形成是一个历史过程,这要追溯到俄国十月革命胜利,苏维埃政权建立,社会主义国家登上历史舞台,苏维埃政权的建立标志着马克思恩格斯创立的科学社会主义由理论变为实践、由理想进入现实,带来了世界历史演变的新动向和新格局,而对资本主义世界而言,无异于噩梦的开始,一家独大的霸权地位被动摇,打破了资本主义垄断世界的野心,它们不甘心停止剥削和压迫,要竭尽全力去将这个新生事物扼杀于萌芽之中,加力扩张资本主义势力,不让其发展壮大直至威胁资本主义世界的统治基础。在经过多次对苏维埃政权进行军事武装干预失败后,便开始考虑转向通过精神消解,取缔社会主义制度,消除马克思主义的传播和影响。这可以称为西方意识形态渗透历史过程的"第一阶段"。

第二阶段,是二战爆发后,西方发达国家就逐渐调整思路,开始采取政治渗透的手段和方式,形成"遏制战略"。"遏制战略"孕育着西方国家的意识形态渗透思想,用战争以外的方式从内部瓦解社会主义国家,而意识形态渗透即一种非常有效的内在的非暴力武装手段。"遏制战略"在一开始还带有一定程度的军事对抗性质,没有完全将重点放在意识形态领域,但它是从"暴力武装战争"到"和平演变"的过渡阶段,为意识形态渗透提供了基本的思路和方向,也为后来的"和平演变"战略奠定了实践基础。

第三阶段，即"和平演变"战略阶段，是西方资本主义国家向社会主义国家所采取的一种"超越遏制战略"。西方国家意识形态渗透形成以美国为首的西方发达国家实施遏制战略后，虽然在一定程度上限制了社会主义阵营的发展，但这并未从根本上动摇苏联的国际政治地位和撼动社会主义阵营的根基，甚至在一定程度上增加了西方国家国力的消耗，使他们陷入被动。于是美国国务卿杜勒斯提出了"和平演变"战略思想。西方国家以贷款、贸易、科技等各种手段诱压东欧国家，促使它们向西方靠拢，向资本主义"和平演变"。这是一种遮掩性的、企图掩盖其扩张本质的"没有硝烟的战争"，可以说其中隐含着资本主义优越性的隐性意识形态，目的明确，即实现消灭社会主义阵营。马克思、列宁早就指出，在社会主义初级阶段存在着资本主义复辟的危险性。以毛泽东为首的中国共产党第一代领导人，对防止"和平演变"保持着警惕性，时至今日，到以习近平同志为核心的党中央依旧坚持保持着这种警惕性。

2. 抵御意识形态是当前社会发展的重要原则

在今天的后冷战时期，全球一体化进程深化发展，各国间意识形态领域的联系空前紧密，西方意识形态渗透也愈加激烈。当然，这种意识形态斗争是不会停止的，只要资本主义存在，这种价值观的渗透反渗透就要存在下去。习近平总书记始终强调在当今局势下意识形态上的斗争性，在全国思想政治会议上的讲话便明确指出"坚持团结稳定鼓劲、正面宣传为主，是宣传思想工作必须遵循的重要方针"。"我们正在进行具有许多新的历史特点的伟大斗争，坚持正面宣传为主，决不意味着放弃舆论斗争"。习近平总书记曾在视察北京大学同师生们座谈时指出："我国是一个有着13亿多人口，56个民族的大国，确立反映全国各族人民共同认同的价值观'最大公约数'，使全体人民同心同德，团结奋进，关乎国家前途命运，关乎人民幸福安康。"为此他强调必须"把培育和弘扬社会主义核心价值观作为凝魂聚气，强基固本的基础工程"。习近平总书记在2016年的"七一"讲话中又指出："我们要弘扬社会主义核心价值观，弘扬以爱国主义为核心的民族精神和以改革创新为核心的时代精神，不断增强全党全国各族人民的精神力量。"西方国家借中国意识形态领域培育不够完全时期，寻找弱点，试图借机入侵。为了长期地保证核心价值观屹立不倒，社会主义市场经济得以发展，社会主义制度得以保证，需要意识形态的坚守。在信仰多元化的今天，更是一定要坚守住社会主义核心价值体系的构建，牢固树立社会主义核心价值观，深入体会中国梦精神，坚持共同理想，时刻保持抵御意识形态渗透。

3. 抵御意识形态渗透要始终坚持下去

我们现在的生活是历代民族英雄奋斗得来的，历史的来之不易告诉我们，未来更需努力坚持守护，意识形态领域需要坚守下去。辛亥革命以来我们的价值观转变走过很多阶段，从一开始的传统阶段，到五四运动后，西方马克思主义进入；再到改革开放之后，西方自由主义等进入，中国面对的价值观问题是最复杂的。但在这重重冲击下，价值观统一性要坚守，文化价值观绝不可断裂。2012年11月17日，习近平总书记在主持十八届中共中央政治局第一次集体学习时强调："坚定理想信念，坚守共产党人精神追求，始终是共产党人安身立命的根本。对马克思主义的信仰，对社会主义和共产主义的信念，是共产党人的政治灵魂，是共产党人经受住任何考验的精神支柱。"他视理想信念动摇为最危险的动摇，视理想信念滑坡为最危险的滑坡。在党的十九大报告中，谈论新时代中国特色社会主义思想和基本方略中，习近平总书记也明确指出，要坚持社会主义核心价值体系，"文化自信是一个国家、一个民族发展中更基本、更深沉、更持久的力量。必须坚持马克思主义，牢固树立共产主义远大理想和中国特色社会主义共同理想，培育和践行社会主义核心价值观，不断增强意识形态领域主导权和话语权，推动中华优秀传统文化创造性转化、创新性发展，继承革命文化，发展社会主义先进文化，不忘本来、吸收外来、面向未来，更好构筑中国精神、中国价值、中国力量，为人民提供精神指引"。"牢牢掌握意识形态工作领导权。意识形态决定文化前进方向和发展道路。必须推进马克思主义中国化时代化大众化，建设具有强大凝聚力和引领力的社会主义意识形态，使全体人民在理想信念、价值理念、道德观念上紧紧团结在一起。"①这是我们应该在未来始终坚持的道路自信、制度自信、理论自信、文化自信。

---

① 习近平：《决胜全面建成小康社会　夺取新时代中国特色社会主义伟大胜利》，人民出版社2017年版，第41页。

［1］马克思恩格斯选集（第四卷）［M］. 北京：人民出版社，2012.

［2］马克思恩格斯全集（第三卷）［M］. 北京：人民出版社，1960.

［3］马克思恩格斯选集（第一卷）［M］. 北京：人民出版社，1995.

［4］马克思恩格斯文集（第一卷）［M］. 北京：人民出版社，2009.

［5］马克思恩格斯选集（第一卷）［M］. 北京：人民出版社，2012.

［6］马克思恩格斯文集（第二卷）［M］. 北京：人民出版社，2009.

［7］马克思恩格斯文集（第八卷）［M］. 北京：人民出版社，2009.

［8］马克思恩格斯选集（第一卷）［M］. 北京：人民出版社，1986.

［9］列宁选集（第一卷）［M］. 北京：人民出版社，1995.

［10］列宁选集（第二卷）［M］. 北京：人民出版社，1995.

［11］毛泽东选集（第二卷）［M］. 北京：人民出版社，1991.

［12］毛泽东选集（第二卷）［M］. 北京：人民出版社，1999.

［13］毛泽东. 在中国共产党第八届中央委员会第二次全体会议上的讲话［N］. 人民日报，1956-11-15.

［14］习近平谈治国理政［M］. 北京：外文出版社，2014.

［15］习近平. 建设社会主义文化强国着力提高国家文化软实力［N］. 人民日报，2014-01-01.

［16］习近平. 创造中华文化新的辉煌——关于建设社会主义文化强国［N］. 人民日报，2014-07-09（15）.

［17］习近平. 在同各界优秀青年代表座谈时的讲话［N］. 人民日报，2013-05-04.

［18］习近平. 在庆祝中国共产党成立95周年大会上的讲话［N］. 人民日报，2016-07-02（2）.

［19］习近平. 决胜全面建成小康社会 夺取新时代中国特色社会主义伟大胜利——在中国共产党第十九次全国代表大会上的报告［N］. 人民日报，2017-10-28.

［20］习近平. 在纪念红军长征胜利80周年大会上的讲话［EB/OL］. http：//cpc. people.com.cn/n1/2016/1021/c64094-28798445.html，2016-10-21.

［21］习近平. 在纪念孔子诞辰2565周年国际学术研讨会暨国际儒学联合会第五届会员大会开幕会上的讲话［EB/OL］. http：//news.xinhuanet.com/politics/2014-09-24/c_1112612018.htm，2014-09-24.

［22］习近平. 在第七十届联合国大会一般性辩论时的讲话［EB/OL］. http：//news.xinhuanet.com/world/2015-09-29/c_1116703645.htm. 2015-09-29.

［23］中共中央文献研究室. 十八大以来重要文献选编（上）［M］. 北京：中央文献出版社，2014.

［24］习近平用典［M］. 北京：人民日报出版社，2017.

［25］［英］汤因比. 历史的话语——现代西方历史哲学译文集［M］. 张文杰编，桂林：广西师范大学出版社，2002.

［26］［德］尼采. 权力意志：重估一切价值的尝试［M］. 张念东，凌素心，译，北京：商务印书馆，1991.

［27］［美］塞缪尔·亨廷顿. 文明的冲突与世界秩序的重建［M］. 周琪，刘绯，张立平，等，译，北京：新华出版社，2017.

［28］［美］约瑟夫·奈. 软力量：世界政坛成功之道［M］. 吴晓辉，钱程，译，北京：东方出版社，2005.

［29］［美］约翰·罗尔斯. 政治自由主义［M］. 万俊人，译. 南京：译林出版社，2000.

［30］［德］尤尔根·哈贝马斯. 交往行为理论［M］. 曹卫东，译. 上海：上海人民出版社，2004.

［31］［英］V.S. 奈保尔. 印度：受伤的文明［M］. 北京：生活·读书·新知三联书店，2003.

［32］康有为. 以孔教为国教配天议. 载《康有为政治集（卷三）》［M］. 北京：中华书局，1998.

［33］方克立. 评大陆新儒家复兴儒学的纲领［EB/OL］. http：//www.npopss-cn. gov.cn/n/2012/1130/c352953-19755088.html，2010-03-07.

［34］陈来. 中国传统价值观的传承和发展［N］. 联合日报，2014-11-11（A01）.

［35］陈来. 新世纪国学热的发展［N］. 中华读书报，2014-01-29（15）.

［36］朱汉民. 中国传统文化导论［M］. 长沙：湖南大学出版社，2000.

［37］张岱年，程宜山. 中国文化与文化论争［M］. 北京：中国人民大学出版社，1997.

［38］肖尚军. 中国传统文化概要［M］. 武汉：武汉出版社，2007.

［39］新课标高中历史——中国古代文化［M］. 北京：人民教育出版社，2007.

［40］国学［EB/OL］. https：//baike.baidu.com/item/%E5%9B%BD%E5%AD%A6/128562？fr=aladdin.

［41］张鲲. 现代性视野中价值的变量因素与整合路向［J］. 南昌大学学报（人文社会科学版），2016（4）.

［42］张郢娴. 观城论市：城市化背景下场所认同的危机与重建策略研究［M］. 北京：北京理工大学出版社，2016.

［43］沈湘平. 价值共识是否及如何可能［J］. 哲学研究，2007（2）.

［44］汤恩佳. 孔学论集［C］. 台北：文津出版社，1996.

［45］林志友. 马克思主义的三个层次与中国传统文化结合的三个阶段［J］. 当代世界与社会主义，2010（1）.

［46］杜早华. 论红色文化的精神实质与当代价值［J］. 井冈山大学学报（社会科学版），2015（6）.

［47］刘雷. 传承红色基因是战略工程［N］. 人民日报，2014-11-09（6）.

［48］姚亚平. 传承红色基因滋养精神家园［N］. 人民日报，2015-02-15（5）.

［49］郭亚丁. 论中国共产党的革命精神——从"红船精神"到"西柏坡精神"

的历史思考［J］. 中国延安干部学院学报，2011（7）.

　　［50］王锐. 革命精神对新时期党的作风建设的价值及其渗透路径［J］. 厦门特区党校学报，2011（4）.

　　［51］许知远. 这一代人的中国意识［M］. 杭州：浙江人民出版社，2004.

　　［52］玛雅. 道路自信·中国为什么能［M］. 北京：北京联合出版公司，2013.

　　［53］范玉刚. 如何实现文化繁荣发展［M］. 北京：中央党校文史部，2016.

　　［54］余世存. 大国小民［M］. 南京：江苏文艺出版社，2012.

　　［55］张旭东. 全球化与文化政治［M］. 北京：北京大学出版社，2013.

　　［56］喻国明. 喻国明自选集［M］. 上海：复旦大学出版社，2004.

　　［57］胡军. 文化：软实力、硬实力及其相互关系［J］. 南洋理工学院学报，2009（1）.

　　［58］胡铁传. 论软实力与硬实力的辩证关系及意义［J］. 洛阳理工学院学报，2009.

　　［59］徐宗俦. 试论文化"软实力"与经济"硬实力"的互作关系［J］. 贵州社会主义学院学报，2009（3）.

　　［60］李慎明. 领导权与话语权："颜色革命"与文化霸权［M］. 社会科学文献出版社，2016.

　　［61］郝保权. 对全球化背景下美国文化霸权及其意识形态意涵的战略沉思［J］. 宁夏大学学报（人文社会科学版），2009（3）.

　　［62］［加拿大］梁鹤年. 西方文明的文化基因［M］. 北京：生活·读书·新知三联书店，2016.

　　［63］胡海波，郭凤志. 马克思恩格斯文化观研究［M］. 北京：中国书籍出版社，2015.

　　［64］李建国. 马克思主义视野下的"西方中心论"［EB/OL］. http：//ex.cssn.cn/mkszy/rd/201612/t20161229_3363671.shtml，2016-12-29.

　　［65］凌朔. 西方民主在泰国的失效［EB/OL］. http：//www.chinanews.com/gj/2014/06-02/6235556.shtml，2014-06-02.

　　［66］李开盛. 菲律宾民主为何风光不再：很少有国家的政治家族垄断如此普遍

［EB/OL］. http：//www.thepaper.cn/newsDetail_forward_1342243_1，2015-07-16.

　　［67］宋鲁郑. 西方民主令印度永远落后中国［EB/OL］. http：//www.guancha.cn/song-lu-zheng/2014_08_29_261757.shtml，2014-08-29.

　　［68］韩炯. 历史事实的遮蔽与祛蔽——现时代历史虚无主义理论进路评析［J］.毛泽东邓小平理论研究，2013（3）.

　　［69］梁柱，龚书. 警惕历史虚无主义思潮［M］. 北京：人民教育出版社，2006.

　　党的十九大提出中国特色社会主义进入新时代的论断。新思想引领新时代。习近平新时代中国特色社会主义思想作为当代中国特色社会主义建设的指导思想，这一新思想的产生，引领中国特色社会主义建设进入了新时代，开创了新的社会发展的伟大征程。习近平新时代中国特色社会主义思想是党的十八大以来，对马克思列宁主义、毛泽东思想、邓小平理论、"三个代表"重要思想和科学发展观的继承和发展，是马克思主义中国化的最新理论成果。在党的十九大精神中，集中体现了当代中国特色社会主义建设中总结和凝练的"中国智慧"。本书对中国精神、民族精神、中国文化、理想信念、核心价值、红色基因、意识形态等一系列中国特色社会主义思想文化观念中所体现出的"中国智慧"进行了系统的总结，对当代中国思想文化进行了总体性介绍。

　　"中国智慧"的主题表明，在中国特色社会主义新时代，中国社会发展是中国传统文化智慧、马克思主义理论的智慧和中国特色社会主义实践的智慧三种思想理论的融合而实现的。中国特色社会主义的发展，不仅是一个经验积累的过程，更是一个理论反思的过程。"中国智慧"是在对中国特色社会主义实践的反思基础上，融合中国传统文化和马克思主义理论而形成的智慧。

这种智慧构成了中国社会发展的思想和价值的先导。人是理想性存在，人类社会的发展是在思想理论的"顶层设计"之下完成的。当代中国特色社会主义进入新时代，需要有思想和价值上的先导和引领。习近平新时代中国特色社会主义思想，也是中国共产党在长期执政过程中，不断自我完善、自我批评、自我提升形成的智慧的集中体现。

本书集中论述的这些"中国智慧"体现了当代中国特色社会主义的时代精神，也体现了中国特色社会主义的价值理念。这些"中国智慧"不仅是中国对传统文化、马克思主义理论和西方先进文化的有机整合，也是对中国特色社会主义实践的理论表达，对中国特色社会主义理论体系的丰富和发展，甚至对世界范围内中国智慧所产生的影响也做了系统的分析。

本书是由我主持写作的。根据编委会的指导意见，本书的整体理论框架构思以及各个章节的核心观点由本人撰写。在写作过程中，我多次组织团队召开创作研讨。为了贯彻本书的整体构思和基本观点，我对每章每节的构思进行了深入讲解。经过多次研讨，我指导的博士研究生辛欣、吴暇、高丹、金丹以及硕士研究生陶佳文、贾诗琦、张鹏、刘思含等，结合研讨的基本观点和结论，执笔进行了初稿的撰写和书稿的资料收集、整理、校对等工作，最终由我统一修改整理完成。此外，书中有对学界同仁观点的借鉴，多有启发，在此一并致谢！因为本人水平有限，恳请同仁批评指正！

吴宏政

2019年2月于吉林大学马克思主义学院